A LA MÉMOIRE DE CHARLES DELESCLUZE

LE

LIVRE ROUGE

DE LA JUSTICE RURALE

DOCUMENTS POUR SERVIR A L'HISTOIRE D'UNE RÉPUBLIQUE SANS RÉPUBLICAINS

Le cadavre est à terre et l'idée est debout.
V. Hugo.

Première Partie

PARIS

GENÈVE
IMPRIMERIE Vᵉ BLANCHARD & Cⁱᵉ, COURS DE RIVE, 3

1871

A LA MÉMOIRE DE CHARLES DELESCLUZE

LE

LIVRE ROUGE

DE LA JUSTICE RURALE

DOCUMENTS POUR SERVIR A L'HISTOIRE D'UNE
RÉPUBLIQUE SANS RÉPUBLICAINS

Le cadavre est à terre et l'idée est debout.
V. Hugo.

Première Partie

PARIS

GENÈVE
IMPRIMERIE Ve BLANCHARD & Cie, COURS DE RIVE, 3

1871

PREMIÈRE SÉRIE

C'est icy un livre de bonne foy.
(MICHEL MONTAIGNE)

Le plus grand, pour ne pas dire le seul, défaut des livres publiés jusqu'à ce jour contre Versailles, est d'avoir été écrits par des hommes notoirement hostiles à Versailles. Vous êtes orfèvre, M. Josse! vous êtes ou plutôt vous êtiez membres de la Commune de Paris, MM. Malon, Bergeret, Clémence, etc.: et les accusations articulées par vous contre un gouvernement de fer et de sang fussent-elles encore cent fois plus fondées, que leur source seule suffirait à les rendre suspectes au lecteur prévenu.

Ce qui constitue le mérite de la nouvelle publication que nous nous permettons de recommander à tous les gens de bonne foi, c'est d'être essentiellement impersonnelle. Pas d'appréciation : des faits. Et, comme les faits eux-mêmes sont matière à interprétation, ceux-là seuls ont été recueillis qui étaient avoués par la réaction et ses organes, et dans les termes où ils étaient avoués.

C'est en réalité le jugement de Versailles par Versailles, la majorité rurale peinte, racontée par elle-même.

Des documents ou extraits en effet qui composent le LIVRE ROUGE, il n'en est pas un peut-être qui ne soit d'origine monarchique ou THIÉRISTE

Dans le débat actuellement pendant devant la conscience publique. Paris, le Paris de la Révolution sociale du 18 mars, mutilé et calomnié, ne daigne pas prendre la parole pour se défendre ou accuser.

Il l'abandonne à ses adversaires, convaincu que de leur propre témoignage sortira leur condamnation et sa justification pleine et entière.

J. G

GENÈVE, le 11 novembre 1871.

CHAPITRE Ier.

Le 18 Mars, Paris, la Commune devant la presse et l'opinion conservatrices.

J'ai dit pour ma part au ministre de l'intérieur que sans le transfert de l'Assemblée nationale à Versailles et la suppression des six journaux, tout aurait été fini il y a dix jours.

(Discours de M. Tirard, dans la séance du 21 mars 1871)

Le 18 mars au soir, pour nous servir des expressions officielles, « le gouvernement tout entier se réunissait à Versailles où l'armée au nombre de quarante mille hommes, se concentrait en bon ordre sous le commandement du général Vinoy (1). » A la suite de quel événement ce déménagement forcé du personnel gouvernemental s'était-il opéré? — A la suite d'une tentative malheureuse contre les canons de Montmartre exécutée nuitamment et dont Paris n'avait eu connaissance que le 18 au matin.

Quels étaient ces canons, et comment étaient-ils tombés entre les mains de la garde nationale? — C'est ce que va nous expliquer le moniteur de l'orléanisme.

Le *Journal des Débats* du 28 février contenait les lignes suivantes :

Pendant la nuit dernière une grande animation a régné dans divers quartiers de Paris et surtout aux Champs-Elysées. La population, ignorant que les préliminaires de la paix avaient été signés, s'attendait à voir pénétrer les Prussiens dans la capitale à partir de minuit. Environ 15.000 gardes-nationaux en armes faisant partie des bataillons appartenant aux quartiers de Montmartre, La Chapelle, Ménilmontant, Belleville, Montrouge, etc., se dirigèrent vers les Champs-Elysées, devant le palais de l'Industrie.

On décida de se transporter place Wagram, où se trouvait installé depuis peu de temps un immense parc d'artillerie, et d'en enlever les engins de guerre qui étaient déposés en cet endroit, *l'un de ceux qui devraient, croyait-on, être occupés des premiers par l'ennemi.*

Dans plusieurs quartiers on a sonné le tocsin et le rappel a été battu, afin d'inviter les gardes-nationaux à se porter à la rencontre des Prussiens et à empêcher leur entrée dans Paris. L'agitation qui régnait alors au milieu des faubourgs était telle qu'on redoutait, non sans raison, une collision dont le résultat déplorable ne peut être calculé, si l'ennemi avait en effet pénétré cette nuit dans la capitale.

Des gardes-nationaux se sont empressés d'aller occuper leurs secteurs; d'autres se portaient au plus vite vers les parcs d'artillerie et *en enlevaient, en les traînant à bras, les canons ainsi que les caissons provenant des souscriptions ouvertes parmi les bataillons de la milice parisienne.* Ces alertes ne se sont peu à peu calmées que quand on a appris ce matin que l'entrée de l'ennemi était ajournée au 1er mars.

(1) Circulaire du président du pouvoir exécutif aux préfets, sous-préfets, etc....., en date du 19 mars 1871.

Telle était également l'explication que donnaient de cet enlèvement les maires de Paris dans une entrevue qu'ils avaient avec M. Ernest Picard le 3 mars, et dont nous empruntons le procès-verbal au *Temps* du 4 :

M. Ernest Picard avait convoqué hier au ministère de l'intérieur les vingt maires de Paris, afin d'obtenir d'eux des renseignements précis sur l'état moral et matériel de leurs administrés. La plupart des adjoints assistaient également à cette réunion, ainsi que M. Jules Ferry.

Chacun a donné des explications. On a fait dans le détail et dans l'ensemble l'historique des événements qui se sont passés à Paris au moment de l'entrée des Prussiens et pendant leur séjour, de l'émotion profonde qui en a été la suite. *C'est à cette cause* SEULE *que les maires ont attribué les troubles passagers et fort exagérés du reste par la rumeur publique, qui se sont produits dans certains quartiers excentriques.*

Il a été question également des faits dont le tableau, fortement exagéré, a tant effrayé la population de Bordeaux; les explications des maires et des adjoints ont réduit, nous assure-t-on, tous ces récits à leur juste valeur. Il *résulterait en effet*, des informations qu'ils ont dû prendre, *que la garde nationale aurait simplement voulu soustraire aux troupes allemandes* SES *canons, dont elle a pris et conserve encore la garde.*

Les maires ne doutent pas que les gardes nationaux ne consentent à conduire les pièces dans des parcs spéciaux désignés par l'administration, et dont il n'y aurait, disent-ils, aucun inconvénient à confier la garde à tous les bataillons de la capitale indistinctement.

Quant aux comités qui se sont créés et se créent tous les jours dans le sein de la garde nationale, la majorité des maires a émis l'avis qu'ils ne sont pas de nature à entraver l'action de l'autorité supérieure, *la garde nationale n'ayant pas cessé un seul instant d'obéir aux ordres des commandants de secteur.*

Dans l'opinion de la plupart des maires, la population sentirait en général que nos désastres ne peuvent être réparés que par l'union et la concorde, par le respect des lois, en un mot, par l'application des sages et sains principes de liberté qui doivent maintenir et consolider la République.

Le *Journal Officiel* enfin, dans son numéro du 6, reconnaissait lui-même que les gardes nationaux qui s'étaient emparés d'armes et de munitions de guerre n'avaient obéi à aucune mauvaise influence et que leur unique but avait été de soustraire à l'ennemi des objets affectés à la défense, de « sauvegarder les propriétés de l'Etat et non d'en faire un usage non autorisé par leurs chefs. »

Pourquoi maintenant ces canons, que la garde nationale avait payés de ses deniers et qu'elle n'avait pas voulu laisser comme trophée entre les mains de l'ennemi, n'avaient-ils pas été restitués, le danger disparu et Paris délivré de la présence des Prussiens? — A cette nouvelle question on ne saurait mieux répondre que par l'extrait suivant du *Journal des Débats* du 9 mars :

......Quelqu'un se hasarde à questionner le factionnaire..... Est-ce que vous garderez longtemps ces canons? — Tant qu'il y aura des Prussiens en France. On est venu hier de la part du général de Paladines demander au Comité s'il consentirait à les restituer de bonne volonté. On lui a fait répondre que si son intention était de se mettre à notre tête pour aller combattre les Prussiens, on se chargeait de conduire les canons à bras partout où cela serait utile.

Nous n'avons pas besoin de chevaux, nous autres ; ce sont des femmes de notre arrondissement qui ont traîné les trois premiers canons depuis le boulevard Ornano jusque sur la butte. Vous voyez bien que la besogne n'a rien d'effrayant pour des hommes. — Mais presque tous les canons sont hors de service? — Oui, un certain nombre. Mais nous avons là des mitrailleuses et des pièces de 7 se chargeant par la culasse qui sont entièrement neuves. — Est-ce que vous ne craignez pas de causer de l'agitation, et, par suite, d'avoir à vous reprocher de voir la République mise en péril? — Ce sont, voyez-vous, les journaux réactionnaires qui répètent que nous ne sommes pas de sincères républicains ou que nous sommes payés par les agents bonapartistes afin d'effrayer les populations. Quant à moi, j'ai toujours été républicain, avant, pendant et depuis la chute de l'homme du 2 décembre. Je puis vous assurer que tous mes camarades sont aussi des républicains sincères. *Si nous avions la preuve positive que les monarchistes de l'assemblée de Bordeaux et du gouvernement ne veulent pas faire un coup d'Etat pour renverser la république au profit de je ne sais quelle dynastie, nous leur rendrions ces canons après le départ des Prussiens.* Mais nous avons de bonnes raisons pour douter qu'ils consentent à laisser s'établir la République.

A ce moment plusieurs auditeurs prennent part à la conservation ; Votre comité républicain, demande l'un d'eux, n'est pas le représentant de tous les républicains de l'arrondissement? — Il a été désigné, répond le factionnaire, dans une réunion des gardes nationaux. Dans deux jours, tous les bataillons de Paris doivent procéder à l'élection de nouveaux délégués républicains Voici comment on agira : chaque compagnie élira quatre délégués. Comme il y a douze compagnies par bataillon, nous aurons quarante-huit délégués. Les quarante-huit délégués de chaque bataillon dans les vingt arrondissements nommeront plusieurs membres d'une commission d'initiative, dite d'arrondissement, qui s'entendra avec les membres du Comité central républicain. Cette organisation si simple permettra d'agir suivant les circonstances, avec une promptitude, une énergie et une discipline qui défieront les tentatives que pourraient faire les réactionnaires pour renverser la République. — Alors dit un autre spectateur, c'est un pouvoir que vous voulez élever contre le pouvoir reconnu par la majorité des citoyens? — Non ; seulement nous entendons controler et surveiller les gouvernants. D'ailleurs les violences des députés que les campagnes ont envoyés ne sont pas déjà si rassurantes. — Vous avez bien raison s'écrie un garde national sur le képi duquel nous lisions le n° 168, il faut veiller, on vient de m'affirmer que le général d'Aurelle de Paladines est à ce moment même en conférence avec les membres du gouvernement afin d'aviser aux moyens de s'emparer ce soir de la butte Montmartre. Ils auraient déjà, paraît-il, voulu enlever dès hier soir nos canons, mais la mèche a été éventée et ils n'ont pas osé. — Eh bien! si c'est pour ce soir, répond le factionnaire, nous les attendons de pied ferme. — J'ai vu ce matin, ajoute le garde du 168° bataillon, arriver trois batteries d'artillerie au chemin de fer d'Orléans. Les artilleurs m'ont dit qu'ils venaient de l'armée de la Loire. Ils sont partis il y a deux jours de Châteauroux. On leur avait dit que Paris était à feu et à sang et qu'il n'y avait presque plus de maisons restées debout dans les faubourgs, parce qu'il y avait eu partout des barricades. Voilà les infamies que l'on répand en province pour exciter les campagnes contre Paris. Tous les mensonges leur semblent bons à ces réactionnaires afin d'irriter les populations contre la forme républicaine. — C'est toujours le même système de trahison, interrompt un garde national appartenant au 61° bataillon. Trochu a imité Palikao, etc., etc.

De ce récit qui ne saurait être suspect, venant d'un organe ultra-conservateur, il résulte donc qu'enlevés au Ranelagh, au Palais de l'Industrie, place Wagram, etc., contre un retour offensif de l'ennemi, les canons, dans lesquels M. Thiers voulait voir une menace contre la population, étaient gardés pour la défense de la République, que Paris croyait menacée.

Que ces craintes fussent fondées ou non, c'est ce que nous éviterons de décider, nous bornant à mettre sous les yeux des lecteurs de bonne foi quelques-unes des mesures prises coup sur coup par l'Assemblée de Bordeaux :

L'Assemblée n'était pas encore constituée, elle comptait à peine 320 membres sur 750, qu'elle refusait la parole au général Garibaldi, sorti le troisième de l'urne parisienne avec plus de 200,000 suffrages.

Le 18 février, à la presque unanimité, elle remettait en question la République, conquise le 4 septembre (1), et choisissait pour chef du pouvoir exécutif l'homme des massacres de la rue Transnonain, celui-là même qui, d'après M. Prévost-Paradol, avait préparé la voie au Coup d'Etat de 1851, M. A. Thiers.

Le 3 mars, elle appelait au commandement de la garde nationale de Paris un des généraux les plus compromis sous l'Empire, M. d'Aurelle de Paladines (2).

Le 4, alors que le *Journal des Débats* lui-même était obligé de constater *le peu de fondement des bruits alarmants qui couraient dans les départements sur le compte de Paris*, et que M. Ernest Picard écrivait dans *l'Electeur libre* : « *Paris n'a jamais été plus paisible, plus absolument tranquille qu'en ce moment,* » elle faisait expédier par son ministre de la guerre des troupes contre la capitale, avec

---

(1) L'Assemblée.....
Considérant qu'il importe, *en attendant* qu'il soit statué sur les institutions de la France, de pourvoir immédiatement aux nécessités du gouvernement et à la conduite des négociations,

Décrète :

M. Thiers est nommé chef du pouvoir exécutif de la République française, sous l'autorité de l'Assemblée nationale, avec le concours des ministres qu'il aura choisis et qu'il présidera.

(Rapport de la commission sur la proposition relative à la constitution du pouvoir exécutif, le 18 février 1871.)

(2) . . . .
M. de Paladines étant général de division de l'empire, à Marseille, où il advint que le 4 septembre la République fut proclamée par toute la population.

Le Conseil municipal se réunit, se tint en permanence, reconnut et acclama la République, réclama la délivrance des prisonniers politiques détenus au fort Saint-Nicolas.

Le Conseil municipal fut acclamé. Ce même Conseil délégua trois de ses membres au général commandant la division militaire. La foule les accompagna aux cris mille fois répétés de *Vive la République !*

Le général, pour toute réponse, la République étant proclamée, fit mettre en bataille ce qu'il avait de troupes sous la main, croiser la baïonnette et commanda le feu.

Ce commandement, il le répéta *trois fois! trois fois;* le lieutenant Thébaut se refusa à exécuter cet ordre sauvage et ne se rendit pas aux injonctions de M. de Paladines, insurgé à ce moment contre la République.

(Le *Réveil des Alpes-Maritimes*, 22 mars.)

ordre (1) aux généraux commandants de les *tenir en main, de se préparer et de se concerter avec les autorités administratives et judiciaires.*

Le 8, elle applaudissait à la remise en vigueur, par M. Dufaure, de la loi impériale (2) contre les associations, et, par son parti pris d'interruption, obligeait un autre député de Paris, Victor Hugo, à donner sa démission.

Le 9, elle acclamait le rapport de la commission concluant à son transfert a Fontainebleau et exprimant le désir que cette translation *ne soit point une étape* (3).

Le 10, enfin, par 427 voix contre 154, elle consommait son acte de défiance contre Paris, qui, « pour avoir, par son héroïque défense, relevé la France aux yeux du monde entier (4), » se trouvait définitivement décapitalisé au profit de Versailles.

Malgré les arrière-pensées monarchiques que témoignait cette serie d'injures gratuites et de provocations, les canons cependant étaient sur le point d'être rendus pacifiquement. Les pourparlers engagés à cet effet, par l'intermédiaire des municipalités élues, avaient même abouti en partie, lorsqu'un arrêté de M. le général Vinoy, supprimant six journaux et la liberté de la presse, au nom d'un état de siége injustifiable, et la nomination d'un ex-colonel de gendarmerie de l'Empire à la préfecture de police de la Seine, vint tout remettre en question.

Ecoutons à ce sujet un journal, que son opposition à la Commune devait faire supprimer un mois plus tard :

M. de Paladines aurait peut-être réussi à surmonter les difficultés de la situation si l'on n'avait pas pris plaisir à les aggraver. La reddition des canons paraissait chose faite, lorsque le gouvernement a eu la malencontreuse idée de suspendre six journaux et de supprimer la liberté de la presse. Cette mesure si inutile, pour ne pas dire si inepte, a eu le résultat qu'elle devait avoir. Au lieu d'amener l'apaisement, elle a fomenté l'agitation. Voici ce que raconte la *Liberté* :

« M. Clémenceau, le maire de Montmartre, a parlementé hier avec les officiers chargés de recevoir » les canons que les habitants de ce quartier auraient » déclaré vouloir faire rentrer dans leurs parcs réguliers. Il s'est basé sur la mesure prise la veille à » propos de la suspension des journaux assurant que » si la reddition coïcidait avec ces rigueurs politiques, » ou verrait là un acte de faiblesse de la part des bataillons de Montmartre.

» On a demandé un délai de quelques jours. »

Ce renseignement, donné par la *Liberté*, nous est confirmé, d'autre part. Les « insurgés » de Montmartre ont trouvé, dans l'atteinte portée à la liberté de la presse, un prétexte très plausible de ne pas rendre les canons qu'ils étaient résolus, la veille, à restituer. La suppression des journaux, comme la nomination de M. de Paladines a été une menace, rien de plus, menace d'autant plus maladroite, que des placards dix fois plus dangereux que le *Père Duchêne* et que la *Caricature*, que le *Vengeur* et le *Cri du Peuple*, sont apposés dans Montmartre et dans Paris, et que ces placards empruntent à la suppression des journaux une force qu'ils n'auraient pas eue sans cela

Mais ce n'est pas tout. Le gouvernement prenant toujours l'ombre pour la réalité, et les attitudes violentes pour la force, vient, ce matin, de placer à la tête de la préfecture de police, M. le général Valentin, ancien colonel des gardes de Paris sous l'empire. Que le gouvernement veuille encore temporiser, ou qu'il veuille agir et rétablir de vive force l'état légal, le choix de M. Valentin est également malheureux, parce qu'il est une menace. Mettre la préfecture de police sous les ordres d'un militaire est une grosse faute. En temps ordinaire une simple administration suffit au gouvernement de la préfecture de police ; aujourd'hui pour ce poste important il fallait un homme politique, connaissant parfaitement la population de Paris et ne lui inspirant aucune méfiance, un homme d'un esprit très-souple, très-delié et notamment dévoué à la République. La situation présente est essentiellement une situation politique ; la préfecture de police est essentiellement, à l'heure actuelle, un poste politique ; ce n'est donc pas un militaire qu'il fallait appeler à ce poste.

Ce qui froisse le plus Paris en ce moment, c'est la prédominance de l'élément militaire, la continuation de l'état de siége ; rassurer Paris contre le militarisme était le plus sûr moyen d'arriver au rétablissement de l'ordre. Au lieu de cela on accueille l'action du militarisme dans le gouvernement de la ville, et on confie un poste d'une importance extrême, et qui doit toujours conserver absolument le caractère civil, à un militaire.

Comment faut-il interpréter la nomination de M. Valentin à la préfecture de police ? Faut-il admettre qu'il n'y a plus d'autre autorité dans la ville que l'autorité militaire, et que le gouvernement s'est résolu à la mise en pratique de toutes les rigueurs édictées par la loi sur l'état de siége ? Nous ne pouvons rien dire de précis à ce sujet. Nous croyons même que le gouvernement ne sait pas exactement ce qu'il veut

---

(1) Bordeaux, 4 mars, 10 h. 20 m.

Guerre à généraux commandant les divisions et subdivisions.

Une insurrection criminelle s'organise à Paris en ce moment. J'y envoie des forces qui, jointes à la garde nationale honnête de Paris et aux troupes régulières qui s'y trouvent, comprimeront, je l'espère, cette odieuse tentative. Préparez vos forces et concertez-vous avec les autorités administratives et judiciaires. — Ayez vos troupes en main.

Signé : général LE FLO.

(2) En réponse à une interpellation de M. Tolain, relativement à l'interdiction d'un meeting que l'Internationale devait tenir à Bordeaux, M. Jules Simon « convient qu'il a « empêché naguère la réunion d'une section de l'Interna- « tionale de Bordeaux et l'affichage de cette réunion. S'il l'a « fait, c'est par application des lois existantes et que l'As- « semblée seule peut modifier ou abroger. Le gouvernet « ment doit les appliquer tant qu'elles existeront.

« M. Dufaure, ministre de la justice, n'admet pas davan- « tage la théorie en vertu de laquelle, les anciennes lois, par « le fait même qu'elles sont impériales, devraient être abro- « gées. Il y a ici une distinction à faire entre les lois politi- « ques et les lois ordinaires. Dans tous les cas, il est impos- « sible que ces dernières ne soient pas exécutées.

« M. Dufaure ajoute que l'attitude du gouvernement de « la défense nationale, pendant les cinq mois de situation « exceptionnelle qu'il a traversés, n'a été qu'une tolérance, « n'impliquant nullement l'abandon des lois qu'on laissait « dormir. »

(Assemblée nationale, séance du 8 mars.)

(3) Versailles était préféré par le gouvernement, à cause de la proximité de Paris et de la facilité des communications. Cette proximité a paru trop immédiate à la majorité de la commission. Elle a jugé que Versailles n'était véritablement aujourd'hui qu'une extension de la capitale, et que s'y rendre pouvait paraître, malgré les assurances formelles que nous a données M. le président du conseil, un acheminement vers Paris.

(Rapport de la Commission, dans la séance de l'Assemblée nationale du 9 mars 1871.)

(4) Discours du chef du pouvoir exécutif dans la séance du 10 mars.

faire, et qu'il marche au jour le jour sous la pression des événements, sans les diriger ni les prévoir. La nomination de M. Valentin n'a même pas le mérite d'indiquer une résolution prise. Elle a seulement le grave inconvénient de paraître être ce qu'elle n'est pas, *et de fournir ainsi un nouveau prétexte* aux « insurgés » de Montmartre de différer la remise de leurs canons. *Le gouvernement ne pouvait se montrer plus mal inspiré.*

(*Avenir National* du 16 mars).

A l'appui des dispositions conciliantes des bataillons de Montmartre, dont il est question plus haut, et qui se trouvèrent réduites à néant par la faute du gouvernement, nous croyons devoir reproduire la déclaration ci-dessous, trop peu connue et que nous empruntons au *Progrès de Lyon* du 18 mars :

« Contre les attaques encore plus ridicules qu'odieuses d'une certaine presse, nous n'avions à opposer que le silence et le mépris ; mais aujourd'hui que ces ignobles calomnies tendent à se perpétuer, et que certains bataillons de la garde nationale seraient disposés à supposer que nous voulons garder les pièces d'artillerie qui leur appartiennent, nous croyons nécessaire de rappeler que les canons n'ont été placés sur les buttes Montmartre que pour les soustraire aux Prussiens d'abord, et ensuite pour ne pas les laisser à l'abandon.

« Le 61e bataillon, certain d'être en cela l'interprête des sentiments de toute la garde nationale du dix-huitième arrondissement, offre de rendre sans exception les canons et les mitrailleuses à leurs véritables possesseurs, sur leur réclamation.

« Il émet le vœu que les divers bataillons composant la garde nationale de Paris exercent la pression nécessaire pour qu'on en revienne à l'exécution de la loi de 1832, en ce qui concerne l'artillerie de la garde nationale.

« Pour les délégués de la commission du 61e bataillon,
« Versepuy, Aug. Faillet. »

Telle était la situation, lorsque, dans la nuit du 17 au 18, le gouvernement de Bordeaux, qui n'avait rien négligé pour s'aliéner l'unanimité de la population parisienne (1), se « résolut à agir et à recourir à la force(2), » et fut obligé, par suite du refus des troupes de tirer sur la garde nationale, d'évacuer Paris et de le laisser à lui-même.

Condamné à vaincre, et victorieux presque sans combat (3), il était évident que Paris, que la garde nationale parisienne surtout, ne fût-ce que pour éviter le retour de semblables surprises, allait demander des garanties au gouvernement dont il venait de déjouer le Coup d'Etat, — et les prendre au besoin. Il était encore évident que c'était au Comité central, qui avait préparé et dirigé la résistance, qu'allait incomber la tâche de formuler ces demandes et de leur obtenir satisfaction.

Aussi, dès le 19, le peuple de Paris était-il convoqué dans ses comices pour procéder à ses élections communales (4), et dans deux proclamations, la première portant la signature de E. Duval, commandant délégué à l'ex-préfecture de police, la seconde signée de tous les membres du Comité, les *desiderata* parisiens étaient-ils ainsi résumés :

Le maintien de la République comme gouvernement seul possible et indiscutable.

Le droit commun pour Paris, c'est-à-dire un Conseil communal élu

La suppression de la préfecture de police, que le préfet de Kératry avait lui même réclamée

La suppression de l'armée permanente et le droit pour nous, garde nationale, d'être seule à assurer l'ordre dans Paris.

Le droit de nommer tous nos chefs.

---

(1) La loi sur les échéances, par exemple, qu'un député devait qualifier de *loi des cent mille faillites* et qui se trouvait ainsi appréciée dans une pétition du commerce de Paris:

Aucun moyen certain de réalisation, et cependant obligation de payer à bref délai.

Impossibilité d'y satisfaire.

Faillites nombreuses et ruines certaines.

Fermeture des ateliers.

Suspension du travail.

Mécontentement légitime de la classe laborieuse frappée dans sa considération commerciale et dans son avenir.

Paris a beaucoup souffert pour son honneur et pour l'honneur militaire de la France ; personne ne doit l'oublier.

On va créer l'armée de la faim dans la population ouvrière, et une foule de mécontents dont les colères pourront être exploitées au profit de tous les excès politiques. ...

(Paris, 14 mars 1871.)

(2) Proclamation aux habitants de Paris, en date du 17 mars, signée de M. Thiers et de tous les ministres.

(3) A part le rapide conflit d'hier matin et le double meurtre commis dans la soirée à Montmartre, sous le nom d'exécution, on doit rendre à cette révolution, d'un caractère tout nouveau, la justice qu'elle s'est accomplie, jusqu'ici, sans excès, sans violence et presque sans bruit.

(La France, 19 mars.)

(4) *Au peuple :*

Citoyens,

Le peuple de Paris a secoué le joug qu'on essayait de lui imposer.

Calme, impassible dans sa force, il a attendu sans crainte comme sans provocation les fous éhontés qui voulaient toucher à la République.

Cette fois, nos frères de l'armée n'ont pas voulu porter la main sur l'arche sainte de nos libertés. Merci à tous, et que Paris et la France jettent ensemble les bases d'une République acclamée avec toutes ses conséquences, le seul gouvernement qui fermera pour toujours l'ère des invasions et des guerres civiles.

L'état de siége est levé.

Le peuple de Paris est convoqué dans ses sections pour faire ses élections communales.

La sûreté de tous les citoyens est assurée par le concours de la garde nationale.

Hôtel-de-Ville de Paris, le 19 mars 1871.

Le Comité central de la garde nationale :

Assi. — Billioray. — Ferrat. — Babick. — Edouard Moreau. — C. Dupont. — Varlin. — Boursier. — Mortier. — Gouhier. — Lavalette. — Fr. Jourde. — Rousseau. — Ch. Lullier. — Blanchet. — G. Grollard. — Barroud. — H. Géresme. — Fabre. — Pougeret.

Aux gardes nationaux de Paris :

Citoyens,

Vous nous aviez chargés d'organiser la défense de Paris et de vos droits.

Nous avons la conscience d'avoir rempli cette mission : aidés par votre généreux courage et votre admirable sang-froid, nous avons chassé ce gouvernement qui nous trahissait.

A ce moment, notre mandat est expiré, et nous vous le rapportons, car nous ne prétendons pas prendre la place de ceux que le souffle populaire vient de renverser.

Préparez donc et faites de suite vos élections communales, et donnez-nous pour récompense la seule que nous ayons jamais espéré : celle de voir établir la véritable République.

En attendant nous conservons, au nom du peuple, l'Hôtel-de-Ville.

Hôtel-de-Ville, Paris, le 19 mars 1871.

(Suivent les mêmes signatures.)

Enfin, la réorganisation de la garde nationale sur des bases qui donneraient des garanties au peuple.

Que cet *ultimatum* fût l'expression exacte des revendications de Paris tout entier, c'est ce qui ressort :

1° De la proclamation mensongère dans laquelle, désespérant de reconquérir l'ex-capitale par la force, le vice-amiral Saisset (1) annonçait son acceptation par l'Assemblée ;

2° Des diverses tentatives de conciliation faites à plusieurs reprises par les délégués des Chambres syndicales, la Ligue républicaine des droits de Paris, les loges maçonniques, etc.... et qui toutes se bornaient à le reprendre, sans presque en modifier les termes (2).

Que d'autre part il fut légitime — et surtout légitimé — par l'incapacité politique dont une ville de 2 millions d'âmes avait été frappée par l'Empire, c'est ce que démontrent :

1° Les efforts aussi multiples que stériles des maires et des représentants de Paris pour amener Versailles à y faire droit (3) ;

---

(1) RÉPUBLIQUE FRANÇAISE

Liberté, Égalité, Fraternité

Chers concitoyens,

Je m'empresse de porter à votre connaissance que, d'accord avec les députés de la Seine et les maires élus de Paris, nous avons obtenu du gouvernement de l'Assemblée nationale :

1° La reconnaissance complète de vos FRANCHISES MUNICIPALES. ;

2° L'élection de tous les officiers de la garde nationale, Y COMPRIS LE GÉNÉRAL EN CHEF ;

3° Des modifications à la loi sur les échéances ;

4° un projet de loi sur les loyers, favorable aux locataires, jusques et y compris les loyers de 1,200 francs.

En attendant que vous confirmiez ma nomination ou que vous m'ayez remplacé, je resterai à mon poste d'honneur, pour veiller à l'exécution des lois de conciliation que nous avons réussi à obtenir, et contribuer ainsi à l'affermissement de la RÉPUBLIQUE !

Paris, le 23 mars 1871.

Le vice-amiral commandant en chef provisoire,
SAISSET.

(2) . . . .

L'ordre d'idées dans lequel nous devions nous placer, dans toute la série de nos démarches, avait été déterminé, sur notre propre initiative, par un vote du syndicat général. Il se résumait dans les termes suivants :

Maintien et affermissement de la République ;

Revendication, pour la ville de Paris, des franchises municipales les plus larges et les plus distinctes de l'action ou de l'ingérence du pouvoir central. . . . .

Paris, 11 avril 1871.

(Rapport des délégués du syndicat général de l'*Union nationale*, représentant 7 à 8,000 commerçants ou industriels de Paris.)

Les citoyens soussignés, réunis sous la nomination de : *Union républicaine pour les droits de Paris*, ont adopté le programme suivant, qui leur paraît exprimer les vœux de la population parisienne :

Reconnaissance de la République ;

Reconnaissance du droit de Paris à se gouverner, à régler, par un conseil librement élu et souverain dans la limite de ses attributions, sa police, ses finances, son assistance publique, son enseignement et l'exercice de la liberté de conscience ;

La garde de Paris, exclusivement confiée à la garde nationale, composée de tous les électeurs valides.

Paris, 5 avril 1871.

Bonvalet, ancien maire du troisième arrondissement ; J.-A. Lafont, ancien adjoint du dix-huitième arrondissement ; Maurice Lachatre ; G. Lechevalier, avocat, préfet démissionnaire ; A. Coureux ; Onimus, docteur-médecin ; Corbon, ancien maire du quinzième arrondissement ; Patron, négociant ; Hippolyte Stupuy ; Laurent Pichat, publiciste ; Maillard, chef du contentieux de la compagnie l'Union ; Soudée, négociant ; H. Grandchamp, négociant ; Desonnaz, publiciste ; etc. etc.

(3) M. *Clémenceau :* J'ai l'honneur de déposer, au nom de quelques-uns de mes collègues et en mon nom personnel, le projet de loi suivant :

« Art. 1er. Il sera procédé dans le plus bref délai à l'élection d'un conseil municipal de la ville de Paris.

« Art. 2. Ce conseil sera composé de quatre-vingts-membres.

Art. 3. Le président sera pris dans son sein ; il aura le titre et les fonctions de maire de Paris.

Art. 4. Il y aura incompatibilité entre la fonction de conseiller municipal et celle de maire ou adjoint des vingt arrondissements de Paris. »

Ce projet est signé de MM. Louis Blanc, Schœlcher, Tirard, Clémenceau, Martin Bernard, Floquet. etc. etc.

. . . .

M. *Lockroy* dépose un projet de loi concernant l'élection des sous-officiers et officiers de tous grades pour la garde nationale. Ce projet a pour but aussi de réclamer l'élection du général en chef de la garde nationale par le colonel et ses commandants.

(Assemblée nationale, séance du 20 mars 1871.)

Citoyens,

Pénétrés de la nécessité absolue de sauver Paris et la République en écartant toute cause de collision et convaincus que *le meilleur moyen d'atteindre ce but suprême, est de donner satisfaction aux vœux LÉGITIMES du peuple*, nous avons résolu de demander aujourd'hui même à l'Assemblée nationale l'adoption de deux mesures qui, nous en avons l'espoir, contribueront, si elles sont adoptées, à ramener le calme dans les esprits.

Ces deux mesures sont : l'élection de tous les chefs de la garde nationale et l'établissement d'un Conseil municipal élu par tous les citoyens.

Ce que nous voulons, ce que le bien public réclame en toute circonstance et ce que la situation présente rend plus indispensable que jamais, c'est l'ordre dans la liberté et par la liberté.

Vive la France ! vive la République !

Les représentants de la Seine :

Louis Blanc, V, Schœlcher, A. Peyrat, Edmond Adam, Floquet, Martin Bernard, Langlois, Ed. Lockroy, Farcy, H. Brisson, Greppo, Millière.

Les maires et adjoints de Paris :

1er arrondissement, Ad. Adam, Méline, adjoints. 2e arr., Tirard, maire, représentant de la Seine ; Brelay, Chéron, Loiseau-Pinson, adjoints, 3e arr., Bonvallet, maire ; Ch. Murat, adjoint. 4e arr., Vautrain, maire ; etc., etc

M. Arnaud (de l'Ariége) : Je donne connaissance à l'Assemblée de la communication quemes collègues des municipalités de Paris m'ont chargé de lui faire.

Elle est conçue en ces termes :

Les maires de Paris à l'Assemblée nationale :

Messieurs, nous avons des communications très-importantes à vous faire. Paris est à la veille. nous ne dirons pas d'une insurrection, mais de la guerre civile, de la guerre civile dans tout ce qu'elle a de plus affreux.

La population attend avec une anxiété inexprimable, de vous d'abord, messieurs, et de nous autres ensuite, des mesures qui soient de nature à écarter une plus grande effusion de sang.

Nous croyons bien connaître l'état des esprits et nous sommes convaincus que le triomphe de l'ordre et le salut de la République exigent ce qui suit :

Selon nous, il serait d'une indispensable nécessité :

1° Que l'Assemblée nationale se mît en communication permanente avec les maires de la capitale, par les moyens que, dans sa sagesse, elle jugera les meilleurs ;

2° Qu'en voulant bien autoriser les maires à prendre, au besoin, les mesures que le danger public réclamerait impérieusement, sauf à vous rendre compte de leur conduite et en répondre ;

3° Que l'élection du général en chef de la garde nationale par la garde nationale fut fixée au 28 de ce mois ;

4° Que l'élection du comité municipal de Paris eût lieu même avant le 3 avril, si c'est possible ;

Et enfin, en ce qui concerne la loi relative à l'élection municipale. que la condition d'éligibilité fût réduite à six mois de domicile et que les maires et adjoints procédassent de l'élection.

(Assemblée de Versailles, séance du 23 mars 1871)

2° La résolution à laquelle s'arrêtaient, quelques jours plus tard, les représentants et maires de faire procéder, en leur nom propre et malgré le *non volumus* gouvernemental, aux élections communales.

L'Assemblée de Versailles, en effet, s'était montrée, dès le premier jour, intraitable, et il faut lui rendre cette justice que cette attitude, qui se traduisait, le 20 mars, par l'extension de l'état de siége au département de Seine-et-Oise, ne se démentit pas un seul instant.

..... *Ne craignez pas de nous ces faiblesses morales qui aggraveraient le mal en pactisant avec les coupables*, lisait-on dans son adresse au peuple et à l'armée, au bas de laquelle elle avait refusé d'ajouter les mots de : Vive la République !

Dans sa séance du 21, le cri de : Vive la République ! poussé par les députés de la gauche, et répété par les maires présents, était accueilli par les cris de : *Non ! non ! A bas les rouges !* La droite se couvrait et la séance était levée.

Le lendemain, elle déclarait, par l'organe de sa commission, « qu'il n'y avait pas lieu d'adopter » la proposition relative à des élections municipales immédiates, malgré cette parole de M. Tirard : « Si vous voulez adopter notre projet, la tranquillité renaîtra. En trois jours, nous serons maîtres de l'Hôtel-de-Ville ; » et malgré cette autre parole de M. Clémenceau : « Demain, si nous pouvions déclarer que ces élections auront lieu, tout rentrerait dans le calme. »

Le 23, nouvelle proposition dans le même sens, qui rencontre un nouveau refus et que ses auteurs se voient obligés de retirer.

Et le 25, pendant que le département de Seine-et-Oise était placé sous la haute police du général Valentin (1), maires et représentants se joignaient au Comité central (2) pour ordonner les élections municipales, d'où devait sortir la Commune, et poussaient la population au vote dans les termes suivants :

Paris 25 mars.

Citoyens,

Dans Paris, où le pouvoir législatif a refusé de siéger, d'où le pouvoir exécutif est absent, il s'agit de savoir si le conflit qui s'est élevé entre des citoyens également dévoués à la République doit être vidé par la force matérielle ou par la force morale.

Nous avons la conscience d'avoir fait tout ce que nous pouvions pour que la loi ordinaire fut appliquée à la crise exceptionnelle que nous traversons.

Nous avons proposé à l'Assemblée nationale toutes les mesures de conciliation propres à apaiser les esprits et à éviter la guerre civile.

Vos maires élus se sont transportés à Versailles et se sont fait l'écho des réclamations légitimes de ceux qui veulent que Paris ne soit pas tout à la fois déchu de sa situation de Capitale et privé des droits municipaux qui appartiennent à toutes les villes, à toutes les communes de la République..

NI VOS MAIRES ÉLUS, NI VOS REPRÉSENTANTS A L'ASSEMBLÉE NATIONALE N'ONT PU RÉUSSIR A OBTENIR UNE CONCILIATION.

Aujourd'hui placés entre la guerre civile pour nos concitoyens et une grave responsabilité pour nous-mêmes, décidés à tout plutôt qu'à laisser couler une goutte de ce sang parisien que naguère vous offriez tout entier pour la défense et l'honneur de la France, nous venons vous dire : terminons le conflit par le vote non par les armes.

Votons, puisqu'en votant nous nous donnons le Conseil municipal élu que nous devrions avoir depuis six mois.

Votons, puisqu'en votant nous investirons du pouvoir municipal les républicains honnêtes et énergiques, qui, en sauvegardant l'ordre dans Paris, épargneront à

(1) Le Président du Conseil des Ministres, chef du pouvoir exécutif de la République française,

Vu les arrêtés du 12 Messidor an XIII et du 3 Brumaire an IX, arrête :

Art. 1er. Le général Valentin, délégué à la prefecture de police du département de la Seine, exercera dans toute l'étendue du département de Seine-et-Oise, les pouvoirs de police générale qui ont été confiées au préfet de police pour les communes de Saint-Cloud, Meudon et Sèvres, par l'arrêté du 3 brumaire an IX.

Art. 2. En vertu d'une simple délégation du général préfet de police, les commissaires de la ville de Paris et du département de la Seine et autres agents de la préfecture de police pourront exercer, dans le département de Seine-et-Oise, tout ou partie des attributions qui sont conférées par le présent arrêté au préfet de police.

Art. 3. Le ministre de l'intérieur est chargé de l'exécution du présent arrêté.

Fait à Versailles, le 24 mars 1871.

A. THIERS.

Le Ministre de l'Intérieur :
Ernest PICARD.

(2) RÉPUBLIQUE FRANÇAISE
Liberté. — Egalité. — Fraternité.
Comité central.

Le comité central de la garde nationale, auquel se sont ralliés les députés de Paris, les maires et adjoints, convaincus que le seul moyen d'éviter la guerre civile, l'effusion du sang à Paris, et, en même temps, d'affermir la République, est de procéder à des élections immédiates, convoque, pour demain dimanche, tous les citoyens dans les colléges électoraux.

Les habitants de Paris comprendront que dans les circonstances actuelles, le patriotisme les oblige à venir tous au vote, afin que les élections aient le caractère sérieux qui seul peut assurer la paix dans la cité.

Les bureaux seront ouverts à 8 heures du matin et fermés à minuit.

Vive la République !

Les Maires et Adjoints de Paris :
1er arr. : Ad. Adam, Méline, adjoints. — 2e arr. : Emile Breslay, Loiseau-Pinson, adjoints. — 3e arr. : Bonvalet, maire, Ch. Murat; adjoint. — 4e arr.: Vautrain, maire; de Chatillon, Loiseau, adjoints. — 5e arr.: Jourdan, Collin, adjoints. — 6e arr.: — A. Leroy, adjoint. — 9e arr.: Desmarest, maire; E. Ferry, André, Nast, adjoints. — 10e arr.: A. Murat, adjoint. — 11e arr.: Mottu, maire; Blanchon, Poirier, Tolain, adjoints. — 12e arr.: Grivot, maire; Denizot, Dumas, Turillon, adjoints. — 13e arr. : Combes, Léo Melliet, adjoints. — 15e arr.: Jobbé-Duval, Sextus-Michel, adjoints. — 16e arr.: Chaudet, Sevestre, adjoints. — 17e arr.: Fr. Favre, maire; Malon, Villeneuve, Cacheux, adjoints. — 18e arr.: Clémenceau, maire; J.-A. Lafont, Dereure, Jaclard, adjoints. — 19e arr.: Deveaux, Satory, adjoints.

Les représentants de la Seine, présents à Paris :
Lockroy, Floquet, Tolain, Clémenceau, V. Schœlcher, Greppo.

Les membres du Comité central :
Avoine fils, Ant. Arnaud, Assi, Andignoux, Bonit, Jules Bergeret, Babick, Baroud, Billioray, Blanchet, Castioni, Chouteau, C. Dupont, Fabre, Ferrat, Fortuné Henri, Fleury, Fougeret, C. Gaudier, Gouhier, H. Geresme, Grolard, Jourde, Josselin, Lavalette, Maljournal, Ed. Moreau, Mortier, Prudhomme, Rousseau, Ranvier, Varlin.

(28 mars 1871.)

la France le terrible danger des retours offensifs de la Prusse et les tentatives téméraires des prétentions dynastiquee.

Nous avons dit hier à l'Assemblée nationale que nous prendrions sous notre responsabilité toutes les mesures qui pourraient éviter l'effusion du sang.

Nous avons fait notre devoir en vous disant notre pensée.

Vive la France ! Vive la République !

Les représentants de la Seine présents à Paris : V. Schœlcher, Ch. Floquet, Edouard Lockroy, G. Clémenceau, Tolain, Greppo.

Les maires et adjoints de Paris : 1er arrondissement, Adolphe Adam, Méline. — 2e Emile Breslay, Loiseau-Pinson. — 3e Bonvalet, Charles Murat. — 4e Vautrain. — 5e Jourdan, Lockroy. — 6e A. Leroy, Greppo. — 9e Desmarest, André. — 10e André Murat. — 11e Mottu, Poirier, Tolain. — 13e Léo Melliet, Combes. — 15e Jobbé-Duval, Sextius Michel. — 17e Malon, Villeneuve, François Favre. — 18e Clémenceau, Jaclard.

Près de 300 mille électeurs (1) répondirent à cet appel, et le 28 le Comité central cédait la place à la Commune. Mais la majorité rurale ne voulut pas s'incliner devant le fait accompli sous les auspices — pour ne pas dire sur les ordres — des mandataires réguliers de Paris. La solution du conflit par « la force morale » ne rentrait pas dans ses vues. La proposition de M. Louis Blanc, tendant à faire déclarer qu'en conjurant la guerre civile par un appel au suffrage universel, les maires et les représentants de Paris « avaient agi en bons citoyens, » fut repoussée à la presque unanimité.

Et six jours ne s'étaient pas écoulés que le second siége de Paris commençait.

Mais avant de passer la parole aux canons et aux mitrailleuses de *l'ordre*, il nous paraît nécessaire de demander aux journaux de Versailles eux-mêmes sur qui doit porter la responsabilité de ce nouveau déchirement de la patrie française.

Nous citons au hasard, sans commentaires :

Voilà donc qui est entendu, les députés et les maires de Paris viennent déclarer que, en dépit de toutes leurs démarches, la guerre civile ne peut être conjurée que par les élections municipales, qui ne portent, du reste, aucune atteinte à l'autorité de l'Assemblée; que ces élections s'accompliront sous le contrôle des municipalités ; que toute autre résolution peut devenir le signal d'un épouvantable conflit, et la majorité repousse sans sourciller la seule chance d'éviter l'effusion du sang !

Nous n'avions pas besoin de cette nouvelle démonstration de l'esprit impolitique de l'Assemblée actuelle et de l'absence complète chez elle de la notion des plus impérieux devoirs; mais nous tenons à constater que ce déplorable entêtement porte le dernier coup à son autorité. Quant une assemblée, pressée par un certain nombre de ses membres, refuse de dire un mot qui, sans porter atteinte à ses pouvoirs, doit éviter à la France les horreurs d'une guerre fratricide, cette assemblée n'a plus qu'à se retirer et à regretter éternellement sa criminelle obstination ; d'autant mieux qu'en l'état actuel, il n'est pas en son pouvoir d'empêcher les élections de Paris. Ceci est tellement évident que nous n'y insisterons pas davantage. Il n'y aura pas en France un seul citoyen qui pense autrement que nous sur ce point et qui ne se demande ce que voulait donc l'Assemblée, puisqu'elle n'a rien voulu faire pour éviter la guerre civile à Paris.

(*Siècle*, 25 mars).

Nous ne saurions nous taire devant les violences réactionnaires et les tendances monarchiques qui se manifestent à Versailles au sein de l'Assemblée.

Que la responsabilité des malheurs de la patrie retombe sur les hommes de tous les partis, dont l'entêtement ou le fanatisme jette le pays dans une voie d'aventure dont nul ne peut prévoir l'issue.

(*Opinion nationale*, 25 mars).

Au milieu de tous les désaccords, il faut rechercher l'affirmation politique qui puisse grouper le plus grand nombre de volontés communes. Cette affirmation existe. C'est l'affirmation de la République. Conserver la République, rétablir l'ordre, éviter la guerre civile, voila trois points sur lesquels il y a un accord unanime.

Si ces trois points eussent été nettement affirmés par l'assemblée de Versailles, comme ils le sont par la population parisienne, la tranquillité eût eté promptement rétablie, l'accord eût été instantané ; mais la majorité de l'assemble, emportée par des passions d'une violence sans exemple dans l'histoire parlementaire, ne veut tenir aucun compte des nécessités ; elle dépasse en déraison, dans un sens opposé, l'exaltation des plus exaltés parmi les agitateurs de Montmartre et de Belleville ; elle ne songe, pour parer aux difficultés de la situation, qu'à l'emploi de la force, et son unique préoccupation est de garantir sa sécurité, en accumulant des troupes autour de Versailles, et en formant des plans de bataille pour la réduction de Paris.

En 1848, lors des affaires de juin, l'Assemblée constituante, siégeant au palais Bourbon, sut accepter la responsabilité et le danger de la répression, plusieurs de ses membres coururent au-devant du péril. L'assemblée de Versailles ne sait que trembler et haïr. Elle se rend par là même impuissante à prévenir les maux qui nous menacent; et puisque nous, gens de Paris qui voulons la République, c'est-à-dire l'ordre et la liberté, sommes ainsi abandonnés et livrés à nous-mêmes, ne comptons que sur nous, et sauvons à la fois contre les folies, de quelque part qu'elles viennent, notre ville, nos foyers et notre honneur.

La majorité est emportée par des passions aveugles ; elle n'entend même plus, sans murmurer, sans protester, la voix de M. Thiers ; dans sa haine contre Paris, elle couvre de ses clameurs quiconque fait entendre le langage de la modération, quiconque sent et exprime la nécessité d'une conciliation.

Ce que veut la majorité, c'est que Paris se rende à merci à la monarchie, ou, s'il ne se rend point, qu'il périsse dans la division, dans l'anarchie, dans la misère, dans la famine, et au milieu des ruisseaux gonflés du sang de ses habitants. Tous les maux qui accableront Paris réjouiront le cœur des hobereaux qui attendent la destruction de l'unité nationale, pour restaurer dans leurs bourgs le régime féodal, pour replacer M. le comte de Chambord sur le trône, et pour ressusciter l'omnipotence des congrégations. La pacification de Paris, nous ne cessons de le redire depuis trois jours, devait se décider à Versailles. Un mot loyal de l'assemblée suffisait pour que l'immense majorité de la population se chargeât, sans risque de guerre civile, de trouver un terrain de conciliation et de le faire respecter par tous. Ce mot, la majorité n'a pas voulu le prononcer ; malgré l'insistance de M. Peyrat et de plusieurs de ses collègues de la gauche, elle n'a pas

(1) Le scrutin municipal de novembre 1870 n'avait réuni que 200 et quelques milles votants.

voulu que le mot *République* figurât dans la proclamation adressée au peuple et à l'armée. C'est là une des plus grandes fautes politiques que jamais assemblée ait commises. Cette faute peut coûter son unité à la France.

(*Avenir national*, 25 mars.)

Il est certain que la majorité des Parisiens, ouvriers, boutiquiers, bourgeois, rentiers, gens de lettres, artistes, même parmi ceux qu'on appelle les hommes d'ordre sont républicains.....

Le conflit existe à Paris entre la République et la monarchie. L'opinion est républicaine, la presse est républicaine, la population est généralement républicaine, etc.

(*Univers*, 25 mars.)

C'est le cœur navré, que nous avons lu les débats de l'assemblée de Versailles....

En refusant de crier : *Vive la République* ! vous ne voyez donc pas que vous donnez gain de cause au comité central de la garde nationale ?

Pourquoi ces bataillons ont-ils tenu à garder les canons ?

Ils ne vous l'ont pas caché :

C'était pour défendre la République, qu'ils prétendaient menacée.

Eh bien ! la meilleure manière de rendre ces canons inoffensifs entre leurs mains, n'était-elle pas d'affirmer par un cri unanime la République, dont le règne sincère devait mettre un terme à toutes les dissidences et faire disparaître toutes les factions ?

(*National*, 25 mars).

Nous ferons *plus ou moins respectueusement* observer à l'Assemblé nationale qu'elle manque de logique.

Les *fanatiques de provincialisme* ne veulent point que Paris jouisse des franchises municipales qui sont accordées à n'importe quel village dont ils sont maires ou suzerains, parce que Paris est une ville exceptionnelle, parce que Paris est le centre de toutes les administrations, parce que Paris, en un mot, est Paris.

Et en voulant isoler Paris comme siége et centre du gouvernement de la France, ils refusent d'y venir siéger. Dans ce cas, s'ils ne veulent pas que Paris soit la capitale, *qu'ils la laissent se gouverner et s'administrer comme une ville de province.*

(*Journal des Débats*, 27 mars).

Du moment où l'Assemblée laisse Paris à lui-même, où elle nous laisse, nous Parisiens, lutter seuls contre un mal dans lequel *le gouvernement nommé par l'Assemblée a certainement sa part de responsabilité*, nous avons titre et qualité pour lui demander de ne pas rendre notre tâche plus difficile, peut-être même impossible.

(*Français*, 27 mars).

Par son inertie, par son manque de tact politique, par son aversion peu dissimulée pour Paris, par son indifférence pour tout ce qui ne touche pas à sa sécurité personnelle, l'Assemblée nationale a fait un miracle, *elle a presque rallié au Comité issu de l'émeute les hommes d'ordre et de légalité.*

(*Soir*, 27 mars).

Il est certain qu'indépendamment de toute pression du comité, *la situation elle-même obligeait les députés et les maires à agir.* L'Assemblée, en ajournant la proposition Arnaud sans rien substituer à sa place, laissait ouverte une question *qui réclamait une solution immédiate.*

(*Constitutionnel*, 27 mars.)

Les 100 à 110 députés légitimistes de l'Assemblée qui se sont laissé aller, dans la séance du 23, à l'emportement de leur passion politique, devraient réfléchir au tort que de pareils excès de terme et de langage font à la considération de toute l'Assemblée, et aux prétextes qu'ils fournissent aux partisans du désordre.

La crainte d'un système de gouvernement clérical et réactionnaire retient ou fait hésiter certains conservateurs libéraux, un nombre infini de personnes qui, dévouées à l'ordre et à l'Assemblée, traduiraient ce dévouement par un acte énergique, s'ils *se sentaient rassurés du côté de l'Assemblée.*

(*Electeur Libre*, 27 mars).

Tout notre blâme, tous nos reproches, tous nos ressentiments sont pour ces ineptes représentants qui, emportés par des préjugés qu'on croyaient morts en France, animés contre Paris d'une furieuse défiance contraire même à leurs traditions historiques, n'ont pas compris que le plus puissant moyen de se concilier la terrible cité, le meilleur gage de paix intérieure à lui donner c'était de venir siéger au Palais-Bourbon. Avec l'Assemblée et le gouvernement à Paris, où les causes du conflit actuel ne se fussent pas produites, où elles eussent pris moins de gravité et le mal se fut apaisé promptement et légalement.

(*Cloche*, 27 mars).

L'expérience est faite, *la chambre actuelle a démontré son incapacité.* Elle a fait si bien que la majorité républicaine de Paris, honnête et amie de l'ordre, hésite.

(*Opinion nationale*, 27 mars).

Ne comprenez-vous pas que *l'origine des déplorables événements auxquels nous assistons, c'est l'hostilité que vous avez affichée contre une forme de gouvernement à laquelle Paris s'est voué?* Et ne devinez-vous pas qu'à cette heure même, s'il reste un moyen de ramener Paris, j'entends un moyen efficace et par conséquent pacifique, ce serait que vous adoptassiez, avec quelque éclat, les seules conditions désormais possibles du gouvernement en France ?

(*Temps*, 31 mars).

C'est fini ! Quels que soient les noms élus, le mouvement parisien aboutira.

La puissance de l'idée dirigeante domine ici les défectuosités de détail, l'erreur sur les hommes, les égarements du vote sur quelques personnalités, la précipitation dans les actes, les compromis suspects, tout ce qui deviendra le sujet d'objections réservées à l'histoire.

Paris a voulu avoir une municipalité de suffrage universel Il l'a aujourd'hui.

Appuyé sur son conseil municipal, Paris ne restera plus sous la direction de Versailles.

C'est Versailles qui l'a voulu, qui a déserté Paris, qui l'a réduit à se constituer, à se tirer lui-même d'embarras.

Pourquoi l'Assemblée de Bordeaux a-t-elle eu peur, malgré le conseil de M. Thiers, de revenir directement à Paris ?

Pourquoi ramenée à Versailles, a-t-elle dédaigné de s'occuper de Paris ?

MM. les députés départementaux avaient l'air de trouver le même plaisir que M. de Bismark à laisser Paris *cuire dans son jus*. Ils semblaient ne pas se douter qu'on pouvait s'égorger à Paris, de rue à rue, de quartier à quartier, pendant qu'ils allaient dîner aux *Réservoirs.*

Décidément *Jupiter a voulu les perdre.*

Mais toutes ces considérations de fait ne sont elles-mêmes rien. C'est l'idée à elle seule, l'idée maîtresse qui l'emporte!

Paris a donné le signal de la revendication du droit municipal dans toute la France.

(*Siècle*, 27 mars).

CHAPITRE II.

Le Siége.

« On ne traite pas avec des brigands. »
(Assemblée nationale : *extrait de la seance du 20 avril 1871*).

« Il y aura quelques maisons de trouées, quelques personnes de tuées, mais force restera à la loi. »

(*Réponse de M. Thiers aux délégues des loges maçonniques, le 22 avril.*)

2 avril

Chef du pouvoir exécutif à préfets, etc.

Depuis deux jours des mouvements s'étant produits du côté de Rueil, Nanterre, Courbevoie, Puteaux, et le pont de Neuilly ayant été barricadé par les insurgés, le gouvernement n'a pas voulu laisser ces tentatives impunies, et *il a ordonné de les réprimer sur-le-champ*. Le général Vinoy, après s'être assuré qu'une démonstration du côté de Châtillon n'avait rien de sérieux, est parti à six heures du matin avec la brigade Daudel, de la division Faron, la brigade Bernard, de la division Bruat, éclairé à gauche par la brigade de chasseurs du général de Gallifet, à droite par deux escadrons de la garde républicaine.

Les troupes se sont avancées sur deux colonnes, l'une par Rueil et Nanterre, l'autre par Vaucresson et Montretout; elles ont opéré leur jonction au rond-point des Bergères. — Quatre bataillons des insurgés occupaient les positions de Courbevoie, telles que la caserne et le grand rond-point de la statue; les troupes ont enlevé ces positions avec un élan remarquable; la caserne a été prise par les troupes de marine, la grande barricade de Courbevoie par le 113e

Les troupes se sont ensuite jetées sur la descente qui aboutit au pont de Neuilly et ont enlevé la barricade qui fermait le pont. Les insurgés se sont enfuis précipitamment, *laissant un certain nombre de morts, de blessés et de prisonniers.*

L'entrain des troupes hâtant le résultat, nos pertes ont été presque nulles; *l'exaspération des soldats était extrême et s'est surtout manifestée contre les déserteurs qui ont été reconnus.* A quatre heures les troupes rentraient dans leurs cantonnements après avoir rendu à la cause de l'ordre un service dont la France leur tiendra grand compte.....

A. THIERS.

(*Versailles, 2 avril 1871, 6 heures, soir.*)

Le canon a retenti ce matin : c'était le douloureux signal de la guerre civile!

Voici les tristes échos de ce malheur public :

Vers huit heures, les troupes venant de Versailles se sont avancées jusqu'à Courbevoie. Il y avait environ 4 à 5,000 hommes, troupes de ligne, gardiens de la paix, gardes républicaines à pied et à cheval. . . .

. . . .

En arrivant au rond-point de Courbevoie, l'armée de Versailles avait placé la ligne en avant et la gendarmerie derrière.

A la vue des troupes de ligne, le 93e bataillon de la garde nationale, qui occupait la caserne, a levé la crosse en l'air aux cris de : Vive la République! vive la Commune!

La troupe de ligne avait, paraît-il, bonne envie d'imiter l'exemple du 93e, mais l'attitude énergique des gendarmes l'a maintenue dans le devoir.

Ordre a été donné par le général commandant les troupes de Versailles de faire feu, et le 93e bataillon s'est dispersé et enfui dans toutes les directions, laissant un grand nombre de morts et de blessés sur la place.

Les 119e et 118e bataillons, qui se trouvaient en arrière du 93e, se sont repliés dans Neuilly et derrière les fortifications.

. . . .

Pendant ce temps, les obus sont tombés en grand nombre dans Neuilly, Sablonville, avenue de Longchamp, et même dans Paris; le mur du numéro 79 de l'avenue de la Grande-Armée porte la trace d'un obus; il en est tombé un en face dans une maison près de la gare du chemin de fer de ceinture; *un enfant a été tué par un autre obus dans l'avenue du Roule.*

(*National*, 3 avril 1871).

Il était huit heures : deux colonnes de l'armée de Versailles poussaient leur reconnaissance, l'une sur Sèvres, l'autre sur Puteaux.

Le 37e, le 73e, le 74e et le 110e de ligne, soutenus par un bataillon de fusilliers marins, la gendarmerie, les gardes municipaux et les anciens sergents de ville, débouchaient par la route de Nanterre sur le rond-point de Courbevoie. C'est là que les gardes nationaux avaient leurs avant-postes. Ils occupaient la caserne de Courbevoie ; un détachement du 93e bataillon, mal armé, *presque sans cartouches*, attendait qu'on le relevât de sa longue faction.

Au qui vive! des gendarmes, les Parisiens répondirent : Commune!

La gendarmerie riposta par une furieuse décharge.....

(*Progrès de Lyon*, correspondance particulière).

Les troupes de Versailles avaient quelques canons et cinq ou six mitrailleuses. Elles les mirent en batterie au rond-point de Courbevoie et, *tandis que des officiers furieux faisaient fusiller quelques gardes nationaux et cinq ou six soldats transfuges surpris dans la cour de la caserne*, les obus et les biscaïens pleuvaient sur Neuilly, balayaient les abords de l'avenue de la Grande-Armée et venaient éclater jusqu'à la porte Maillot. Les habitants paisibles se réfugiaient dans les caves; *les femmes, folles de terreur, traînaient le cadavre d'une petite fille qu'un obus avait tuée dans la rue.*

La lutte ne fut pas longue, ce jour-là. Le 93e bataillon de la garde nationale, *qui n'avait pas de munitions*, s'était débandé; poursuivis, pourchassés par les mitrailleuses, le 119e et le 118e abandonnaient précipitamment les villages de la rive gauche, repassaient le pont et se repliaient sur le 210e qui gardait la porte de Versailles.

Ils avaient laissé sur le terrain soixante ou soixante-dix blessés et une vingtaine de cadavres.

(*Idem.*)

A Courbevoie, une collision s'est élevée ce matin entre les avant-postes des fédérés et ceux des gendarmes. Un officier de gendarmerie, ayant interpellé les sentinelles fédérées, il fut répondu par celles-ci : *Commune! Un feu de peloton, parti du côté des Versaillais, se fit immédiatement entendre.* Les fédérés y répondirent, et l'on dit que cette décharge tua l'officier de gendarmerie.

Les troupes de Versailles continuèrent le feu et forcèrent les fédérés à battre en retraite.

(*Moniteur universel*, 3 avril).

Un engagement d'avant-poste, qui tend à devenir plus sérieux, est ouvert depuis ce matin dix heures entre les troupes et la garde nationale, établie de Neuilly à Courbevoie.

A neuf heures, ce matin, les bataillons de la commune opéraient un mouvement vers Courbevoie, au nombre de 2,000 hommes environ. *Le Mont-Valérien a alors ouvert le feu sur les têtes de colonne.*

Les gendarmes et les gardes forestiers, cantonnés dans le voisinage, ont pris les armes, et se sont portés à la rencontre des troupes de la Commune.

(*Liberté*, 3 avril).

Ce matin, vers huit heures, le Mont-Valérien *a ouvert le feu sur l'avenue de Neuilly.*

Vers neuf heures, les éclaireurs de l'armée de Versailles *ont tiré sur les barricades du pont de Neuilly.* Un commandant de la garde nationale a été tué. Aussitôt un corps de troupes a débouché sur le rond-point de Courbevoie avec de l'artillerie et des mitrailleuses, et le combat s'est engagé.

(*Cloche*, 3 avril).

Dans Neuilly, plusieurs maisons portent des traces fraîches d'obus et de boulets pleins, cependant ces dégâts sont peu considérables. Dans la rue de Sablonville on nous montre un emplacement où des traces de sang sont encore visibles. *Un enfant de six ans a été frappé en plein par un éclat d'obus et tué sur le coup. La mère, qui tient une petite boutique à quelques pas de là, nous confirme ce fait navrant.* La canonnade n'a pas duré moins de deux heures, et les habitants paraissent encore en proie à une vive terreur, beaucoup ont de la peine à se décider à quitter leurs caves.

(*Vérité*, 4 avril).

Le Comité exécutif assure, dans un *post scriptum* de son placard, qu'à Neuilly, une pension de jeunes filles qui passait dans la rue a été *littéralement hachée* par une mitrailleuse.

La vérité est qu'une jeune fille a été blessée. C'est déjà trop sans doute ; mais enfin nous sommes loin de la boucherie annoncée par le Comité.

(*Liberté*).

Ce qui est malheureusement vrai, c'est que plusieurs personnes inoffensives ont été atteintes par les projectiles; *le fils d'un marchand de vin en gros de Courbevoie a été tué.*

(*Temps*).

3 avril

Intérieur à Préfets.

Les insurgés de Paris sont sortis hier matin et se sont dirigés sur Versailles en plusieurs colonnes avec artillerie. Ils ont été mis en déroute sur tous les points et ont essuyé des pertes sérieuses. *Flourens* (1) *a été tué dans la lutte. L'armée est pleine d'enthousiasme, elle s'est conduite admirablement.*

E. PICARD.

Chef du pouvoir exécutif à préfets, sous-préfets. etc.

Excités par le combat d'hier, les insurgés ont voulu revenir sur Courbevoie, et ils se sont portés en masse sur Nanterre, Rueil et Bougival. En même temps une colonne descendait du nord sur Beuzons, Chatou et Croissy. *Le Mont-Valérien, dès le point du jour, a ouvert le feu sur les colonnes, et chaque obus qui tombait mettait en fuite les groupes atteints*

Les insurgés ont cherché alors un refuge dans Nanterre, Rueil et Bougival, et ils ont essayé d'attaquer nos positions; les brigades Garnier, Daudel, Dumont, avec deux batteries de réserve de 12, les ont vivement canonnés et les ont bientôt obligé à lâcher prise. Le général Vinoy qui s'était porté sur les lieux et qui avait à sa droite la cavalerie du général Dupreuil ayant menacé de les tourner, ils se sont dispersés en désordre et *ont laissé*, en fuyant, *le terrain couvert de leurs morts et de leurs blessés.*

C'était une affreuse déroute. Au même instant, à l'extrémité opposée de ce champs de bataille, les insurgés attaquaient vers Sèvres, Meudon et le Petit-Bicêtre en nombre considérable. Ils ont rencontré sur ces points la brigade La Mariouse et l'infanterie du corps des gendarmes; ces derniers sont entrés dans Meudon fusillés par les fenêtres et se sont comportés avec une admirable valeur; ils ont délogé les insurgés, qui *ont laissé un grand nombre de morts dans les rues de Meudon.*

A droite, les marins du général Bruat et la brigade Derojat, de la division Faron, ont enlevé le Petit-Bicêtre sous les yeux de l'amiral Pothuau, qui s'était porté en cet endroit et les dirigeait.

La journée s'est terminée par la fuite désordonnée des insurgés.

Vers la redoute du Châtillon, leur dispersion et leur fuite précipitée sont cause qu'il y a eu plus de morts que de prisonniers.

Cette journée, qui aura coûté de grandes pertes à ces aveugles. . . . .

A. THIERS.

(*Versailles, 3 avril, 9 h. 10 soir*).

Le combat principal a eu lieu au sud, près de Chatillon et de Fontenay-aux-Roses. Flourens aurait été fait prisonnier avec 8.000 hommes.

Le Mont-Valérien est aux mains de Versailles. Le commandaut, suspect, avait été remplacé dans la nuit, *Les prisonniers parisiens ont été fusillés sur-le-champ.*

Le Mont-Valérien a pris une part très-heureuse au combat. *Pertes des Parisiens considérables.* Les efforts

(1) Vers quatre heures, les gendarmes du 2e régiment commençaient des perquisitions dans le village de Chatou, lorsqu'un coup de feu partit d'une fenêtre de la maison d'un aubergiste nommé Ducoq, située à cent cinquante mètres environ du pont de Chatou. Les gendarmes firent irruption dans la maison, et l'un d'eux, monté au premier, reçut une balle qui le blessa à l'épaule, au moment où il entrait dans une des chambres. C'était Flourens qui lui déchargeait à bout portant son revolver.

Alors le capitaine Desmarets s'élança sur Flourens et lui fendit la tête d'un coup de sabre.

Un jeune garibaldien, Pisani, l'officier d'ordonnance de Flourens, eut en même temps la cuisse traversée d'un coup de sabre, et on put le faire prisonnier.

Cet Italien, qui ne dit pas un mot de français, avait eu le temps de changer de vêtements. Il était en civil, ne portait qu'un képi de chef de bataillon. Quand à Flourens, il avait conservé son costume militaire.

Le corps de Flourens a été transporté à l'hôpital de Versailles.

Pisani est écroué à la prison.

(*Gaulois*, 5 avril.)

des insurgés ont surtout échoué, *grâce aux positions fortifiées établies par les Allemands.*

(*Compiègne, 3 avril, 10 heures du soir, dépêche de l'Etat-major prussien aux autorités militaires de Berlin*).

Hier, cinq soldats de la ligne, déserteurs, qui se trouvaient au nombre des prisonniers faits par l'armée de Versailles *ont été fusillés séance tenante*

(*Gaulois*, 4 avril).

Le 3 avril, vers huit heures du matin, les gardes nationaux occupaient la gare de Rueil, où ils étaient en forces considérables. A huit heures et demi ils se dirigèrent sur Chatou, au nombre de 1,500 environ.

Le pont ayant été coupé, le mouvement en avant se trouva arrêté; quelques hommes seulement passèrent la Seine en bateau, et entrèrent dans Chatou, en annonçant que les autres allaient les suivre.

Peu après le général de Gallifet, à la tête de deux escadrons de chasseurs et d'une batterie d'artillerie, descendait de St-Germain, et, en arrivant dans le village, *surprenait trois des gardes insurgés*, UN CAPITAINE DU 175e BATAILLON, UN SERGENT ET UN GARDE, QUI FURENT SUR LE CHAMP PASSÉS PAR LES ARMES.

Le général se rendit alors à la Mairie et y rédigea la proclamation suivante, qui fut immédiatement tambourinée à son de caisse dans la commune :

« La guerre a été déclarée par les bandes de Paris (?)

« Hier, avant-hier, aujourd'hui, elles m'ont assassiné mes soldats (?)

« C'est une guerre sans trêve, ni pitié que je déclare à ces assassins. *J'ai du faire un exemple ce matin;* qu'il soit salutaire, je désire ne pas en être réduit de nouveau à une pareille extrémité.

« N'oubliez pas que le pays, que la loi, que le droit, par conséquent, sont à Versailles et à l'Assemblée nationale, et non pas avec la grotesque assemblée de Paris qui s'intitule la Commune.

» *Le Général commandant la brigade,*

« GALLIFET. »

3 avril 1871.

A la suite de cette lecture, le crieur ajoutait :

« Le Président de la Commission municipale de Chatou prévient les habitants, dans l'intérêt de leur sécurité, que *ceux qui donneraient asile aux ennemis de l'assemblée se rendraient passibles des lois de la guerre.*

« *Le Président de la Commission,*

3 avril 1871. « LAUBEUF. »

(*Gaulois*, 5 avril.)

J'ai assisté hier à un bien écœurant spectacle, celui de l'entrée dans Versailles des gardes nationaux faits prisonniers dans les différents combats qui se sont livrés sur une ligne très-étendue, puisque l'action s'est engagée de Bougival à Châtillon entre les troupes régulières et les fédérés parisiens. La foule était énorme, foule élégante où la partie féminine dominait, étalant ses toilettes extravagantes au milieu d'un flot de militaires désœuvrés. Elle se pressait sur le passage des prisonniers, criant, hurlant, gesticulant, leur crachant au visage, encourageant de la voix et du geste les soldats qui leur administraient des coups de crosse dans les jambes, et, au-dessus de cet inexprimable tohu-bohu, retentissaient des menaces de mort : « Tuez-les ! fusillez-les ! à mort les assassins ! tuez-les donc ! »

J'ai vu de mes propres yeux un monsieur décoré frapper de sa canne la tête d'un prisonnier aux applaudissements de cette foule exaspérée.

. . . .

Un peu avant d'arriver à la rue qui conduit de l'avenue de Paris à la gare de la rive gauche, nous vîmes un attroupement autour d'un fourgon d'ambulance qui marchait au petit pas.

Des cris, des huées, des gamins qui grimpaient sur les flancs du fourgon au risque de se faire écraser sous les roues. Que se passe-t-il ? nous approchons, et comme le fourgon était à claires-voies, voilà ce que je vis. Un capitaine de la garde nationale de Paris était étendu là dedans et dont la tête fracassée n'offrait plus que l'aspect d'un amas de chairs et de sang coagulé. Il pouvait avoir une cinquantaine d'années, car sa longue moustache était déjà grisonnante

Non ! jamais de ma vie je n'oublierai ce spectacle. Eh bien ! *les gamins crachaient contre ce cadavre et le public les laissait faire.*

(*Suisse radicale*, correspondance particulière, Paris, 4 avril).

4 avril

Chef du pouvoir exécutif à préfets, etc.

Les opérations de la journée d'hier ont été terminées ce matin avec la plus grande vigueur. Les troupes étaient restées devant la redoute de Châtillon, où des travaux considérables avaient été faits contre les Prussiens. A 5 heures du matin, la brigade de Rojat et la division Pellé étaient en face de cet ouvrage important ; deux batteries de 12 étaient chargées d'en éteindre le feu.

Les troupes *dans leur ardeur* n'ont pas voulu attendre que ces batteries eussent accompli leur tâche ; elles ont enlevé la redoute au pas de course ; elles ont eu quelques blessés et elles ont fait quinze cents prisonniers. Des deux généraux improvisés par les révoltés, l'un appelé Duval, a été *tué*, et l'autre appelé Henri, a été fait prisonnier.

La cavalerie qui escortait les prisonniers *a eu la plus grande peine, à son entrée à Versailles, à les protéger contre l'irritation populaire.* Jamais la basse démagogie n'avait offert aux regards affligés des honnêtes gens des visages plus ignobles . . . . . .

A. THIERS.

(*Versailles, 4 avril, 2 h. 55, soir*).

La redoute de Châtillon a été prise dans la matinée, on y a fait 2,000 prisonniers dont le général Henri qui a été amené à Versailles. *Le général Duval a été fusillé dans la redoute.*

(*Agence télégraphique Havas*, Versailles, 4 avril, soir).

Nous avons causé avec un officier de chasseurs qui a assisté à la prise de Châtillon par l'infanterie. Les hommes ont commencé à charger à la baïonnette à une distance d'environ 300 mètres ; ils ont enlevé la situation avec un entrain remarquable.

Demain nous donnerons sur cette affaire des détails complets.

Aujourd'hui nous devons nous borner à dire les points principaux.

Au moment où les gardes nationaux se rendirent, on découvrit au milieu d'eux un homme tout chamarré qui déclara se nommer le général Duval.

Quelques instants après il était fusillé ainsi qu'un officier de son état-major et un commandant

Le reste des hommes *qui ont été passés par les armes, séance tenante, et qui sont environ sept ou huit,* avaient été reconnus pour appartenir à l'armée.

Ils ont été livrés, *suivant les ordres*, à la rigueur des lois militaires.

(*Gaulois*, 5 avril).

Nous tenons le récit suivant d'un témoin oculaire,

qui a vu mourir l'ex-délégué à la préfecture de police.

Les généraux Duval et Henry, et près de mille gardes nationaux avaient été cernés dans la redoute de Châtillon, et contraints de mettre bas les armes.

Jusqu'à ce qu'un tribunal quelconque eut statué sur leur sort, ils étaient prisonniers de guerre, c'est-à-dire sacrés.

Les fédérés ont été conduits entre deux rangs de soldats jusqu'au Petit-Bicêtre, petit groupe de maisons sur la route de Choisy à Versailles, où un combat très-vif a eu lieu le 17 septembre.

Une grande fosse surmontée d'une croix noire, indique la place où les victimes de cette journée ont été enterrées.

C'est à cet endroit que le général Vinoy, arrivant de Versailles avec son état-major, rencontra la colonne des prisonniers, il donna aussitôt l'ordre d'arrêter, et descendant de cheval :

— Il y a parmi vous, un *monsieur* Duval qui se fait appeler général ; je voudrais bien le voir.

— C'est moi, dit Duval avec fierté, en sortant des rangs.

— Vous avez aussi deux chefs de bataillon avec vous.

Les officiers désignés sortirent des rangs.

— Vous êtes d'affreuses *canailles*, dit Vinoy, vous avez fusillé le général Clement Thomas et le général Lecomte ; vous savez ce qui vous attend.

— Capitaine, reprit le signataire de la capitulation de Paris, s'adressant au commandant du détachement de l'escorte, faites former un peloton de dix chasseurs, et vous, messieurs, passez dans le champ à côté.

Les trois officiers de la Commune obéirent simplement, ils sautèrent un petit fossé suivis du peloton funèbre. Le général et les deux commandants furent acculés contre une petite maisonnette qui, ironie du sort, portait sur sa façade l'inscription suivante :

DUVAL, HORTICULTEUR.

Le général Duval et ses compagnons d'armes ont mis eux-mêmes habit bas, et deux minutes après ils tombaient foudroyés au cri de : « Vive la Commune ! »

Vinoy et son état-major assistaient impassibles à cette triste exécution. Quant aux officiers ils étaient touchés et émus de tant de courage et de sangfroid.

Duval était un jeune homme aux traits sympathiques et énergiques à la fois, il s'était lancé à corps perdu dans le mouvement actuel, et il a su en supporter toutes les conséquences.

Victime de la défense des droits municipaux de Paris, il repose aujourd'hui côte à côte avec les défenseurs de la capitale contre l'étranger.

(*Liberté de l'Yonne*, 9 avril).

Dans le jardin de la maison où nous avons couché, *deux soldats déserteurs du 109e ont été fusillés par leurs anciens camarades du regiment*. La figure de l'un d'eux baigne dans une marre de sang, d'où s'échappe un petit filet rouge qui court sur la terre noire.

(*Gaulois*, 5 avril, correspondance particulière).

La plupart des prisonniers étaient de 40 à 60 ans, mais il y avait des vieillards et des enfants dans ces longues files de *hideux personnages* : on y voyait quelques femmes. Le peloton de cavalerie qui les escortait avait grand'peine à les soustraire aux mains d'une foule exasperée, on parvint cependant à les conduire sains et saufs jusqu'aux Grandes-Ecuries.

(*Guerre des Communeux*, par un officier supérieur de l'armée de Versailles. — Chapitre V.)

L'Assemblée nationale vote à l'unanimité « des remerciements aux troupes de terre et de mer pour leur courage, leur bon esprit et leur patriotisme. »

5 avril

Aujourd'hui, quatrième journée de cette lutte néfaste, le combat a recommencé avec une extrême vigueur dans la direction du sud, où il s'était terminé hier soir.

Avant midi, deux salles d'ambulance du palais du Luxembourg étaient déjà remplies de blessés : chacune de ces salles contient trente lits.

Un grand nombre de curieux cruellement émus se portaient vers le rempart, sur les points les plus rapprochés de l'action.

A quatre heures, à la porte de Châtillon, on voyait des groupes de femmes qui pleuraient, en quête de leurs maris ou de leurs fils.

(*Progrès de Lyon*, 8 avril, corresp. particul.)

Nous supplions l'autorité militaire de prendre les mesures nécessaires pour que les prisonniers qui arrivent à Versailles soient entourés de troupes en nombre suffisant pour les protéger contre des brutalités déplorables.

Bien qu'il s'agisse de faits isolés, c'est déjà trop qu'on puisse justement relever quelques actes de violences, commis contre des hommes coupables, mais désarmés.

La cause que défendent les soldats de l'Assemblée et les partisans du suffrage universel est trop noble pour que nous ne protestions pas, de toute notre énergie, contre des faits qui indignent les cœurs haut placés. La guerre a ses lois que les soldats qui exposent leur vie observent cependant avec une grande générosité. Il serait monstrueux que quelques citoyens, cédant aux suggestions de la colère, ne fussent pas retenus par cette pensée qu'en frappant un prisonnier désarmé, on peut justement les accuser de commettre un acte qui est le contraire de la bravoure.

(*Soir*, 6 avril.)

6 avril

Chef du pouvoir exécutif à préfets, etc.

Hier, le régiment de gendarmerie et la brigade Besson ont enlevé Courbevoie, caserne et ville. Aujourd'hui la division Montaudon, habilement et énergiquement dirigée par son chef, parfaitement aidée des troupes du génie, a enlevé le pont de Neuilly, défendu par un ouvrage des plus considérables. *L'entrain des troupes a été extraordinaire.* Le général Montaudon a été blessé légèrement, mais le général Péchot très-grièvement. Les insurgés ont fait des pertes immenses. Cette journée sera décisive par l'importance de la position que l'on vient de conquérir.

A. THIERS.

A l'Assemblée nationale, M. Picard lit un télégramme annonçant que les opérations militaires engagées au pont de Neuilly ont pleinement réussi. La barricade a été enlevée; les pertes sont sérieuses. Le général Montaudon blessé dit qu'on est maître de la position.

On travaille actuellement à rétablir la tête de pont de Neuilly. Les troupes montrent beaucoup de bravoure. Le général Besson a été tué. Le ministre ajoute que l'assemblée *voudra exprimer sa gratitude à l'armée pour son héroïque vaillance* (*Applaudissements*).

(*Agence télégraphique Havas*, Versailles, 7 avril).

Nous sommes allés, le 6 avril, *soulever* le pont de Neuilly aux insurgés ; nous les avons *attrapés* à la baïonnette....

.....Nous avons *pillé* les maisons où ils se trouvaient; nous avons trouvé du vin de Champagne, du vin bouché, du cognac, de l'absinthe, du kirsch ; il y en a parmi les nôtres qui se sont soûlés. Il fallait les voir, comme ils marchaient; tous ceux qu'ils attrapaient *passaient l'arme à gauche !*

Nous sommes repartis le 15 pour Neuilly nous battre encore avec les insurgés. Nous nous sommes battus pendant cinq jours et quatre nuits ; la fusillade ne cessait pas; notre régiment et la légion étrangère, qui était avec nous, nous avons perdu beaucoup de monde. Le caporal B...., qui est de Meung, a été tué....

Nous leur (aux insurgés) avons donné une roulée ; nous en avons pris un qui était couché sur un matelas, dans un château ; nous l'avons fait lever et nous l'avons *fusillé sur-le-champ*

Dans la rue de Longchamp, une demoiselle de 17 ans, qui passait avec sa mère, a eu la tête emportée par un éclat d'obus ; la mère a été blessée....

Nous avons pris aux insurgés une pièce de canon de 12; nous l'avons emmenée à Versailles, musique en tête

Nous sommes allés chez MM. Thiers et Mac-Mahon, ils nous ont donné 300 fr.....

Dites à M. L.... que je voudrais bien être encore chez lui à faire des chiffres : je serais moins triste qu'à faire un métier comme celui-là....

(*National du Loiret*, corresp. part.)

Ce matin, à onze heures, des troupes de Versailles, suivies de plusieurs batteries de mitrailleuses, arrivaient de Courbevoie. Après une heure de repos, l'artillerie prenait position sur les deux côtés de la demi-lune, deux compagnies étaient lancées en tirailleurs et le feu commençait.

Les fédérés qui gardaient le pont de Neuilly avaient leur avant-garde retranchée dans les premières maisons de Courbevoie. Dès le commencement de l'action, la fusillade a été vive de part et d'autre ; elle a continué jusqu'à une heure avec une intensité croissante.

L'artillerie établie derrière la barricade du pont de Neuilly a répondu aux batteries de Courbevoie avec une égale ardeur. Le Mont-Valérien que l'on disait avoir reçu l'ordre d'observer la neutralité, se met de la partie. *Les boîtes à mitraille et les obus pleuvent sur l'avenue de Neuilly et sur le bois de Boulogne, dans la direction de la porte Maillot.*

Tout le monde rentre chez soi. Les gardes nationaux s'abritent au coin des rues et dans les maisons.

Le bruit de la fusillade et de la canonnade prend des proportions formidables.

Ne pouvant nous rendre en droite ligne au pont de Courbevoie, nous nous engageons dans une rue parallèle, à gauche. Des balles sifflent dans l'air, et, sans nous rendre compte de ces sifflements insolites, nous continuons de marcher dans la direction de la Seine.

Pour nous soustraire aux projectiles, nous nous éloignons de ces parages et gagnons le bois de Boulogne.

es soldats de Versailles étaient postés sur la rive gauche de la Seine et tiraillaient sur les maisons et dans les rues, qu'ils prenaient en enfilade ; ils étaient descendus des hauteurs de Puteaux pour prendre en écharpe les fédérés qui gardaient la barricade. Mais ces derniers, embusqués aux fenêtres et derrière les murs, ripostèrent avec assez d'entrain ; quelques-uns cependant, intimidés par les détonations simultanées et surtout par les obus, remontent l'avenue en s'abritant le long des maisons. Une compagnie, postée à l'entrée d'une rue latérale, les apostrophe par le mot de lâches et les force à rester.

La chaussée de l'avenue de Courbevoie était complétement déserte depuis le pont jusqu'au rond-point. Seulement on apercevait, sur les contre-allées et le long des maisons, des lignes noires et mouvantes : c'étaient des soldats.

Nous rentrons par la porte Maillot. On arme de canons les remparts faisant face à l'avenue de Neuilly; en outre, on établit des pièces de campagne en dehors et sur les côtés de la porte.

Le Mont-Valérien continue d'envoyer des boîtes à mitraille dans différentes directions. On en voit éclater sur le pont de Courbevoie, à l'entrée de la porte de Neuilly et dans le bois de Boulogne. *Les projectiles sont projetés à de très-grandes distances* Une des balles a pénétré par une fenêtre d'une maison située avenue Uhrich, 58, et a frappé un lambris ; elle portait l'empreinte de la dorure.

Des groupes de femmes et d'enfants, inconscients du danger, stationnent dans les avenues non loin des remparts. Heureusement que les officiers de la garde nationale pourvoient à leur sécurité en les faisant éloigner et en établissant des factionnaires à toutes les issues.

Les pièces de rempart tonnent et répondent aux batteries de Courbevoie. *Les obus pleuvent* dans l'avenue de Neuilly et sur les maisons.

Bientôt, du point qui nous sert d'objectif, s'élèvent des tourbillons de fumée; un instant après on entend le bruit sinistre d'une mitrailleuse Où tire-t-on? sur la barricade; mais nous ne voyons là que cinq artilleurs occupés à la manœuvre des pièces. Tous les gardes nationaux sont à l'abri, souvent en train de tirailler sur les maisons de l'autre côté de l'eau, dans lesquelles les soldats de l'armée de Versailles se sont établis.

De temps en temps un tourbillon de fumée s'élève, et le même bruit strident se renouvelle.

On craint un mouvement de Versailles par le bois de Boulogne. Une compagnie de la garde nationale part en éclaireur et disparaît sous les arbres.

Les gardes nationaux montés sur les remparts s'apprêtent à soutenir les tirailleurs, au cas où ils seraient poursuivis.

Une foule immense envahit l'avenue de la Grande-Armée. L'émotion est grande, on ne rencontre que des visages anxieux. L'effet des mitrailleuses impressionne vivement les femmes, quelques-unes ont des larmes aux yeux.

Un obus éclate à la porte Maillot. Cet obus est bientôt suivi de plusieurs autres; *plusieurs tombent dans l'avenue de la Grande-Armée.*

En vue d'éviter des malheurs, les gardes-nationaux refoulent les curieux à grand'peine dans la direction de l'Arc-de-Triomphe ; d'autres font ouvrir les volets. Toutes ces mesures produisent une émotion indescriptible sur la foule, qui se retire lentement.

Des voitures d'ambulance se dirigent au grand trot par la porte Uhrich.

A trois heures et demie, une batterie descend avec ses caissons l'avenue de la Grande-Armée et sort par la porte Maillot. On braque les pièces sur les maisons de Courbevoie et de Puteaux.

La demi-lune ne tire plus et cependant les obus continuent de pleuvoir. D'où viennent-ils? est-ce du Mont-Valérien ou de Puteaux ? Peut-être sont-ils lancés de plusieurs directions.

(*Siècle*, 7 avril.)

M. *Dufaure*, garde des sceaux. — J'ai l'honneur de

déposer sur le bureau un projet de loi tendant à *l'abréviation des procédures devant les conseils de guerre.* L'insurrection qui a éclaté dans Paris...... ne résistera pas. *Il importe de rendre les plus promptes possible les formes de la justice.* (Suit le projet de loi, qui ne se rapporte qu'à la fixation des délais de procédure).

M. *Tolain.* — Sans nier la nécessité de faire fonctionner rapidement la justice, je viens vous demander de repousser l'urgence. Déjà la justice militaire a des formes expéditives. S'il y a des criminels, il y a aussi des égarés et peut-être des innocents. J'ai eu le malheur de voir fonctionner les tribunaux militaires et j'ai vu arriver des accusés contre lesquels aucun fait n'avait été directement précisé.

L'urgence est déclarée (1).

(Assemblée nationale: *Extrait de la séance du 6*).

7 avril

La presse républicaine n'est pas seule à flétrir les excès de Versailles; dans une lettre que l'archevêque de Paris écrit à M. Thiers on lit :

« Des personnes m'ont assuré que des actes barbares avaient été commis contre des gardes nationaux par divers corps de l'armée dans les derniers combats : on aurait fusillé les prisonniers et achevé les blessés sur le champ de bataille. *Ces personnes,* voyant combien j'hésitais à croire que de tels actes avaient été exercés par des Français contre des Français, *m'ont dit ne parler que d'après des renseignements certains.*

« Je pars de là, Monsieur le Président, pour appeler votre attention sur un fait aussi grave, qui, peut-être, ne vous est pas connu, et pour vous prier instamment de voir ce qu'il y aurait à faire dans des conjectures si douloureuses. Si une enquête forçait à dire qu'en effet d'atroces excès ont ajouté à l'horreur de nos discordes fratricides, ils ne seraient certainement que le résultat d'emportements particuliers et tout individuels. Néanmoins il est possible peut-être d'en prévenir le retours, et j'ai pensé que vous pouvez, plus que personne, prendre à ce sujet des *mesures* efficaces. »

Le curé de la Madeleine, M Deguerry, tient le même langage au gouvernement de Versailles. Voici un passage de sa lettre :

Paris, 7 avril 1871.

A Messieurs les membres du gouvernement, a Versailles.

Messieurs,

De mon libre mouvement et sous l'inspiration de ma conscience, *je viens vous demander avec instance d'empêcher toutes les exécutions soit de blessés, soit de prisonniers.*

Ces exécutions soulèvent de grandes colères à Paris et peuvent y produire de terribles représailles....

H. Deguerry,
Curé de la Madeleine,
au dépôt de la Conciergerie.

Je crois devoir vous déclarer que j'ai conçu et écrit cette lettre sans aucune pression, mais, comme je l'ai dit au commencement, de mon libre mouvement.

H D.

A l'Assemblée nationale, continuation de la discussion de la loi municipale.

M. Thiers repousse l'élection des maires par les conseils communaux.

« Il m'est impossible de continuer à remplir ma mission — dit le chef du pouvoir exécutif — si le choix des maires et adjoints dans les villes de plus de vingt mille âmes et dans les chefs-lieux de département et d'arrondissement n'est pas réservé au gouvernement. »

Et l'Assemblée, qui venait de voter par 285 voix contre 275 la restitution à toutes les communes de France de la faculté de choisir leurs magistrats municipaux, se déjuge et sacrifie l'autonomie communale aux exigences d'un homme qu'il plaît à M. Langlois de qualifier de *nécessaire.*

Précédemment M. Ernest Picard, celui-là même qui, sous l'empire, n'avait pas cessé de protester contre la mise hors du droit commun de Paris et de Lyon, était venu déclarer « qu'il n'était pas possible d'assimiler les plus grandes villes aux plus humbles villages. »

8 avril

La canonnade n'a point cessé de toute la nuit. Le Mont-Valérien et les batteries de Courbevoie et du pont ont essayé de démonter les pièces de la porte Maillot. Les maisons voisines, surtout celles du dehors, ont beaucoup souffert de la grêle d'obus. *Le restaurant Gillet, qui venait d'être réparé, a été incendié à l'aube du jour.*

Vers sept heures du matin, les décharges de canons et de mitrailleuses ont redoublé d'intensité. Comme la veille, quelques obus sont tombés dans la ville. *Deux gardes nationaux ont été tués dans l'avenue de la Grande-Armée.*

Autant l'avenue de la Grande-Armée était bruyante et animée hier, autant elle est déserte aujourd'hui. Quelques sentinelles de loin en loin font déguerpir les rares curieux qui se hasardent encore sur ce point. L'ordre de faire circuler a été donné dès la veille au soir après l'accident arrivé à une famille. *Une femme et ses deux enfants traversant l'avenue ont été blessés par les éclats d'un obus qui était tombé sur le trottoir.*

(*Moniteur Universel*, 9 avril).

Une batterie a été établie dans le parc de Neuilly, une autre dans le bois de Boulogne,

Quand ces batteries se sont démasquées, elles ont jeté un peu de désarroi parmis les artilleurs des remparts, qui ne pouvaient pas même juger à la fumée la position qu'elles occupaient, abritées qu'elles étaient par les maisons et les arbres.

C'est alors qu'un officier fédéré a fait arborer le drapeau parlementaire, et, s'étant avancé aux avant-postes versaillais, il a demandé une suspension des hostilités pendant deux heures pour permettre aux femmes et aux enfants de rentrer à Paris.

Cette demande aurait été rejetée, sous prétexte qu'on voulait se donner le temps de faire de nouveaux préparatifs.

(1) Pendant que la majorité rurale supprimait les garanties déjà si minces attribuées aux prévenus par la juridiction militaire, la Commune de Paris, dans un manifeste aux départements, signé : Cournet, Delescluze, Félix Pyat, Tridon, Vaillant et Vermorel, se déclarait prête à descendre du pouvoir aussitôt que le permettrait la réaction monarchique :

« Si la Commune de Paris est sortie du cercle de ses at-
» tributions normales, c'est à son grand regret, c'est pour
» répondre à l'état de guerre provoqué par le gouverne-
» ment de Versailles. Paris n'aspire qu'à se renfermer dans
» son autonomie, plein de respect pour les droits égaux
» des autres communes de France.

» Quant aux membres de la Commune, ils n'ont d'au-
» tre ambition que de voir arriver le jour où Paris, déli-
» vré des royalistes qui le menacent, pourra procéder à de
» nouvelles élections. »

Le parlementaire s'est retiré, et le feu a recommencé. . . . .

. . . .

Une personne qui arrive de la porte Maillot nous raconte le fait suivant : A quatre heures, une des maisonnettes qui bordent le bastion s'est effondrée sous le poids d'un énorme obus, *qui a tué du même coup quatre personnes et blessé grièvement un jeune homme.* Nous l'avons vu transporter à l'ambulance du palais de l'Industrie; il avait perdu toute connaissance.

(*Siècle*, 9 avril).

Quelques hommes reconnus pour appartenir à l'armée et saisis les armes à la main *ont été passés par les armes*, suivant les rigueurs de la loi militaire, qui frappe les soldats combattant leur drapeau.

(*Journal officiel* de Versailles, 8 avril).

J'ai vu amener ici (Versailles) une bande de 30 prisonniers, et la conduite des Versaillais n'est pas faite pour éviter des représailles de la part des Parisiens.

Un passant s'est approché d'un des prisonniers, l'a injurié et lui a asséné un coup de canne si violent sur la figure que le sang a jailli. Comme je m'indignais, j'ai été bousculé, et j'ai alors opposé le plus profond silence aux faits et gestes de ces forcenés......

..... Je n'oublierai pas à ce propos ce que me racontait hier un soldat de la ligne qui a pris part à l'assaut de la barricade de Courbevoie.

J'ai tiré à bout portant, m'a-t-il dit, sur un insurgé à barbe blanche qui est tombé en râlant près de moi et en criant : « *Vive la République! Je meurs content!* »

Et ce simple lignard était triste en me racontant cette mort, et il ajoutait : « Quelle horrible guerre ! J'aurai toute ma vie ce vieillard devant les yeux ! »

(*Suisse radicale*, 12 avril, correspondance particulière du 8).

Deux trains sont passés hier pour Redon, venant de Versailles, remplis d'environ 2,000 hommes.

Ils étaient entassés pêle-mêle dans des wagons de marchandises dont toutes les issues étaient condamnées. Quelques-uns seulement ont pu être aperçus par les personnes presentes sur leur passage. Leurs vêtements étaient en lambeaux.

Cette nouvelle transportation se dirigeait sur Belle-Isle, cette casemate isolée au milieu de l'Océan où, il y a peu d'années, le Corse de sinistre mémoire envoyait, lui aussi, ceux qu'on appelle par habitude réactionnaire, des « insurgés. »

(*Union démocratique* de Nantes, 9 avril).

La *Tribune* de Bordeaux publie la pièce suivante qu'un hasard a fait tomber dans les mains d'un de ses rédacteurs :

DIRECTION GÉNÉRALE DES POSTES

Ordre de service

« Par ordre du gouvernement, aucun objet de correspondance originaire de Paris ne doit être acheminé ou distribué.

Tous les objets de cette origine qui parviendraient dans votre service en dépêches closes de Paris ou autrement devront être réexpédiés sur Versailles. »

9 avril

Un des premiers obus lancés ce matin a éclaté sur les fortifications mêmes, où il tua cinq gardes nationaux, dont un capitaine. C'est la plus horrible de toutes les guerres, la guerre civile ; mais *ce qui exaspère la population, c'est la quantité de projectiles qui tombent dans la ville, bien au-delà des remparts.*

Deux de ces boulets ont touché l'Arc-de-Triomphe, plusieurs autres ont éclaté sur l'avenue de la Grande-Armée; un autre encore est tombé à l'angle de l'avenue d'Iéna, où une mare de sang témoigne des ravages qu'il a causés. Plusieurs sont tombés dans l'espace compris entre l'avenue d'Eylau et les Ternes; un autre est arrivé dans la cour de l'ambassade ottomane; dont toutes les vitres sont brisées, et tandis que nous écrivons ces lignes, quatre formidables détonations qui se font entendre à courts intervalles rappellent que nous ne sommes pas positivement à l'abri

En somme, *le quartier de l'Etoile est particulièrement criblé. Un boulanger a été ce matin tué dans sa boutique ;* une foule de cheminées volent en éclats ; plusieurs maisons portent aux angles de larges échancrures, et sur l'avenue de la Grande-Armée, le bitume est broyé en mille endroits par la grêle de fer qui tombe à chaque instant ; partout on entend le cri de : Gare la bombe !

En traversant l'avenue Uhrich par le quartier Beaujon, un bruit formidable comme celui de la foudre qui tombe se fait entendre derrière nous, et au même instant nous entendons siffler à nos oreilles un éclat qui va tomber à quelques mètres plus loin.

Cinq minutes après, un autre projectile décapite un candélabre, tombe près de l'Arc-de-Triomphe, et l'un *de ses éclats troue la poitrine d'un passant qui tombe foudroyé......*

Non seulement Neuilly a souffert du bombardement, mais il y a plusieurs victimes parmi les habitants ; *des femmes et des enfants ont été atteints dans différents quartiers, quelques-uns ont été tués sur place.*

Les boîtes à mitraille continuent d'éclater en l'air. *La projection des balles s'étend dans un rayon considérable.....*

Il est midi. Un obus, partant du Mont-Valérien passe au travers d'un lampadaire et, décrivant sa courbe, atteint la porte du boulanger-pâtissier formant, au numéro 44, l'angle de la rue des Accacias et de l'avenue de la Grande-Armée. Il pénètre dans l'arrière-boutique, où le boulanger, M. Champion, déjeunait avec sa famille.

Immédiatement après l'explosion, les voisins se précipitent vers la maison et s'arrêtent sur le seuil, aveuglés par la poussière et la fumée

Ils s'avancent à travers des débris de toutes sortes vers l'arrière-boutique. Un affreux spectacle s'offre à leurs yeux : *M. Champion se débattait dans les convulsions de l'agonie; sa femme avait la jambe gauche emportée* Deux autres personnes, nous assure-t-on, étaient gravement atteintes.

. . . .

Une femme du peuple apporte à dîner à son mari, qui est de service. L'un et l'autre s'établissent au coin de l'avenue Joséphine Au moment où ils mangeaient la soupe, *un obus tue le mari, emporte une joue à la femme, et blesse quatre autres spectateurs....*

. . . .

A quatre heures et demie, deux mitrailleuses blindées tournent par l'avenue de la Grande-Armée ; mais, du pont de Courbevoie, où l'on observe au moyen d'une longue-vue tout ce qui se passe dans l'avenue, on les a aperçues. Des éclairs sillonnent l'air et, quelques secondes après, deux obus éclatent au pied de l'Arc-de-Triomphe.

Les mitrailleuses étaient passées ; mais un *curieux*, qui se trouvait sur la route, *a été atteint par un éclat qui l'a transpercé de part en part:* on l'a transporté à son domicile, rue Notre-Dame de Nazareth.

(*Siècle*, 10 avril).

10 avril

La zone comprise entre l'avenue des Ternes, l'avenue d'Eylau et la section haute du quartier des Champs-Élysées, continue à être le point de mire des artilleurs versaillais; aussi, sur tout cet espace, on ne rencontre que maisons entamées, décombres sur les rues et trottoirs portant des traces d'explosion.

Au numéro 5 de la rue Rude, une bombe perce le mur de clôture, pénètre dans la maison à travers les clôtures séparatives, et éclate dans un appartement dont le propriétaire est à la campagne; impossible donc de constater les dégâts.

Avenue Uhrich, dans l'hôtel qu'habitait la princesse de Bauffremont, un projectile entre par les toits, por fore les plafonds et fait des ravages énormes.....

Dans un hôtel voisin, un obus crève un mur de flanc, parcourt une partie des pièces, et éclate près de l'écurie, où étaient trois chevaux, rendus fous, mais qui n'ont pas été touchés. On estime à 30,000 francs les dégâts occasionnés là en quelques secondes; les tentures sont littéralement hâchées et les meubles en miettes.....

Dans la rue Vernet, une seule maison a reçu huit projectiles à courts intervalles, et l'angle de l'avenue de l'Alma a été fortement ébréché.

Sur le rond-point de l'Etoile, la plupart des hôtels de gauche ont été également touchés; celui qu'habite le premier secrétaire de la légation américaine a sa grille de clôture tordue et la balustrade de son perron brisée en plusieurs endroits. L'hôtel voisin, qu'habite un prince dont nous ignorons la nationalité, porte aussi des traces profondes, et l'ambassade ottomane a reçu de nouvelles atteintes. L'attaché militaire de Turquie, qui y réside en l'absence du chef de la légation, est allé à Versailles protester contre ce bombardement.....

(*Siècle*, 11 avril).

Neuilly a en ce moment un aspect bien lugubre. On y voit des maisons percées d'outre en outre, des voitures d'ambulances, des blessés, des cadavres, parmi lesquels, par l'effet même des obus et de la mitraille lancés dans les maisons autant que sur les groupes, on compte autant et peut-être *plus de femmes et d'enfants que de gardes nationaux.*

(*Temps*, 11 avril).

Un obus, tombé au coin de l'avenue des Champs-Elysées, 7, *a frappé, hier, mortellement, un promeneur, M. Thibault,* qui remontait l'allée marchant vers l'Arc-de-l'Etoile. M. Thibault était le père de Mlle Thibault, de l'Opéra.

Il avait été chef de musique dans l'armée. Il laisse trois filles, dont l'aînée était la cantatrice, dont le talent a déjà séduit plusieurs fois nos oreilles. Les deux autres jeunes orphelines sont en bas âge.

M. Thibault a reçu un éclat dans l'abdomen; les chairs étaient en lambeaux et les intestins même étaient déchirés. Cela faisait mal à voir. *Le malheureux est mort au bout de quelques heures.*

(*Bien Public*, 11 avril).

Dans l'avenue d'Eylau, une femme a eu la jambe atteinte par des éclats et le nez emporté en même temps. Cette pauvre femme a été d'abord portée à l'ambulance, où on ne voulut pas l'accueillir: on n'y reçoit pas les femmes; finalement elle a été admise à Beaujon.

(*Idem*, 11 avril).

Comme nous l'avons dit, on pouvait pénétrer sur le rond-point de l'Etoile, où, vers 5 heures, une foule assez nombreuse stationnait devant l'Arc-de-Triomphe.

Deux obus à la fois vinrent tomber et éclater au milieu des curieux. Une dizaine de personnes furent atteintes. La foule s'enfuit épouvantée et *quatre cadavres restèrent longtemps sur la place,* personne n'osant aller les relever.

(*Petit Moniteur*, 11 avril).

11 avril

Chef du pouvoir exécutif à préfet, etc.

On prépare contre les insurgés des moyens irrésistibles.....

A. Thiers.

(*Versailles, 11 avril, 10 h. 30, matin*).

Dans la zone bombardée, mêmes péripéties que les jours précédents. Comme les jours précédents, les bombes arrivent, trouent les maisons ou éclatent dans les rues. « Si cela continue quelques jours encore, disent les malheureux habitants, notre quartier offrira le même aspect que Saint-Cloud. »

(*Progrès de Lyon*, corresp. particul.).

On écrit de Versailles qu'un grand nombre de gardes nationaux de Paris, capturés par les troupes de Versailles, ont été dirigés hier soir, 11 avril, vers l'Ouest; 500 ont été conduits à Belle-Isle, 500 à Lorient et 500 à Brest.

Ils étaient accompagnés par des hommes du bataillon des gardiens de la paix.

(*Idem*).

« Le samedi, 8 courant, M. Barthélemy-St-Hilaire nous ménagea une entrevue avec le chef du pouvoir exécutif..... Sur la question des franchises de Paris, M. Thiers nous déclara que Paris n'avait à attendre du gouvernement rien de plus que l'application du droit commun, tel qu'il résulterait de la loi municipale que la Chambre allait voter. »

(*Rapport des délégués des chambres syndicales Rault, Levallois, Hippolyte Marestaing, Lhuillier, Jules Amigues, — Paris, 11 avril 1871*).

Or, cette loi municipale (1), qui devait être vo-

(1) Art. 10.

Les vingt arrondissements de la ville de Paris nomment chacun quatre membres du conseil municipal. Ces quatre membres seront élus par scrutin individuel, à la majorité absolue, à raison d'un membre par quartier.

Art. 11.

Le conseil municipal de Paris tiendra, comme les conseils des autres communes, quatre sessions ordinaires dont la durée ne pourra pas excéder dix jours, sauf la session ordinaire où le budget ordinaire sera discuté et qui pourra durer six semaines.

Art. 12.

Au commencement de chaque session ordinaire, le conseil nommera au scrutin secret et à la majorité son président, ses vice-présidents et ses secrétaires. Pour les sessions extraordinaires qui seront tenues dans l'intervalle, on maintiendra le bureau de la dernière session ordinaire.

Art. 13.

Le préfet de la Seine et le préfet de police ont entrée au

tée le 14 et promulguée le 16, était ainsi appréciée par les feuilles les moins révolutionnaires :

Il n'y a de franchises que là où les affranchis ont dit leur mot et stipulé eux-mêmes. L'octroi d'une loi municipale rappelant les temps de M de Rambuteau ne réalise point les engagements de l'amiral Saisset.

Il est même facile de démontrer que la ville, la commune, la municipalité de Paris reçoivent de Versailles des institutions moins libérales que celles accordées à toutes les villes, communes et municipalités de France.

C'est le privilége en sens inverse, *privilegium odiosum.*

Deux préfets, celui de la Seine et celui de la police, ayant entrée au conseil ;

Les quartiers les plus populeux de Paris n'ayant droit qu'à nommer un seul conseiller communal à l'égal du plus petit quartier ;

Les maires et adjoints des arrondissements nommés non par le conseil municipal de Paris, mais par le gouvernement de la France :

Toutes ces restrictions, jointes à l'interdiction imposée à tous les conseils municipaux, y compris Paris, de ne tenir que des sessions périodiques de quelques jours, font que *la liberté communale de Paris se réduirait à presque rien.*

Ce n'est pas tant une loi de *conciliation* qu'une loi exhumée du bulletin législatif de Louis-Philippe.

(*Siècle*).

L'Assemblée a décidé que les maires et adjoints des vingt arrondissements de Paris seraient nommés par le pouvoir exécutif La commission demandait l'élection, le gouvernement réclamait la nomination ; trop heureuse, la chambre, de pouvoir être une fois en pleine sympathie avec le gouvernement. Seulement elle a refusé au pouvoir exécutif le droit de prendre ses maires et ses adjoints parmi les membres du conseil municipal : *c'est ce qu'elle appelle le droit commun ! Quelle loi ! Quel monceau de bizarreries, de contradictions et d'invraisemblances !* Quel singulier accouplement de nouveautés mal étudiées et de vieilleries trop connues. Il ne reste plus rien du projet du gouvernement, rien du projet de la commission ; Dieu nous préserve des lois d'urgence ; ce ne sont jamais que des lois de hasard ! Et la Chambre s'en apercevra bientôt !

(*Soir*).

conseil. Ils sont entendus toutes les fois qu'ils le demandent.

Art. 14.

Le conseil municipal de Paris ne pourra s'occuper, à peine de nullité de ses délibérations, que des matières d'administration communale, telles qu'elles sont déterminées par les lois en vigueur sur les attributions municipales. En cas d'infraction, l'annulation sera prononcée par décret du chef du pouvoir exécutif.

Art. 15.

Les incapacités et incompatibilités établies par l'article 5 de la loi du 22 juin 1833, sur les conseils généraux, sont applicables aux conseillers municipaux de Paris, indépendamment de celles qui sont établies par la loi en vigueur sur l'organisation municipale.

Art. 16.

Il y a un maire et trois adjoints pour chacun des vingt arrondissements de Paris. Ils sont choisis par le chef du pouvoir exécutif de la République. Les maires d'arrondissement n'auront d'autres attributions que celles qui leur sont expressément conférées par des lois spéciales.

Art. 17.

Il y a incompatibilité entre les fonctions de maire ou d'adjoint d'arrondissement et celles de conseiller municipal de la ville de Paris.

(*Extrait de la Loi municipale.*)

12 avril

Chef du pouvoir exécutif à préfets, etc.

Le gouvernement suit son plan.....

A. THIERS.

(*Versailles, 12 avril*).

Nous avons parcouru le quartier bombardé (Passy). Les projectiles du Mont-Valérien n'ont pas dépassé le cimetière, derrière lequel quatre pièces sont en batterie. La rue Scheffer a reçu quatre obus Il en est tombé rue Pétrarque, sur les maisons nos 14, 17 et 19, et rue Vineuse. A neuf heures, deux sont tombés rue David : l'un a fait beaucoup de dégats aux maisons portant le no 12, un autre est entré par la porte d'un jardin, no 15.

Un projectile est tombé rue Decamps, sur le trottoir, en face de la légation de Honduras et du Salvador, sans causer de dégâts ; un autre dans un terrain vague, un troisième sur la marquise de la maison no 45, d'autres encore impasse des Moulins, dans l'avenue d'Eylau, à environ 150 mètres du Trocadéro ; sur le square Montespan, non loin de l'ancienne maison d'Arsène Houssaye. Des éclats ont été projetés sur le café Poulain.

(*Siècle*, 13 avril).

La rue Rude est littéralement jonchée de débris ; les toits des maisons sont effondrés, les toits des cheminées abattus C'est la rue qui jusqu'à présent a le plus souffert du bombardement.

Dans l'avenue des Ternes un marchand a reçu une balle dans la cuisse.

Nous rencontrons le docteur Duval. *En deux jours il a reçu* à son ambulance, avenue du Roule, 32, *75 blessés et 17 morts.*

(*Idem*).

Un porteur de journaux qui débite sa marchandise de Versailles à St-Cloud passait hier après-midi vers le pont de Sèvres quand un obus venu d'un fort de Paris éclata à quelques pas de lui, et vint frapper trois femmes dont l'une tenait un petit enfant par la main. *Deux femmes ont été tuées du coup.* L'autre a été préservée ainsi que son enfant, mais des éclats sont allés blesser un jeune garçon et une autre personne qui étaient à quarante pas du pont.

Et vous ne rencontrez pas une personne habitant la banlieue qui ne vous cite des faits identiques.

(*Suisse radicale*, 15 avril, corresp. part. du 13).

13 avril

Une scène des plus affreuses s'est passée dans la terrible nuit d'avant-hier, aux Ternes.

Dans une petite rue, près du château, au sixième étage d'une maison, se trouvait une mère de famille et trois petits enfants. La mère et les enfants veillaient un pauvre et cher malade, — le père, qui, depuis quelques semaines, était atteint d'une maladie grave.

A ce moment, la canonnade éclatait dans toute sa fureur. Les coups terribles qui retentissaient trois ou quatre fois par minute causaient le plus grand effroi à cette malheureuse famille.

Les enfants, glacés d'épouvante, s'étaient réfugiés dans les bras de leur mère. Soudain un bruit sinistre se fait entendre : un obus crève la toiture de la maison, effondre le plafond et vient éclater au milieu de la chambre. *La mère tombe comme foudroyée, et deux des enfants sont littéralement écharpés.* Le troisième n'a reçu qu'une légère blessure; quant au malade, il n'a pas été atteint.

(*Bien Public*, 15 avril).

M. *Jean Brunet* demande à interpeller le gouvernement sur la ligne de conduite de guerre ou de paix que le chef du pouvoir exécutif entend suivre à l'égard de Paris, capitale séculaire de la France. (Rumeurs à droite : la question préalable!)

M. *Brunet* insiste. (Nouvelles rumeurs).

Le président demande si l'un des membres du gouvernement veut reprendre et fixer le jour où il croira pouvoir répondre à cette interpellation.

(Nouvelles rumeurs à droite : La question préalable!) Une voix. — La question préalable! La question préalable!

M. LE PRÉSIDENT. — Le droit d'interpellation est absolu. Un de MM. les ministres peut dire quand il pourra fixer le jour où il répondra.

M. *Picard*, ministre de l'intérieur, demande de remettre à trois jours la réponse que le gouvernement fera pour fixer le jour de l'interpellation.

M. *Baze*. — Attendre à trois jours une réponse à une question semblable, c'est détestable. Il vaut mieux la renvoyer à un mois.

M. *Jean Brunet* réplique que sa demande d'interpellation n'est pas faite à la légère. Chaque jour les difficultés et les dangers s'aggravent.

L'orateur rappelle qu'en 1848 la constituante se déclarant en permanence, ne craignit pas de résoudre les questions à mesure qu'elles se produisaient. Il s'étonne donc qu une assemblée souveraine comme celle-ci persiste dans une attitude d'inertie et demande un ajournement à un mois, en présence d'une question d'une gravité exceptionnelle. Il ne peut se défendre d'exprimer son étonnement. (Rumeur. Assez! Assez !)

M. *Picard*, en l'absence du président du conseil, laisse de côté la question de savoir si cette interpellation devait être adressée à M. Thiers lui-même ou au cabinet. Il ajoute que le gouvernement a dû demander un délai pour en référer avec lui. Le gouvernement est constamment à la disposition de la Chambre, mais la gravité de la situation impose une certaine réserve et une certaine discrétion. (Applaudissements.) La question est précisément de savoir si l'ajournement qui paraît être dans l'intention de la majorité n'est pas une mesure commandée par la prudence. (Très-bien ! à droite).

M. *Brunet* : — Je crois de mon devoir d'insister, tout en ne voulant contrarier ni les décisions de l'Assemblée ni l'action du pouvoir exécutif. Mais je demande que cette action se fasse clairement dans un but déterminé et je veux faire appel à tous les concours dans une circonstance aussi grave que celle où nous sommes.

Plusieurs voix. — A un mois! à un mois!

M. le président rappelle les termes du réglement.

M. *Bethmont* demande à parler.

Plusieurs voix. — Sans débats! sans débats!

Une voix à droite. — *Le lendemain de la soumission de Paris.*

La chambre consultée *fixe à un mois le jour de l'interpellation.*

(Assemblée nationale, *séance du 13 avril*).

14 avril

Chef du pouvoir exécutif à préfets, etc.

. . . Vers Neuilly, les insurgés canonnent, des remparts de Maillot, notre tête de pont de Neuilly, et le général Wolf, un de nos plus vigoureux officiers, a fait une sortie contre la maison de droite et de gauche, et *il a fait subir aux insurgés des pertes considérables*...

A. THIERS.

(*Versailles, 14 avril 1871, 8 heures, soir*).

Le général Wolff, gêné par le feu de plusieurs maisons dominant notre tête de pont de Neuilly, rejeta résolument dans la grande avenue, cerna ces maisons crénelées, *passa par les armes tous les communeux qu'il y trouva* et les occupa à son tour très solidement.

(*Guerre des communeux de Paris*, par un officier supérieur de l'armée de Versailles, chapitre VI.)

Le bombardement de Paris par M. Thiers et l'Assemblée de Versailles *dépasse certainement en violence et en intensité le bombardement tant reproché à M. de Bismark.*

Qu'on ne vienne pas dire qu'il a été une réponse et un moyen d'attaque contre une position défendue et résistante; non, *il a dépassé de beaucoup la limite où toute lutte cesse.*

Des obus sont tombés rue de Chaillot à 2,000 mètres au moins de l'enceinte.

Je ne sais pas le nom de l'officier qui commande au Mont-Valérien, mais certes, cet officier, sans s'en douter, risque fort d'avoir dans l'histoire une page qui lui donnera une place à côté des généraux impériaux qui saccagérent Magdebourg et des barbares qui pillèrent Rome.

Il y aura plus d'un enfant qui aura à lui demander compte de sa mère et plus d'une mère lui demandera compte de son enfant.

Le bombardement, l'anéantissement par l'artillerie semblent être le principal moyen entre les moyens irrésistibles annoncés.

(*Progrès de Lyon*, 20 avril. Lettre d'un bourgeois de Paris du 14.)

Nous avons dit hier que le tir du Mont-Valérien s'allongeait; effectivement, il a atteint aujourd'hui l'ambassade de Suède. Un obus, après avoir traversé le petit hôtel qu'elle occupe rue de Chaillot depuis plus de dix ans, est allé éclater dans le jardin.......

Rue Pergolèse, une bombe arrive par les toits d'un hôtel, traverse trois étages, éclate dans l'appartement du second, casse, brise, perfore et ne laisse intacte que la pièce où le propriétaire était en train de déjeûner.

Sur le boulevard du Roi-de-Rome, encore intact jusqu'ici, un projectile arrive en sifflant, crève les murailles d'un atelier de carosserie, éclate et pose sa rude estampille sur tous les équipages en chantier.

Dans l'avenue de la Grande-Armée, pas une maison d'intacte, presque toutes les façades sont brisées. Dans l'usine Carré entre autres, un employé a ramassé une quantité d'éclats qu'il vend aux amateurs.

Dans cette même maison, un projectile arrivé hier fait son chemin à travers le toit et perfore une partie de l'établissement; aujourd'hui un autre obus arrive de même et prend exactement la même route.

L'Arc-de-Triomphe n'a pas été plus épargné aujourd'hui que les jours précédents; plusieurs obus l'ont touché, et le groupe de la Résistance porte à l'heure qu'il est treize blessures plus ou moins profondes.

(*Siècle*, 15 avril).

M. L. Chassin, ancien directeur de la *Démocratie*, est arrêté à Versailles par ordre du gouvernement.

15 avril

Une femme a été blessée dans l'avenue d'Essling. Un omnibus a failli être brisé par les chevaux qu'avait effrayés une explosion d'obus, et les voitures s'arrêtent désormais dans l'avenue Wagram.

(*Moniteur universel*, 16 avril).

On renvoie les troupes françaises en France aussi promptement que possible.

On a soin de choisir, pour les faire partir les premiers, *ceux qui jurent fidélité au gouvernement français et acceptent du service à Versailles*.

Les hommes sont en bonne santé et bien chaussés. Ils partent d'ici à raison d'environ un millier par jour.

(*Agence télégraphique Reuter*, Cologne, 15 avril).

16 avril

Par ma foi, *c'est plus beau que le 2 Décembre*, et Canrobert, le capitulard de Metz, qui se trouve à Versailles, va pâlir de se voir dépassé, car *qu'est-ce que la fusillade du boulevard Montmartre le 2 Décembre auprès de ce qui se passe depuis un mois autour de Paris*, coupable de vouloir ses franchises municipales et de ne plus vouloir des mouchards de l'empire?

On connait enfin le nom du brave officier, pour parler le langage de M. Thiers, qui commande au Mont-Valérien, c'est le colonel Lochner.

Ce brave officier a envoyé des bombes et des obus qui ont détruit des quartiers au dela de la ligne de défense, *en tuant plus de 300 personnes inoffensives, dont la moitié se compose de femmes et d'enfants*.

Ce brave officier continue toujours à bombarder avec le brave général Vinoy, capitulard de Paris, qui a fait fusiller le général Duval et pas mal de gardes nationaux, et avec le brave général de Galiffet, capitulard de Metz, qui, après avoir fait fusiller de son côté je ne sais combien de gardes nationaux, avait de son autorité privée édicté un bando déguisé sous le nom d'arrêté, pour continuer en les régularisant ces *exécutions sommaires*. On peut dire que le brave colonel Lochner se trouve au premier rang parmi les braves officiers d'une des plus belles armées que la France ait jamais eues, comme dit M. Thiers.

(*Progrès de Lyon*, 22 avril, lettre d'un bourgeois de Paris du 16).

Dans une circulaire aux préfets, sous-préfets, généraux commandant les divisions et subdivisions militaires, etc, le chef du pouvoir exécutif proteste contre le bruit d'après lequel il voudrait « fusiller *tous* les hommes égarés » qui défendent la Commune. « Le gouvernement fera grâce à tous ceux qui mettront bas les armes, *comme il a fait à l'égard de 2,000 prisonniers qu'il nourrit à Belle-Isle, sans en tirer aucun profit*. »

Cette perspective ne paraît pas sourire aux 200 et quelques milles électeurs de la Commune qui continuent à repousser à coups de fusils la nourriture et le logement gratuits que leur offre M. Thiers

M. Lockroy (1), a été arrêté hier aux avant-postes de Neuilly et amené prisonnier à Versailles.

(*Agence télégraphique Havas, Versailles, 16 avril*).

17 avril

Le Mont-Valérien et le brave colonel Lochner bombardent toujours... .

(*Progrès de Lyon*, 23 avril, lettre d'un bourgeois de Paris du 17).

18 avril

Chef du pouvoir exécutif à préfets, etc.

Nouveaux succès de nos troupes ce matin, toujours dans le but de garantir notre position de Courbevoie contre les feux de la porte Maillot et du village d'Asnières.

Le régiment des gendarmes, sous les ordres du *brave* colonel Grémelin, a enlevé le village de Colombes, s'est ensuite porté au delà et a repoussé les insurgés au loin en leur faisant essuyer des *pertes sensibles* en morts ou en prisonniers......

A. Thiers.

(*Versailles, 18 avril, 4 h. 30, soir*).

En revenant aux Ternes nous apprenons que plusieurs obus sont tombés sur l'avenue. *M. Soudet, pâtissier, a été tué par un éclat d'obus qui lui a ouvert la poitrine. Un menuisier et une autre personne ont été également tués.*

(*Siècle*, 19 avril).

«La ligue d'union républicaine des droits de Paris a publié un programme qui lui paraît résumer exactement les aspirations de la population parisienne. Elle a présenté ce programme au chef du pouvoir exécutif de la République française et à la Commune de Paris.

Les déclarations de M. Thiers à nos délégués ne nous offrent de garantie ni pour le maintien de la République ni pour l'établissement des libertés communales; en un mot, pour aucunes de nos revendications. »

(Extrait du manifeste de la ligue en date du 18 et signé :

Bonvalet, ancien maire du troisième arrondissement; Onimus, docteur médecin; Hippolyte Stupuy, publiciste; Jobbé Duval, peintre ; M. Maublanc, sculpteur ; E. Brelay, ancien adjoint au maire du deuxième arrondissement; Patron ; Villeneuve, docteur-médecin, ancien adjoint au 17e arrondissement ; Corbon, ancien réprésentant du peuple; J. Mottu, ancien maire du 11e arrondissement ; G. Clémenceau, représentant démissionnaire ; Amnon, agent des mines de Saarbruck ; H. Villeneuve, étudiant en médecine ; G. Manet, étudiant ; J.-A Lafond, ancien adjoint du 18e arrondissement ; Maillard, chef du contentieux de la compagnie l'*Union* ; G. Isambert, publiciste; Cacheux, ex-adjoint au maire du 17e arrondissement ; Coudereau, docteur-médecin ; Fascou, avocat; Loiseau-Pinson, négociant, ex-adjoint au deuxième arrondissement ; A. Adam, propriétaire ; G. Lechevalier, avocat, préfet démissionnaire ; Th. Leroy, négociant ; Chameroy, manufacturier, etc., etc.)

(1) La démission de M. Lockroy, en date du 7 avril n'était pas encore arrivée au président de l'Assemblée. M. Lockroy était donc encore représentant du peuple lorsqu'il fut appréhendé par les gendarmes et enfermé à l'Orangerie. On ne procédait pas autrement en 1851.

19 avril

Chef du pouvoir exécutif à préfets, etc.

Asnières a été emporté ce matin. Nos soldats, sous la conduite du général Montaudon, qui se multiplie dans ces circonstances, se sont jetés sur la position malgré le feu de l'enceinte et l'ont emportée avec une vigueur extraordinaire.

L'*ennemi* a fait des *pertes énormes* et ne peut plus incommoder notre établissement de Courbevoie.

Ainsi nous avançons vers le terme.....

A. THIERS.

(Versailles, 19 avril 1871, 7 heures soir.)

Les troupes qui attaquent Paris agissent pour la plupart avec passivité, sauf certains corps, comme les gendarmes, les sergents de ville, les zouaves pontificaux et les volontaires vendéens et bretons.

Quant aux chefs, à partir des colonels, ils y apportent de la frénésie.

En voyant le soin qu'ils mettent à maintenir une discipline rigoureuse, on fait de tristes réflexions sur ce qu'ils laissaient faire à cet égard quand nous étions en face des Prussiens.

On fusille à présent un soldat qui hésite.

Pendant le siége de Paris, nous avons vu des zouaves et des soldats d'infanterie fuyards à Châtillon, ayant abandonné leur poste devant l'ennemi sans tirer un coup de fusil, *d'abord condamnés à mort, puis graciés par le gouvernement de la défense nationale*, sans que les généraux, qui s'acharnent avec tant de passion aujourd'hui contre Paris, fissent la moindre observation. On semblait voir avec joie l'armée se démoraliser.

(*Progrès de Lyon*, 21 avril. Lettre d'un bourgeois de Paris, du 19).

Je n'avais pas encore compris le mouvement des fédérés sur Asnières, une ligne du *Times* me révèle tout.

M. Mac-Mahon était d'accord avec le général Fabrice : il avait l'autorisation de pénétrer avec un corps d'armée sous la bande de terrain qui longe les remparts et qui s'étend entre Paris et la zone neutralisée par la capitulation. Par contre, les Prussiens avaient déclaré qu'ils armeraient leurs lignes pour empêcher les belligérants de dépasser les limites tracées par le traité.

Grâce a cette entente, le maréchal Mac-Mahon, en tournant Asnières, Clichy, Gennevilliers, pouvait placer un corps d'armée en face de la porte de Saint-Ouen.

Si les fédérés avaient voulu repousser les assaillants, leurs boulets auraient pénétré dans les lignes prussiennes, et cette violation de la convention eut entraîné l'intervention prussienne.

Tout était calculé à merveille.

Les Versaillais n'avaient pas compté sur l'habileté du général Dombrowski.

Comprenant le danger, il prévint le coup, occupa Asnières et Bois-Colombes, et barra ainsi le passage à l'armée de Mac-Mahon.

(*Emancipation*, 9 mai, correspondance particulière du 19 avril).

20 avril

Dans le combat de hier, pendant que les balles crépitaient sur les murs, un obus a pénétré dans la poudrière des fédérés. Au même instant, une épouvantable explosion a fait sauter la maison servant en même temps de poste aux gardes nationaux, et qu'habitaient des ménages d'ouvriers. Cette maison, élevée de quatre étages, s'est affaissée comme un château de cartes, ensevelissant sous ses ruines hommes, femmes et enfants.

On s'est immédiatement occupé de déblayer les décombres. *A midi, on avait déjà retiré 25 à 30 victimes, tant hommes que femmes et enfants.*

On travaillait encore avec la plus grande activité, car on entendait les sourds gémissements d'autres victimes enfouies sous les ruines.

Les blessés sont malheureusement en très-grand nombre; beaucoup ne pourront survivre à leurs blessures.

(*Siècle*, 21 avril).

M. *Jean Brunet* dépose une pétition ayant pour objet la pacification de Paris. (Ah ! ah !) Il demande l'urgence pour cette proposition dont voici la substance: Considérant que la situation de Paris, après vingt jours d'attaques sanglantes, n'a pas encore trouvé sa solution, l'assemblée nationale, pour mettre fin au malentendu (Exclamations à droite) et aux ruines, se déclare prête à traiter avec Paris. (Nouvelles exclamations. — Assez ! assez !).

Une voix. — *On ne traite pas avec des brigands.* (1)

Autre voix. — Assez ! assez !

M. *Jean Brunet*, continuant, dit que l'assemblée nationale appelle le concours des volontés et des efforts de tous pour la pacification de Paris.

Puis M. *Jean Brunet* lit le texte de son projet de loi qui porte en substance :

(1) Si la liberté individuelle est constamment en péril, je tiens, pour être juste, à protester contre les accusations de pillage qu'un article du *Journal officiel* de Versailles a mises à la charge des insurgés. D'après cet article fort exagéré et qui sent le réquisitoire, Paris serait comparable à la campagne d'Athènes ou aux montagnes des Abruzzes. *Tout cela est faux*, et il est très-regrettable que le gouvernement français imite, dans l'intérêt de sa cause, les déclamations fantaisistes des journaux de la Commune.

Voici l'exacte vérité : il y a eu des réquisitions pour la nourriture et l'équipement de la garde nationale. On a payé ce qu'on a pris avec des bons communaux; on est allé plus loin, et la réquisition est devenue un véritable attentat à la propriété, quand on a mis la main sur des caisses d'administration afin d'avoir des espèces, en échange desquelles on a également donné des bons communaux. Voilà des attentats fort graves que je ne veux point pallier; on a aussi mis la main sur les vases sacrés de certaines églises (non sur le trésor de Notre-Dame, comme le bruit en a couru); toutefois je ne sais s'il y a eu dans ce cas plus qu'une confiscation, et si l'on compte réellement s'en emparer. On a également envahi l'hôtel du général de Galiffet. Ces faits sont des actes blâmables, mais on n'a pas le droit d'en conclure que Paris soit livré au pillage; *je ne sache pas d'exemple qu'on ait soustrait quoi que ce soit dans la maison d'un particulier, et que les gardes nationaux aient jamais volé pour leur compte.* Ils sont égarés, soit! mais, de grâce, qu'on n'en fasse pas des malfaiteurs. Lorsqu'on les voit aux remparts, dans un moment de répit, quand leurs femmes viennent les trouver et leur amènent leurs petits enfants, quand on entend leurs conversations, quand on voit sur les traits de ces pauvres créatures l'amour de leurs maris et leur cruelle anxiété, on se sent le cœur plein d'émotion. Nous avons vu plusieurs de leurs blessés dans nos ambulances; ils sont polis, aimables, bons enfants, sensibles à la plus légère attention.

(*Journal de Genève*, 23 avril. — Correspondance de Paris du 13.)

« Art 1er. L'assemblée nationale, agissant dans la plénitude du mandat souverain qu'elle a reçu de la nation, fait un appel solennel à la conciliation. Elle se déclare prête à satisfaire aux vœux légitimes de Paris (Bruit) à satisfaire aux vœux légitimes de Paris (accentue M. Brunet), elle déclare également qu'elle devra soumettre la grande capitale à la loi commune de la France. (A la bonne heure !)

« Art. 2. Toute attaque contre Paris sera suspendue. (Mouvements divers). L'armée se tiendra sur la défensive et repoussera vigoureusement toute attaque. (Très-bien !) Les communications et la libre entrée des denrées et des marchandises sera reprise dans toutes les directions entre Paris et la province.

« Art. 3. L'assemblée nommera une commission de 25 membres qui se fera rendre un compte exact de la position générale et aura le soin de faire toutes propositions utiles à la pacification de Paris.

« Art 4. L'assemblée nationale déléguera à Paris une section en parlementaire. (Bruit et protestations nombreuses à droite.) — Assez ! assez !) Cette section fera les propositions transactionnelles qu'elle jugera utiles et s'occupera des besoins et des demandes. La commission fera un rapport à l'assemblée qui, après avoir entendu le gouvernement, statuera d'urgence. » (Vive agitation. — La question préalable!)

M. LE PRÉSIDENT répond aux auteurs des exclamations que c'est l'assemblée qui a voulu entendre lecture de la proposition Brunet. (La question préalable !)

M. LE PRÉSIDENT. — La règle est le renvoi à la commission d'initiative parlementaire. (La question préalable !)

M. LE PRÉSIDENT lit l'art. 49 du réglement, qui dit que la question préalable peut toujours être proposée. Vous demandez la question préalable ? (Oui ! oui !)

M. *Jean Brunet* veut protester. Il prononce quelques mots au milieu du bruit. (Assez ! assez !) Il dit que représentant au même titre que ces collègues, il ne croit pas que la majorité, si écrasante qu'elle soit, ait le droit d'étouffer une opinion. (Nouvelles exclamations.)

La question préalable mise aux voix est adoptée.

(Assemblée nationale : *Extrait de la séance du 20 avril*).

On envoie un voleur en prison, sans lui demander ce qu'il pense de la constitution comparée de la propriété dans les principaux Etats de l'Europe, on conduit un assassin à l'échafaud sans prendre son avis sur la moralité de la peine de mort; *de même la France cueillera-t-elle, pour les envoyer à Cayenne et autres colonies, les plus désertes possible, vingt et quelques mille coquins* (les gardes nationaux parisiens) *sans les interroger sur la légitimité de leurs prétentions soi-disant politiques et sociales.*

(*Gaulois*, 21 avril),

21 avril

Du Point-du-Jour, nous nous sommes dirigés, en suivant la route militaire, vers Auteuil, qu'on disait hier avoir été bombardé par le Mont-Valérien. Ce bruit était erroné. La forteresse a lancé une quinzaine d'obus sur des hommes qui portaient des sacs de terre jusqu'au rempart et aidaient les artilleurs à établir des pièces de siége.

La forteresse tirait avec des piéces de 7. En les entendant siffler à leurs oreilles, beaucoup de ces hommes ont décampé, abandonnant pelle et pioche, et le Mont-Valérien s'est tu.

Cependant quelques projectiles sont tombés à Auteuil. L'un d'eux est entré par le premier étage d'une maison appartenant à M. Tremblay, rue Chanez, 11 ; il a éclaté, en traversant le plancher, au rez-de-chaussée, où une dame allaitait son enfant. Tout a été brisé, meubles et glaces . . .

(*Siècle*, 22 avril.)

. . . .

A six heures du matin, le combat gagnait en extension et se rapprochait du pont de Courbevoie. Des convois de gardes nationaux blessés plus ou moins grièvement sont transportés à Levallois où stationnent les ambulances; les voitures sont chargées et prennent au galop la rue d'Asnières pour rentrer dans Paris. Subitement une grêle de balles s'abat sur la grande route de Levallois : ce sont des boîtes à mitraille qu'envoie une batterie établie au rond-point de Courbevoie. *Une des boîtes fait explosion à une très petite distance de l'endroit où se tiennent les voitures d'ambulance* ; un des chevaux est légèrement blessé au naseau. *Un homme en blouse, qui allait s'engager sous la voûte du chemin de fer, tombe mortellement atteint.*

. . . .

Tous les étrangers ont arboré leurs couleurs nationales pour protéger leur demeure, protection bien insuffisante contre les bombes !

Dans la région des Ternes et de l'Etoile, les projectiles tombent plus dru que jamais. Un limonadier de l'avenue de Wagram, dont la maison n'avait pas encore été touchée et qui restait ouvert malgré tout, s'était enfin décidé hier à clore son établissement et à partir, vu l'imminence du danger ; il y avait deux heures à peine qu'il avait quitté la place, qu'un obus arrive, créve son habitation par en haut, troue les planchers, éclate et broie tout ce qui n'avait pas été enlevé.

Tandis que nous traversons le rond-point des Ternes, un projectile tombe dans une maison de la rue Delacroix, où il cause d'épouvantables ravages ; quelques instants auparavant, un autre obus était tombé plus loin encore, dans le faubourg St-Honoré. Aussi ne voit-on partout que gens qui déménagent ; beaucoup ne prennent que juste le temps d'emporter leurs matelas.

(*Idem*).

La fusillade est bientôt suivie de la cannonade ; les obus sifflent dans l'air et les boîtes à mitraille s'abattent sur Levallois-Perret. Le bombardement commençait. Les femmes et les enfants rentrent chez eux, d'autres se hâtent de déménager

La grêle de projectiles nous oblige à rétrograder. En passant sur la place de la Mairie. deux obus éclatent coup sur coup ; les éclats sont projetés sur l'école des sœurs. Un autre tombe rue de Courcelles, sur la maison d'un quincaillier ; un quatrième dans le chantier de bois de M. Genest, situé sur la limite extrême de la zone des fortifications ; enfin un cinquieme éclate en avant du redan de la porte d'Asnières.

Clichy-la-Garenne n'est pas plus épargné que Levallois. Tous ces projectiles venaient sans doute des batteries qu'on vient de démasquer.

(*Idem*).

Le Mont-Valérien a tiré toute la journée assez faiblement sur les bastions de la porte Maillot et des Ternes. *On voyait éclater aussi des obus sur les maisons de Neuilly* ; ces projectiles étaient lancés par la batterie du pont de Courbevoie et peut-être aussi de la demi-lune.

(*Idem*).

On dit que les Prussiens ont avancé vers Saint-

Ouen, *sur les supplications du gouvernement de Versailles.*

(*Gazette de France.*)

22 avril

On nous annonce qu'un obus est tombé aujourd'hui, à trois heures, sur l'hôpital Beaujon.

(*Siècle*, 23 avril).

FRÈRES,

La délégation que vous avez chargée d'aller porter au chef du pouvoir exécutif de la République française des paroles d'apaisement et de conciliation, s'est rendue à Versailles dans la journée du samedi 22 avril 1871.

Elle était accompagnée de deux envoyés des chambres syndicales, dont, sur un point, l'action devait être commune avec la nôtre.

Notre mission, en effet, avait un double but, ayant, d'ailleurs, un caractère identique :

D'arrêter, dans l'un et l'autre cas, l'effroyable effusion de sang humain qui coule depuis trois semaines.

Le premier but à atteindre était un armistice qui permît aux femmes, aux enfants, aux vieillards enfermés dans les caves de Neuilly, des Ternes, de Sablonville, de sortir de leurs retraites et de se mettre en lieu de sûreté. C'est ce premier point que nous avions à traiter, d'accord avec les délégués des chambres syndicales.

Le second point consistait dans une proposition d'arrangement basé sur des concessions réciproques de la Commune, d'une part, et du gouvernement de Versailles, de l'autre.

Après avoir établi les situations respectives de votre délégation et des deux envoyés des chambres syndicales, dont le concours nous a été infiniment précieux, nous sommes heureux de le dire, nous avons tout de suite engagé la discussion sur le premier point de notre mission.

« Il y a dans les caves de Neuilly, des Ternes et « de Sablonville, avons-nous dit à M. Thiers, une « population de femmes, d'enfants et de vieillards qui « se trouvent, depuis près de trois semaines, dans la « plus douloureuse des situations. Ils ont été pris « entre deux feux, exposés aux boulets et aux obus « de l'armée de Versailles *sans que le bombardement « eût été dénoncé, comme cela est d'usage dans les lois « de la guerre.* Obligés de chercher précipitamment « un refuge dans des caves malsaines, ils sont placés « dans cette alternative *ou de mourir de faim s'ils y « restent, ou d'être broyés par la mitraille s'ils en « sortent.* A peine est-il possible de leur porter un « peu de nourriture.

« Déjà la mort a fait parmi eux plusieurs victimes.

« C'est horrible! et il n'est pas un cœur français « qui ne doive être déchiré devant ce sinistre état de « choses. *Nous venons donc vous demander, au nom « des lois les plus sacrées de l'humanité, de consentir « à un armistice de vingt-quatre heures au moins,* « temps nécessaire pour permettre à tant de familles, « à tant de pauvres êtres innocents de se mettre à l'a- « bri du danger, en se retirant dans l'intérieur de la « ville. »

M. le chef du pouvoir exécutif a bien voulu convenir avec nous qu'il y avait là, en effet, une situation poignante, qu'il avait pour les malheureux, réduits à de pareilles extrémités, une commisération égale à la nôtre, *mais que, ne considérant pas les combattants de Paris comme des belligérants, il ne pouvait, ni ne voulait admettre l'armistice en principe* ; que, cependant, pour répondre aux sentiments d'humanité auxquels nous faisions appel, il donnerait l'ordre au général Ladmirault, commandant le premier corps d'armée de Versailles, de cesser le feu pendant deux ou trois heures, sur le simple envoi d'un parlementaire, afin que les habitants des pays bombardés pussent se soustraire aux horreurs de la famine et aux projectiles des deux camps.

Nous avons insisté, frères, insisté beaucoup pour que le chef du pouvoir exécutif donnât, sinon à cet armistice, du moins à cette trêve, à cette suspension d'armes, une durée de vingt-quatre et même de quarante-huit heures.

« Peut-être, ajoutions-nous, pendant ce sursis aux « hostilités, trouvera-t-on le moyen de mettre fin à la « lutte fratricide, si fatalement engagée sous les murs « de Paris. »

M. THIERS S'EST MONTRÉ INFLEXIBLE (1). Il était impossible, selon lui, de suspendre pendant de si longues heures les opérations de l'armée d'attaque . . .

. . . .

Restait à traiter le point important de notre mission et plus particulièrement spécial à votre délégation, c'est-à-dire la question d'un arrangement basé sur la reconnaissance de nos franchises municipales. . . .

. . . .

C'était d'ailleurs le lieu naturel qui rattachait votre délégation d'hier à celle que, précédemment, vous aviez déjà envoyée au gouvernement de Versailles. Vos premiers délégués s'étaient présentés en disant, nous le supposons : La grande société maçonnique, dont les origines se perdent dans la nuit des temps, n'est pas une société politique dans la pure acception du mot, mais rien de ce qui intéresse l'homme ne lui est étranger.

C'est une société qui professe le respect absolu de l'inviolabilité de la vie humaine ; elle gémit de l'horrible lutte à laquelle elle assiste désespérée ; aussi considère-t-elle comme un de ses premiers devoirs de tout employer pour y mettre fin. Sous chaque franc-maçon, il y a un citoyen. Eh bien ! nous représentons des millions de citoyens qui sentent que la liberté municipale est le premier besoin des peuples modernes. Vous, gouvernement, aidez-vous à fonder cette liberté. Ne souffrez pas qu'on mette Paris hors la loi. Laissez à cette capitale du monde civilisé cette couronne de liberté, sans laquelle il n'est pour les communes, comme pour les peuples et les individus, ni dignité, ni grandeur ; ne la privez plus désormais de ses droits primordiaux et imprescriptibles. Rendez-lui, en un mot, ses franchises municipales, et les armes tomberont des mains des combattants.

(1) A ce refus du chef du parti de l'ordre d'interrompre pendant plus de trois heures un bombardement qui durait depuis vingt jours, il nous est impossible de ne pas opposer le décret suivant de la Commune de Paris, en date du 24 avril :

AU PEUPLE DE PARIS.

Citoyens,

Il y a sept mois à peine, nos frères de Neuilly venaient demander à Paris un abri contre les obus prussiens.

A peine revenus dans leurs foyers, c'est par les obus français qu'ils en sont chassés pour la seconde fois.

Que nos bras et nos cœurs soient ouverts à tant d'infortune.

Cinq membres de la Commune ont reçu le spécial mandat d'accueillir à nos portes ces femmes, ces enfants, innocentes victimes de la scélératesse monarchique.

Les municipalités leur assureront un toit.

Le sentiment de la solidarité humaine, si profond chez tout citoyen de Paris, leur réserve une hospitalité fraternelle.

La Commission exécutive.

Tel a dû être certainement le langage de vos mandataires d'il y a quinze jours, si nous nous en rapportons à la réponse qui leur a été faite par M. Jules Simon, qui a été auprès d'eux l'organe du gouvernement: « Nous préparons, a dit cet auteur d'un livre qu'on appelle *Liberté*, nous préparons et l'asssemblée va voter une loi municipale qui est de nature à contenter les plus difficiles. Vous serez satisfaits. »

Cette loi, Frères, vous la connaissez. Vous l'avez jugée, c'est-à-dire condamnée et toutes les grandes villes de France, tous les cœurs où brûle le sentiment vrai de la liberté l'ont condamnée avec vous. Nous revenons à vous, avons-nous dit en conséquence à M. Thiers, parce que la promesse de M. Jules Simon ne s'est pas accomplie, parce que la loi dont il nous avait vanté le libéralisme n'est pas de nature à contenter les moins difficiles en matière de liberté — Comment, s'est écrié M. Thiers; mais c'est la plus libérale que nous ayons eue, en France depuis quatre-vingts ans. — Pardon, avons-nous objecté, vous oubliez nos institutions communales de 1791. — Ah! vous voulez revenir aux folies de nos pères, a répliqué le chef du pouvoir exécutif. — Oh! nos grands aïeux de la grande époque, géants de notre première Assemblée constituante, qu'avez-vous dit de ce blasphème?

« *Non, M. le chef du pouvoir exécutif, avez-vous insisté, nous ne trouvons pas suffisamment libérale une loi qui, quoiqu'on dise, met Paris hors du droit commun*; qui impose à son conseil municipal la présence d'un préfet de la Seine — et d'un préfet de police, et qui met aux mains du pouvoir exécutif la nomination de ses maires et de ses adjoints d'arrondissement. Pourquoi cette méfiance envers les grandes villes et à l'égard de Paris en particulier? *Faites-nous cette concession d'elaborer une loi municipale plus conforme à la volonté de la partie intelligente du pays et nous pouvons vous assurer que les cent cinquante mille neutres, au moins en fait, qui assistent dans Paris au drame dont le dénouement par la force ne saurait être bon ni pour les uns ni pour les autres, auront assez d'influence morale pour ramener la paix dans la cité* »

Malheureusement il a paru à M. Thiers qu'il n'était pas possible à l'Assemblée de revenir sur une loi votée. Et pourtant, sans chercher un exemple qui fut tout personnel au chef du pouvoir exécutif, ne pouvait-on prendre celui de la loi sur les échéances? Est-ce que ce serait la première fois qu'une Assemblée, reconnaissant loyalement qu'elle s'est trompée, aurait pris à tâche de réparer son erreur? Quoi! pensions-nous, on n'a reculé devant aucune démarche, devant aucune humiliation pour conclure la paix avec l'ennemi extérieur, avec ces violateurs du droit éternel, dont on dénonçait si éloquemment les brigandages et les cruautés; et quant il s'agit de faire cesser un égorgement entre français, on se montre implacable, on ne veut entendre aucune concession, c'est à n'y pas croire!

M. le chef du pouvoir exécutif reprochant avec assez d'amertume aux cent cinquante mille neutres dont nous parlions tout à l'heure, de n'avoir pas aidé le gouvernement à comprimer par la force ce qu'il appelle l'insurrection parisienne. « Comment, M. Thiers, avons-nous dû lui repondre, vous auriez voulu que nous, société maçonnique, dont la plupart des membres sont au nombre de ces neutres, nous qui n'admettons pas la peine de mort sous quelque forme qu'elle soit appliquée, par la guillotine ou par le chassepot; nous qui n'avons pas pris les armes contre vos soldats, nous les prenions contre des citoyens! C'était impossible. Contre l'étranger, Dieu sait de quel cœur nous y allions, bien que l'humanité en gémit en nous! Contre des Français, jamais. Seulement donnez nous une bonne parole, laissez-nous l'espérance qu'il nous sera permis de nous concilier sur le terrain des franchises municipales, et nous nous efforcerons d'être les instruments de la pacification. »

Cette parole, cette espérance, nous avons le regret de le dire, nous n'avons pu l'obtenir du chef du pouvoir exécutif de la République française, à ce point qu'il nous est échappé de lui demander s'il était donc résolu à sacrifier Paris. Nous ne vous dirons pas sa réponse.

Voix nombreuses : Si! si! la réponse.

La réponse, elle est bien courte, la voici : « *Il y aura quelques maisons de trouées, quelques personnes de tuées, mais force restera à la loi.* »

(*Rapport de la délégation maçonnique de Paris sur son entrevue avec le chef du pouvoir exécutif de la République française, dans la journée du 22 avril 1871*).

23 avril

Chef du pouvoir exécutif à préfets, etc.

Les opérations sérieuses vont bientôt commencer...

A. Thiers.

(*Versailles, 23 avril, 9 h., soir*).

Il nous arrive un horrible détail sur les malheurs qui accablent les infortunés habitants de Neuilly.

Les vivres manquent complétement dans le village : plusieurs malheureux, réfugiés dans les caves, y sont morts..... de faim!

On nous affirme même, — mais nous n'osons pas le croire, — que dans une cave *trente personnes auraient été trouvées mortes, et mortes de la plus cruelle de toutes les morts — la faim!*....

(*Liberté*, 24 avril).

. . . .

La position de Neuilly est affreuse, depuis vingt-deux jours nos maisons sont effondrées par les obus. Des femmes, des enfants, des vieillards tués dans leurs habitations ou sur la voie publique en allant chercher leur ration pour ne pas mourir de faim.

Impossible de soigner les malades; les morts, dans certains endroits, ne sont enterrés qu'après six et huit jours. On voit le fils emporter son père dans un drap, car nous n'avons plus de bières, le mari emporter sa femme dans une voiture à bras. C'est horrible!

(*Liberté*, 29 avril, correspondance particulière).

..... Chaque époque est mise en présence de dangers qui lui sont propres : je vous signale tout particulièrement ceux du temps où nous vivons. Il se trouve en ce moment des écrivains qui déshonorent leur plume, etc., etc..... A les en croire, l'Assemblée actuelle serait agressive, provoquante, avide de nouvelles révolutions, etc., etc..... Ce ne sont pas les ennemis d'un gouvernement quelconque, mais de toute société humaine; vous ne devez pas hésiter à les poursuivre.

Et ne vous laissez pas arrêter, lorsque, dans un langage plus modéré en apparence, sans être moins dangereux, ils se font les apôtres d'une conciliation à laquelle ils ne croient pas eux-mêmes; mettant sur la même ligne l'Assemblée issue du suffrage universel et la prétendue Commune de Paris; reprochant à la première de n'avoir pas accordé à Paris ses droits municipaux, etc., etc.....

(*Circulaire de M. Dufaure, garde des sceaux aux procureurs généraux*, 23 avril).

Les négociations entamées depuis le 12 avril entre Paris et Versailles par l'intermédiaire de M. Lagarde pour l'échange de Blanqui contre l'archevêque de Paris, son grand vicaire, l'abbé Deguerry, l'ex-président Bonjean, etc., sont définitivement rompues par suite de refus réitérés de M. Thiers, de mettre en liberté l'élu des 18e et 20e arrondissements.

Ci-joints les très-instructifs documents publiés à ce sujet par le *Journal officiel* de Paris :

Des amis particuliers de Blanqui, d'accord avec certains membres de la Commune, entreprirent des démarches en vue d'obtenir du gouvernement de Versailles son élargissement, en échange d'autres détenus.

Le citoyen Flotte, ancien compagnon de cachot de Blanqui, son ami depuis de longues années, se chargea de cette mission difficile. Il entreprit d'aller trouver l'archevêque Darboy, détenu à Mazas, et de jeter avec lui les bases d'un échange possible. Le citoyen Raoul Rigault, délégué à l'ex-préfecture de police, lui a remis le laissez-passer suivant (que nous avons entre les mains, ainsi que toutes les autres pièces publiées dans la suite de cet article) :

RÉPUBLIQUE FRANÇAISE

Préfecture de police. — Cabinet du secrétaire général.

Paris, 11 avril 1871.

Au directeur de Mazas,

Laissez communiquer le citoyen Flotte avec Lagarde, grand vicaire, et Darboy, archevêque de Paris.

Le délégué à l'ex-préfecture de police,
Raoul RIGAULT.

Permis personnel valable tous les jours et à toute heure.

Flotte conduisit lui-même Lagarde à la gare. Avant que Lagarde prit place dans le train qui devait le conduire à Versailles, Flotte lui fit encore renouveler la parole donnée : « Ne partez pas si vous n'avez pas l'intention de revenir. » Lagarde jura de nouveau.

Il partit, porteur de la lettre suivante, adressée par l'archevêque Darboy à M. Thiers :

Prison de Mazas, 12 avril 1871.

Monsieur le président,

J'ai l'honneur de vous soumettre une communication que j'ai reçue hier soir, et je vous prie d'y donner la suite que votre sagesse et votre humanité jugeront la plus convenable.

Un homme influent, très lié avec M. Blanqui par certaines idées politiques, et surtout par le sentiment d'une vieille et solide amitié, s'occupe activement de faire qu'il soit mis en liberté. Dans cette vue, il a proposé de lui-même aux commissaires que cela concerne cet arrangement :

Si M. Blanqui est mis en liberté, l'archevêque de Paris sera rendu à la liberté avec sa sœur, M. le président Bonjean, M. Deguerry, curé de la Madeleine, et M. Lagarde, vicaire général de Paris, celui-là même qui vous remettra la présente lettre. La proposition a été agréée, et c'est en cet état qu'on me demande de l'appuyer près de vous.

Quoique je sois en jeu dans cette affaire, j'ose la recommander à votre bienveillance; mes motifs vous paraîtront plausibles, je l'espère. Il n'y a déjà que trop de causes de ressentiment et d'aigreur parmi nous; puisque une occasion se présente de faire une transaction, qui du reste ne regarde que les personnes et non les principes, ne serait-il pas sage d'y donner les mains et de contribuer ainsi à préparer l'apaisement des esprits?

L'opinion ne comprendrait peut-être pas un tel refus.

Dans les crises aiguës comme celle que nous traversons, des représailles, des exécutions par l'émeute, quand elles ne toucheraient que deux ou trois personnes, ajoutent à la terreur des uns, à la colère des autres, et aggravent encore la situation. Permettez-moi de vous dire, sans autres détails, que cette question d'humanité mérite de fixer toute votre attention, dans l'état présent des choses à Paris.

Oserai-je, Monsieur le président, vous avouer ma dernière raison? Touché du zèle que la personne dont je parle déployait avec une amitié si vraie en faveur de M. Blanqui, mon cœur d'homme et de prêtre n'a pas su résister à ses sollicitations émues, et j'ai pris l'engagement de vous demander l'élargissement de M. Blanqui le plus promptement possible. C'est ce que je viens de faire.

Je serais heureux, monsieur le président, que ce que je sollicite de vous ne vous parût point impossible; j'aurai rendu service à plusieurs personnes et à mon pays tout entier.

G. DARBOY,
Archevêque de Paris.

A M. Thiers, chef du pouvoir exécutif.

Lagarde partit donc le 12 pour Versailles. Cinq jours se passent : on ne reçoit aucune nouvelle de Lagarde. Le 17, Flotte reçoit une lettre de Versailles, datée du 15 avril :

Versailles, 15 avril 1871.

Monsieur,

J'ai écrit à Mgr l'archevêque, sous le couvert de M. le directeur de la prison de Mazas, une lettre qui lui sera parvenue, je l'espère, et qui vous a sans doute été communiquée. Je tiens à vous écrire directement, comme vous m'y avez autorisé, pour vous faire connaître les nouveaux retards qui me sont imposés.

J'ai vu quatre fois déjà le personnage à qui la lettre de Mgr l'archevêque était adressée, et je dois, pour me conformer à ses ordres, attendre encore deux jours la réponse définitive. Quelle sera-t-elle? Je ne puis vous dire qu'une chose, c'est que je ne néglige rien pour qu'elle soit dans le sens de vos désirs et des nôtres.

Dans ma première visite, j'espérais qu'il en serait ainsi et que je reviendrais, sans beaucoup tarder, avec cette bonne nouvelle. On m'avait bien fait quelques difficultés, mais on m'avait témoigné des intentions favorables. Malheureusement, la lettre publiée dans l'*Affranchi*, et apportée ici après cette publication aussi bien qu'après la remise de la mienne, a modifié les impressions. Il y a eu conseils et ajournements pour notre affaire. Puisqu'on m'a formellement invité à différer mon départ de deux jours, c'est que tout n'est pas fini, et je vais me remettre en campagne. Puissé-je réussir encore une fois!

Vous ne pouvez douter ni de mon désir ni de mon zèle. Permettez-moi d'ajouter que, outre les intérêts si graves qui sont en jeu et qui me touchent de si près, je serais heureux de vous prouver autrement que par des paroles la reconnaissance que m'ont inspirée vos procédés et vos sentiments. Quoi qu'il arrive et quel que soit le résultat de mon voyage, je garderai, croyez-le bien, le meilleur souvenir de notre rencontre.

Veuillez, à l'occasion, me rappeler au bon souvenir de l'ami qui vous accompagnait, et agréez, Monsieur, la nouvelle assurance de mon estime et de mon dévouement.

J.-B. LAGARDE.

La lettre est du 15 avril. M. Thiers avait formellement invité Lagarde à différer son départ de deux jours. Le 18 seulement, Flotte, justement inquiet, alla trouver l'archevêque et lui exprima son mécontentement de la conduite du grand vicaire.

Flotte exprima à l'archevêque son désir d'avoir un mot de sa main, afin de le porter lui-même à Lagarde.

M. Darboy remit alors à Flotte la lettre suivante :

L'archevêque de Paris à M. Lagarde, son grand vicaire.

M. Flotte, inquiet du retard que paraît éprouver le retour de M. Lagarde, et voulant dégager, vis-à-vis de la Commune, la parole qu'il avait donnée, part pour Versailles, à l'effet de communiquer son appréhension au négociateur.

Je ne puis qu'engager M. le grand vicaire à faire connaître au juste à M. Flotte l'état de la question, à s'entendre avec lui soit pour prolonger son séjour encore de vingt-quatre heures, si c'est absolument nécessaire, soit pour rentrer immédiatement à Paris, si c'est jugé plus convenable.

Mazas, 19 avril 1871.

G... *archevêque de Paris.*

M. Flotte n'alla pas lui-même à Versaille; ses amis

lui représentèrent le danger qu'il y courrait, comme ami de Blanqui et son compagnon de lutte et de prison.

On y envoya une personne sûre, qui partit le 18, et remit à Lagarde la lettre de l'archevêque.

Lagarde se contenta de faire remettre à Flotte le billet suivant, écrit à la hâte, au crayon, sur un chiffon de papier :

« M. Thiers me retient toujours ici, et je ne puis qu'attendre ses ordres, comme je l'ai plusieurs fois écrit à Monseigneur. Aussitôt que j'aurai du nouveau, je m'empresserai d'écrire.

« LAGARDE. »

Donc c'était bien dit. Lagarde refusait de rentrer à Paris. De parole donnée, il n'en était plus question pour lui.

On voulut seulement savoir des nouvelles de Blanqui. Il était dangereusement malade lors de son arrestation, le 17 mars, dans la propriété de son neveu Lacombe.

Depuis ce jour, personne n'avait entendu parler de lui. La plus simple raison d'humanité devait faire un devoir à M. Thiers de ne point refuser à sa famille de le voir, ou de correspondre seulement avec lui, de quelque manière que ce fut.

Ce fut alors que la sœur de Blanqui fit porter à M. Thiers la lettre suivante :

A M. Thiers, chef du pouvoir exécutif.

Monsieur le président,

Frappée depuis plus de deux mois d'une maladie qui me prive de toutes mes forces, j'espérais néanmoins en recouvrer assez pour accomplir auprès de vous la mission à laquelle ma faiblesse prolongée me force aujourd'hui de renoncer.

Je charge mon fils unique de se rendre à Versailles pour vous presenter une lettre en mon nom, et j'ose esperer, monsieur le president, que vous voudrez bien accueillir sa demande.

Quels qu'aient jamais été les événements, ils n'ont en aucun temps proscrit les droits de l'humanité ni fait méconnaitre ceux de la famille, et c'est au nom de ces droits, monsieur le president, que je m'adresse a votre justice pour connaitre l'etat de la santé de mon frère, Louis-Auguste Blanqui, arrété, étant fort malade, le 17 mars dernier, sans que depuis ce temps un seul mot de sa part soit venu calmer mes douloureuses inquiétudes, sur sa santé si sérieusement compromise.

Si c'est demander au-delà de ce que vous pouvez accorder, monsieur le président, que de solliciter une permission pour le voir, ne fut-ce que pendant de courts instants, vous ne pourrez refuser à toute une famille d olée, dont je suis l'interpréte, l'autorisation pour mon frère, de nous adresser quelques mots qui nous rassurent, et pour nous celle de lui faire savoir qu'il n'est point oublie dans son malheur par les parents qui le cherissent à si juste titre.

Veuillez agreer, etc.

Veuve ANTOINE (née BLANQUI).

La réponse ne se fit pas attendre. Elle est contenue tout entière dans la lettre suivante :

Monsieur le rédacteur,

Je vous prie de bien vouloir donner place dans votre journal à la lettre que j'ai l'honneur de vous adresser, ainsi qu'à la réponse faite par M. le chef du pouvoir executif.

A cette lettre, M. le chef du pouvoir executif a fait repondre que la sante de M. Blanqui est fort mauvaise, sans donner cependant des inquietudes serieuses pour sa vie ; mais que malgre cette consideration et mes instances au nom de ma famille et au mien, il refuse *formellement* d'autoriser aucune communication, soit verbale, soit ecrite, entre M. Blanqui et sa famille, jusqu'à la fin des hostilités entre Paris et Versailles.

Ainsi, mon frère mourant est condamné au secret le plus rigoureux ; nous ne pouvons ni le voir, ni lui ecrire, ni recevoir un seul mot de lui !

Je m'abstiens, monsieur le rédacteur, de toute protestation sterile en présence de ces faits, que le jugement public appreciera.

Veuillez agréer l'assurance de ma considération distinguée.

Veuve ANTOINE, née BLANQUI.

Lundi, 24 avril 1861.

Nous venons de recevoir la visite du citoyen Flotte, qui nous communique une lettre de M. Darboy, écrite le dimanche, 23 avril, et remise à M. Washburn, ministre des États-Unis, qui s'est chargé de la faire parvenir, et qui l'a fait parvenir le lendemain à M. Lagarde. Nous croyons en reproduire exactement les termes :

« Au reçu de cette lettre, et en quelque état que se trouve la négociation dont il a été chargé, M. Lagarde voudra bien reprendre immédiatement le chemin de Paris et rentrer à Mazas. On ne comprend guère que dix jours ne suffisent pas à un gouvernement pour savoir s'il veut accepter ou non l'échange proposé. Ce retard nous compromet gravement et peut avoir les plus fâcheux résultats.

« De Mazas, le 23 avril 1871.

« G., archevêque. »

24 avril

A la faveur de l'armistice (1), plusieurs de nos collaborateurs se sont rendus à Neuilly. Nous publions ci-après le récit de leurs excursions :

« Nous revenons de Neuilly, le cœur déchiré, l'âme accablée sous le poids d'une douleur inexprimable. Jamais cette horrible image des ruines accumulées par la guerre civile ne s'effacera de notre souvenir. Nous reverrons toujours ces maisons trouées par les boulets, ces jardins ravagés par la mitraille, ces familles infortunées fuyant leurs demeures à moitié détruites, pendant les heures trop courtes d'une trêve arrachée à grand'peine à la fureur des combattants. Et ces combattants sont des Français, les fils de la même mère, la France.

« On a laissé aux statues de nos grandes villes le crêpe noir qui leur a épargné l'odieux spectacle de l'étranger campant sur une de nos places publiques, et on a bien fait. Mais quel voile de deuil assez épais pourra dérober à Paris, à la France et au monde, le sinistre tableau de Neuilly, effroyablement bombardé par les soldats de l'Assemblée nationale . . . . .Et quel pinceau pourrait retracer ce désastre de la patrie, frappée par la main

(1) On ne comprend pas pourquoi le gouvernement n'a pas laissé aux habitants de Neuilly le soin de se diriger ou sur Paris ou sur Versailles. Ils étaient obligés de se retirer dans nos murs que l'on bombarde de nouveau.

Ceux qui n'auraient pas pu traverser les lignes de l'armée de Paris, se rendraient, disait la convention, soit à Saint-Ouen, soit à Saint-Denis, au milieu des Prussiens. C'est donc à Paris qu'ils sont venus pour la plupart. Nous leur avons donné l'hospitalité précaire que nous pouvions, au milieu des barricades et de tous les appareils de la guerre civile.

Vous me permettrez d'insister sur ce point, et, si Paris a commis des fautes, de relever du moins ce qu'il a de bon. Eh bien, il a eu, parmi tous ses malheurs, la générosité de penser à ses malheureux concitoyens de Neuilly; il a eu l'honneur de demander et de préparer l'armistice. *Aucune part de cet acte d'humanité et de justice ne revient au gouvernement de Versailles.*

Il eût été bien facile à M. Thiers d'enlever à la Commune ce mince avantage. Mais M. Thiers s'obstine à sacrifier les intérêts de la patrie et les questions les plus palpitantes à de vaines formalités.

Le gouvernement de Versailles ne veut point cesser de tuer des femmes et des enfants dans les caves de Neuilly, à moins que la Commune ne cesse la première.

Oh ! le beau raisonnement.

(*Progrès de Lyon*, 30 avril. Lettre d'un bourgeois de Paris).

de ses propres enfants, ces maisons effondrées, ces murs béants, cette population fuyant, affolée d'épouvante, et, comme une ironie amère, parmi ces ruines et ces désespoirs, le printemps en fleur et le soleil radieux?

« Ce que nous avons vu, nous allons le dire simplement, sans phrases, et en persistant jusqu'au bout dans notre espoir que tant de calamités accumulées finiront par ouvrir les yeux à ceux qui, soit à Paris, soit à Versailles, repoussent toute transaction comme impossible. Cent mille voix répéteront demain avec nous — oui, tous ceux qui, comme nous, ont vu les horreurs de Neuilly, — que les armes doivent tomber des mains des combattants, que cette lutte est impie, et qu'il faut que la raison et la justice l'emportent sur la passion aveugle.

« A neuf heures, ce matin, nous nous trouvions devant le palais de l'Industrie au moment où des voitures d'ambulance et un grand nombre de voitures particulières s'éloignaient dans la direction de la porte Maillot.

« Déjà la foule affluait dans l'avenue des Champs-Elysées, ainsi que dans toutes les rues aboutissant à la porte Bineau. On voyait s'acheminer dans la même direction beaucoup de voitures de déménagement, accompagnées de leurs hommes d'équipe.

« Nous suivons la grande avenue. Les habitants de ce quartier, visité par les obus à partir du rond-point, se sont, pour la plupart, réfugiés soit à Paris, soit au dehors, dans des localités hospitalières; mais les concierges et les gardiens d's appartements sont restés, et ils se montrent timidement aux portes. Eux aussi viennent de passer quinze longs jours au fond de leurs caves.

« Les dégâts causés par les obus deviennent très-visibles à partir de la rue de l'Albe. On voit çà et là des murs entaillés, des toits défoncés, des balcons tordus, notamment au coin de la rue de l'Alma et de l'avenue.

« Mais c'est au rond-point de l'Arc-de-Triomphe de l'Etoile que le ravage commence véritablement. A partir de là, tout le long de l'avenue de Neuilly et surtout aux approches de la porte Maillot, la dévastation défie toute description.

« Une quantité d'obus ont laissé leur empreinte barbare sur l'Arc-de-Triomphe sans y causer pourtant des dégâts irréparables. Le groupe d'Etex, représentant la Défense de 1814, est le plus grièvement atteint. Le guerrier qui occupe le milieu de ce groupe a reçu une blessure à la poitrine; un obus a arraché la crinière du cheval. Le piédestal du groupe et la corniche du monument sont atteints en plusieurs endroits

« La maison du rond-point située à l'angle de l'avenue, en arrière du monument et dans la ligne de tir du Mont-Valérien, a bien plus cruellement souffert que le monument même.

« Les murs en sont debout, mais la façade est trouée en plusieurs endroits, et derrière ces plaies béantes, à l'intérieur, la destruction paraît complète; à quelques fenêtres sans vitres, pendent des rideaux en lambeaux.

« Dès qu'on s'engage dans l'avenue de la Grande-Armée, on ne marche plus que sur des ruines. Ici pas une seule maison n'a été épargnée. Depuis le rez-de-chaussée jusqu'aux combles, tous les appartements ont reçu la visite de l'obus destructeur. La chaussée est semée de débris, le macadam est broyé en cent endroits. Les maisons faisant l'angle de la rue Rude et de l'avenue paraissent avoir été plus terriblement éprouvées que d'autres. Il en est de même des habitations portant les numéros 15, 17, 19, et de celle qui fait le coin de la rue Neuve-de-la-Colonne.

« Sur la chaussée, les arbres sont brisés, les candélabres renversés par les obus. Toutes les façades sont déchiquetées; plusieurs murs sont percés comme une cible. Le petit hémycicle où aboutissent les rues Lesueur et Duret n'est qu'un amas de ruines.

« Vers dix heures, au moment où nous arrivons à la porte Maillot, *un incendie vient de se déclarer au château de l'Etoile*. Les pompiers combattent les flammes qui s'élancent en gerbes au sommet de l'édifice. La chaîne s'organise et, après une demi-heure d'efforts, le feu est vaincu. *C'est un des derniers obus lancé ce matin avant la suspension d'armes qui a causé cet incendie.*

« A la porte Maillot, la sortie de la ville est momentanément interdite. Ici la lutte des derniers jours se révèle dans toute sa violence Aux abords de la gare, ce ne sont que décombres et murs croulants; la gare elle même n'est plus qu'un amoncellement de murs broyés et calcinés.

« Nous suivons l'avenue Péreire pour gagner la porte des Ternes. Les malheureux habitants de cette rue, qui ont vécu pendant vingt jours sous la foudre, sortent de leurs caves. Leurs joues pâlies, leurs yeux dilatés par cette longue épouvante font mal à voir. Beaucoup font leurs préparatifs de départ; d'autres, mornes et résignés, paraissent décidés à rester dans leurs maisons jusqu'à la fin de la tourmente.

« A la porte des Ternes, l'encombrement des voitures et des piétons est tel, que la sortie de l'enceinte est momentanément suspendue. Nous parvenons cependant à franchir la porte et à gagner l'avenue du Roule, qui est presque déserte. Il est visible que la plus grande partie de la population a fui déjà soit à Paris, soit dans les localites environnantes. Les premières maisons du côté de Paris ne sont pas très-grièvement atteintes; mais à mesure qu'on avance vers l'avenue d'Inkermann, le ravage devient épouvantable. Ici les murs ne sont pas seulement troués par les boulets, mais littéralement déchiquetés aussi par les balles. Au milieu de la chaussée, gît un cheval tué par un éclat d'obus.

« Aux abords du boulevard d'Inkermann, fermé par une forte barricade et défendu par plusieurs pièces de 12, nous avons remarqué notamment une maison portant le numéro 51, dont le mur latéral paraît avoir servi de cible. Nous y avons compté plus de quarante trous d'obus. Les deux maisons voisines, numéros 49 et 53, ne sont pas moins maltraitées....

. . . .

« En suivant l'avenue de Neuilly, nous constatons que le ravage n'est pas moins terrible de ce côté-ci de la porte Maillot que de l'autre Ce ne sont que façades trouées, arbres broyés, débris de toute sorte......

« Près du numéro 132, où les parlementaires se tiennent en permanence, les soldats de la ligne forment sur la chaussée une double haie de sentinelles qui interdisent strictement le passage dans la direction du pont de Neuilly. Il y a eu là des scènes poignantes : *des hommes, des femmes, des jeunes filles accourus de Paris demandaient et suppliaient qu'on leur permît de rejoindre leurs parents au-delà de cette ligne militaire; mais la consigne était formelle et personne n'a pu passer.*

« Ce point était occupé par des soldats des 35ᵉ, 116ᵉ et 132ᵉ régiments. » (*Siècle*, 25 avril).

25 avril

Le 25 avril toutes nos batteries du sud furent démasquées et le feu commença.

Tandis que nos troupes se concentraient et que le génie poursuivait ses travaux, notre artillerie n'était pas, tant s'en faut, resté inactive. Mettant habilement à profit les tristes et singuliers hasards de la guerre, elle avait disposé ses moyens d'action derrière la plupart des épaulements élevés par les Prussiens, et *plus de 150 bouches à feu* allaient concourir à l'attaque des défenseurs de l'insurrection parisienne...

Enfin, au moment où tout ce matériel allait entrer en action, on allait commencer à Montretout une batterie de 70 pièces de gros calibre et l'on formait le projet d'établir dans le parc d'Issy une batterie de 20 pièces de 24.

(*Guerre des communeux de Paris*, par un officier supérieur de l'armée de Versailles, chapitre VII).

Nous croyons rendre service à ceux de nos concitoyens qui seraient tentés de se rendre à Paris en ce moment, en attirant leur attention sur le fait suivant :

Trois jeunes Suisses, parfaitement honorables, qui étaient partis de Genève le 25 avril, par le train de 5 heures 20 minutes du soir, munis de billets directs pour Paris et de passe-ports constatant leur nationalité et leur profession, ont dû descendre du train à Tonnerre, un ordre émanant de Versailles interdisant d'une façon absolue l'accès de Paris à tous les jeunes gens, *à quelque nationalité qu'ils appartiennent.*

(*Journal de Genève*, 29 avril).

. . . .

M. *Tolain.* — Je n'ai qu'une question à adresser à M. le ministre de la guerre. Une affiche blanche, apposée sur les murs de Paris et qui y a causé une certaine émotion, contient en substance ce qui suit :

« Le 25 avril dernier, près de Villejuif, quatre gardes nationaux, entourés par 400 chasseurs, auraient mis bas les armes. A ce moment, un capitaine s'avançait sur eux, le revolver à la main...... (Vives rumeurs).

(Assemblée nationale, *séance du 4 mai 1871).*

26 avril

Pendant que nos représentants s'occupent de choses anodines, les Versaillais continuent :

Des gardes nationaux sont faits prisonniers.

Qu'on les fusille! crie le commandant.

Les soldats restent appuyés sur le leurs fusils.

Alors le commandant prend son revolver, et, à bout portant, le décharge sur les prisonniers.

Trois sont morts sur le coup. Le quatrième est mort ce matin. C'est lui qui, avant de mourir, a fait ce récit.

(*Droits de l'Homme*, correspondance particulière de Paris, 26 avril).

Un obus éclate avenue des Ternes; *trois gardes nationaux et une femme sont renversés.* On les transporte dans une ambulance.

(*Siècle*, 27 avril).

27 avril

Chef du pouvoir exécutif à préfets, etc.

Cette nuit, le *brave* général Faron, à la tête de cent marins fusiliers, de trois cents hommes du 119e de ligne et de quatre compagnies du 37e a abordé la difficile position des Moulineaux.

L'*élan* des troupes a singulièrement abrégé la lutte. . . . .

Les maisons, les barricades ont été successivement enlevées et les Moulineaux sont restés en notre pouvoir *couverts des corps de l'ennemi.*

(*Versailles, 27 avril*).

Du haut de la butte Montmartre, où nous sommes postés dès ce matin, on voit une grande quantité de troupes, infanterie et cavalerie, se mouvoir derrière les rideaux d'arbres, au fond de la presqu'île de Gennevilliers; les Versaillais veulent établir des batteries, et les bastions du rempart de Saint-Ouen ne cessent de lancer des obus pour inquiéter leurs travaux.

Plus à l'ouest, le château de Bécon et la batterie d'Asnières lancent leurs bordées sur les wagons blindés postés en avant du rempart des Batignolles, mais sans parvenir à leur causer de sérieux dommages, car ces wagons vont et viennent, pour dérouter les pointeurs versaillais et ripostent énergiquement.

Dans toute la zone qui s'étend entre ces lignes de feu, on ne voit que maisons éventrées, que murailles béantes, que bâtiments en ruines, et pourtant ces demeures ne sont pas toutes désertes, car dans l'une d'elles nous voyons à la longue-vue une femme qui étend du linge à sa fenêtre pour le faire sécher.

Du côté de Levallois, la canonnade est moins intense et la fusillade se tait; mais à Neuilly les obus tombent toujours, et *un incendie se déclare.* . . . .

... L'accès de Clichy-la-Garenne commence à devenir fort dangereux, et beaucoup d'habitants sont sur le point de déménager depuis qu'une boîte à mitraille, faisant explosion dans une rue du village, *a blessé hier huit personnes.* Les Versaillais, du reste, font grandement usage de ce projectile, et *tous* les blessés que nous avons vu revenir de ce côté ont été atteints par *les biscaïens qui remplissent ces boîtes.* . . . .

Nous sommes allés à Levallois, où, comme les jours précédents, sont tombés de nombreux projectiles. Ceux des habitants qui, pour une cause ou pour une autre, n'ont point voulu émigrer, sont dans la consternation.

Plus de trente obus ont éclaté sur la localité, presque tous dans la direction de la porte d'Asnières et du bastion 44. Plusieurs sont tombés dans la gare de Batignolles. A Levallois, *deux femmes ont été blessées* : l'une a eu le front fendu par un éclat d'obus, l'autre a eu le bras fracassé. . . . .

De l'Arc-de-Triomphe, nous allons à Auteuil, sur lequel les bastions, notamment le cavalier du bastion 63, attirent des projectiles. Un obus est tombé rue Boileau; un autre rue Chanez, où *une jeune fille a été blessée*, et rue Poussin Ces projectiles étaient lancés de la batterie de Breteuil. . . . .

Le feu du fort d'Issy est resté relativement faible. En revanche, la batterie du parc, très-bien couverte et protégée, n'a cessé de contre-battre l'artillerie versaillaise. En cherchant à atteindre cette batterie dissimulée au milieu d'un massif, les troupes régulières ont envoyé plusieurs obus dans le village, dont un, malheureusement, a éclaté dans l'hospice, qu'on n'avait pas pris la précaution d'évacuer; *une femme déjà fort âgée a été tuée dans son lit.* . . . .

Du côté d'Asnières, on entend toujours la canonnade. Des obus franchissant les fortifications, sont tombés à Batignolles; l'un d'eux a éclaté sur la place de l'Eglise et a blessé M. Sirvin, marchand de vins.

(*Siècle*, 28 avril).

28 avril

« Art. 1er. L'Assemblée nationale délégue au chef du pouvoir exécutif le droit de déclarer l'état de siége dans les départements autres que celui où elle réside.

« Cette délégation est limitée à un délai de trois mois. Le chef du pouvoir exécutif devra rendre compte immédiatement à l'Asemblée de la mise en état de siége qu'il aura déclarée et lui en demander le maintien.

« Art. 2. Les déclarations de l'état de siége faites dans les départements de la Haute-Vienne et des Bouches-du-Rhône, par les généraux commandant les divisions, sont ratifiées et auront tout leur effet à partir de leur date. »

M. Tolain tient à rappeler, sans que ses paroles soient d'ailleurs dirigées contre M. Thiers, mais seulement au point de vue historique, qu'il peut être dangereux pour une Assemblée nationale de confier au chef d'un pouvoir exécutif le droit d'exercer l'état de siége, et ajoute que cette mesure est d'ailleurs inutile.

Sont adoptés successivement les articles 1er et 2e du projet. Le projet lui-même est mis au scrutin, qui donne les résultats suivants :

Votants : 452. — Pour : 357. — Contre : 95.

(Assemblée de Versailles, *séance du 28 avril 1871*).

Tous les envois de lait sur Paris ont été arrêtés hier matin à Pontoise.

(*Liberté*, 29 avril).

29 avril

Les efforts des francs-maçons ont été trois fois repoussés par ceux-là mêmes qui ont la prétention de représenter l'Ordre. . . . .

Le 29 avril, les francs-maçons, au nombre de 10 à 11,000, se rendirent à l'Hôtel-de-Ville, suivant les grandes artères de la capitale, au milieu des acclamations de toute la population parisienne ; arrivés à l'avenue de la Grande-Armée, malgré les bombes et la mitraille, ils arborèrent soixante-deux de leurs bannières en face des assaillants.

Leur bannière blanche : *Aimons-nous les uns les autres*, s'avançant sur les lignes versaillaises, fit cesser le feu de la porte Dauphine à la porte Bineau; la tête de leurs profondes colonnes atteignit seule la première barricade des assaillants.

Trois francs-maçons furent admis comme délégués.

Ces délégués, n'ayant obtenu qu'une courte trêve des généraux auxquels ils s'étaient adressés à Neuilly, à Courbevoie et à Rueil, où les populations les acclamaient aux cris de : Vive la maçonnerie ! Vive la Commune ! deux d'entre eux, cédant à l'instance des généraux, qui déclaraient d'ailleurs qu'ils ne pouvaient pas être leurs interprètes, allèrent à Versailles, sans mandat et contrairement à la ligne de conduite qu'ils s'étaient tracée, mais pour démontrer une fois de plus que toute tentative nouvelle de conciliation était inutile.

Ils n'obtinrent rien, absolument rien, du chef du pouvoir exécutif.

Le feu, interrompu le 29 à quatre heures de relevée, recommença plus formidable, *accompagné de bombes incendiaires*, le 30, à sept heures quarante-cinq minutes du soir. La trêve n'avait donc duré que 27 heures 45 minutes.

Une délégation de francs-maçons, placée à la porte Maillot, a constaté la profanation des bannières.

C'est de Versailles que sont partis les premiers coups, et un franc-maçon en fut la première victime.

(Rapport des délégués des francs-maçons et des compagnons de Paris à leurs frères de France et du monde entier, 5 mai).

Le commissaire de police de la gare de Saint-Denis a reçu du gouvernement de Versailles la dépêche suivante :

« *Arrêtez tous convois de vivres à destination de Paris. Faites rétrograder et rendre aux expéditeurs.* »

(*Liberté*, 30 avril).

30 avril

Bel-Air, 30 avril 1871, 5 h. 5 matin.

Le général de Cissey à M. le chef du pouvoir exécutif et à M. le maréchal commandant en chef à Versailles.

Le coup de main sur la ferme de Bonnamy, en avant de Châtillon, a été exécuté par une compagnie du 70e et par la compagnie des éclaireurs du 71e. Deux officiers insurgés ont été tués ou blessés. On a fait 75 prisonniers, dont 4 officiers, qui arriveront dans la matinée à Versailles.

De notre côté, 1 sergent et 2 hommes tués et 6 blessés. *On ne saurait accorder trop d'éloges à ces troupes* et surtout aux capitaines Dumonchel du 70e, et Broussier du 71e.

Bel-Air, 30 avril, 6 h. 53 m.

Le général de Cissey, à M. le chef du pouvoir exécutif et à M. le maréchal Mac-Mahon.

Je reçois du général Faron la dépêche suivante :

Fleury, 30 avril, 6 h. m.

Opération bien réussie. Les cimetières, les tranchées, les carrières et le parc d'Issy ont été enlevés avec *beaucoup d'élan* par les bataillons des brigades Deroja, Paturel et Berthe, avec le concours des fusiliers marins.

Nous occupons fortement les nouvelles positions très-rapprochées des saillants et de l'entrée du fort. Le parc est relié au chemin de fer par une tranchée passant en avant du cimetière. De notre côté, peu de morts, une vingtaine de blessés. Les insurgés en très-grand nombre se sont précipitamment retirés en laissant de *nombreux morts* et des blessés, ainsi qu'une centaine de prisonniers, 8 pièces d'artillerie, beaucoup de munitions et 8 chevaux.

SOMMATION (1).

« Au nom et par ordre de M. le maréchal commandant en chef de l'armée, nous, major de tranchée, sommons le commandant des insurgés, réunis en ce moment au fort d'Issy, d'avoir à se rendre, lui et le personnel enfermé dans ledit fort.

« *Un délai d'un quart d'heure* est accordé pour répondre à la présente sommation.

« Si le commandant des forces insurgées déclare par écrit, en son nom et au nom de la garnison tout entière du fort d'Issy, qu'il se soumet, lui et les siens, à la présente sommation, sans autre condition que

(1) RÉPONSE

Paris, 1er mai 1871.

Au citoyen Laperche, major des tranchées devant le fort d'Issy.

Mon cher camarade,

La prochaine fois que vous vous permettrez de nous envoyer une sommation aussi insolente que votre lettre autographe d'hier, je ferai fusiller votre parlementaire conformément aux usages de la guerre.

Votre dévoué camarade,

ROSSEL,

délégué de la Commune de Paris.

d'obtenir la vie sauve et la liberté, moins l'autorisation de résider dans Paris, cette faveur sera accordée.

« Faute par lui de ne pas répondre dans le délai indiqué plus haut, *toute la garnison sera passée par les armes.*

« Tranchées devant le fort d'Issy, 30 avril 1871.

« *Le colonel d'état-major des tranchées,*

« R. LAPERCHE. »

Pendant toute la soirée d'hier et la nuit, le bombardement a été des plus terribles sur Neuilly, Sablonville, le quartier des Ternes et les Champs-Elysées. Vers neuf heures, une fumée épaisse s'élève tout à coup dans la direction de l'Arc-de-Triomphe de l'Etoile. Je passais précisément sur le pont des Saints-Pères, d'où la vue s'étend jusqu'aux limites de Paris, du côté de l'ouest. Peu à peu la fumée se déchire et laisse voir des langues de feu qui s'élancent, s'abaissent, éclatent, pâlissent, luttent contre la fumée qui les étouffe, et enfin triomphent et prennent possession du ciel entier. Le long des quais, sur les ponts, le long de la rue de Rivoli, la foule inquiète accourt et se précipite vers les Champs-Elysées. Le bombardement continue avec une effroyable intensité. Tout semble concourir à remplir à la fois d'horreur les yeux et les oreilles. Nous avons su ce matin que *l'incendie, causé par les obus des batteries versaillaises, avait éclaté dans la rue des Acacias, aux Ternes,* et avait dévoré un vaste chantier de bois de démolitions.

On nous assure que plusieurs personnes ont eu gravement à souffrir soit de l'incendie lui-même, soit des obus qui tombaient comme grêle au milieu du brasier incandescent.

(*Progrès de Lyon,* 5 mai, correspondance particulière de Paris, 1er mai).

Pendant que nous montons vers l'avenue de la Grande-Armée, les obus pleuvent dans la partie haute des Champs-Elysées, sur les Ternes et dans la zône excentrique des Batignolles ; l'un d'eux, venu d'Asnières, passe au-dessus du chemin de fer de Ceinture, à droite de la gare de Clichy, et décapite un poteau du télégraphe.

De ce côté, les batteries d'Asnières, de Bécon, de Courbevoie et de Puteaux, font un feu d'enfer ; mais c'est le Mont-Valérien qui porte les coups les plus terribles aux quartiers bombardés.

(*Siècle,* 1er mai).

Deux incendies se sont déclarés. L'un aux Ternes, du côté de la rue de Rome, et le second à la barrière de l'Etoile. Ce dernier, propagé par le vent, atteint des proportions formidables. . . . (*Idem*).

Bonvallet (1) me racontait hier soir, qu'il avait vu amener le matin des gendarmes de Versailles faits prisonniers. Ils étaient porteurs de chaînes et poucettes destinées aux gardes nationaux dont ils s'empareraient.

(*Droits de l'homme,* 7 mai, correspondance de Paris, du 1er mai).

L'investissement, ou plutôt l'interception des convois de vivres à destination de Paris est, dit-on, chose résolue. L'ordre donné à la gare de Saint-Denis coïnciderait avec des ordres d'une bien plus grande importance. . . . . . .

(*Gaulois,* 1er mai).

L'expédition de subsistances sur Paris par la Seine a été complétement coupée par ordre du gouvernement de Versailles.

(*Agence Havas,* correspondance).

(1) Ancien maire élu du 3e arrondissement, depuis membre du conseil municipal de Paris.

1er mai

Chef du pouvoir exécutif à préfets, etc.

Le fort d'Issy, accablé par le feu de nos batteries, avait arboré le drapeau parlementaire et allait se rendre, lorsqu'un envoyé de la Commune arrivant soudainement, a empêché les défenseurs de déposer les armes. Le feu a recommencé sur-le-champ et a continué ses ravages.

Cette nuit, le général La Mariouze, de la division Garot, à la tête de deux bataillons, un du 35e et un du 42e, a emporté le château d'Issy avec *la plus grande vigueur.* Pendant ce temps, le 22e de chasseurs à pied, de la brigade Berthe, s'approchant en silence de la gare de Clamart, l'a enlevée à la baïonnette presque sans tirer. Les insurgés, dans ces deux actions, ont fait des *pertes considérables ;* ils ont laissé 300 morts sur le terrain. . .

A. THIERS.

(*Versailles, 2 mai, 2 h. 11 m. matin*).

A onze heures, le 22e bataillon de chasseurs à pied, de la brigade Berthe, embusqué depuis huit heures du soir, s'approcha de la gare du Clamart en silence. — « *Qui vive ?* » fit la sentinelle ennemie. « *22e bataillon de la garde nationale !* » répondit un loustic. *La sentinelle fut alors supprimée par un procédé sans réplique,* et le 22e chasseurs enleva la gare à l'arme blanche, sans tirer un coup de fusil, mais semant sans bruit la terreur et la mort parmi deux bataillons de gardes nationaux et une compagnie de francs-tireurs communeux.

(*Guerre des communeux de Paris,* par un officier supérieur de l'armée de Versailles, chapitre VII).

Tous les soldats de l'armée régulière qui ont été trouvés à Clamart parmi les insurgés ont été fusillés séance tenante.

(*Liberté*).

Parmi les prisonniers faits à Clamart et à Issy se trouvaient *treize soldats de la ligne qui ont été immédiatement fusillés.*

Les lignards que l'on voit ramener dans Versailles, sont ceux sur l'identité desquels il y a doute ; mais dès qu'il est prouvé qu'ils ont effectivement appartenu à l'armée, *ils ont le sort des traîtres* (1)

(*Paris-Journal.*)

(1) Ces exécutions systématiques avaient été précédées d'un décret en date du 2 avril qu'il est impossible de passer sous silence.

A cette époque en effet la lutte n'était pas encore engagée Le seul crime des soldats ainsi voués aux fusillades sommaires était donc d'avoir levé devant des Français désarmés la crosse que leurs généraux leur avaient appris à mettre en l'air devant l'invasion :

Le Président du Conseil, chef du pouvoir exécutif,

Considérant que quelques officiers et le plus grand nombre des sous-officiers et soldats du 88e régiment d'infanterie de marche et du 120e régiment d'infanterie de ligne, ont trahi tous leurs devoirs, le 18 mars, à Paris, en livrant honteusement leurs armes aux insurgés et faisant même cause commune avec eux ; qu'ils ont été ainsi la principale cause des malheurs de cette journée,

Sur la proposition du ministre de la guerre,

Arrête :

Art. 1er. Le 88e régiment d'infanterie de marche et le 120e régiment d'infanterie de ligne sont licenciés.

Art. 2. Les officiers de ces régiments qui sont rentrés à Versailles avec l'armée seront mis en non-activité ou placés dans d'autres régiments. Ceux qui sont restés à Paris seront

. . . .

J'ai vu arriver à Versailles un petit détachement de prisonniers, et cette exhibition renouvelle, chaque fois, les scènes scandaleuses dont j'ai déjà eu l'occasion d'entretenir vos lecteurs. J'ai aperçu deux anciens sergents de ville, qui sont aujourd'hui convertis en soldats de la ligne et qui portent une capote grise avec un képi noir à bordure blanche, s'avancer vers eux et leur mettre le poing sous le nez en accompagnant ce geste de coups et de jurons très accentués. Ces actes de brutalité de la part de militaires ne sont malheureusement pas des exceptions, et ce qu'il y a de profondément triste c'est de voir la foule applaudir et exciter ceux qui les commettent....

L'attaque du château d'Issy a eu lieu avec beaucoup d'entrain et les tirailleurs versaillais délogèrent un à un les fédérés qui se cachaient derrière les arbres, arrivèrent ensuite vers le château dont les portes furent enfoncées à coups de hache, pénétrèrent dans l'intérieur et *massacrèrent tous les gardes nationaux qui ne ne se dérobèrent pas à eux par une fuite rapide.*

(*Suisse radicale*, 7 mai, correspondance particulière de Paris).

. . . .

Un incendie considérable éclairait très-vivement l'horizon hier au soir de huit heures à neuf heures et demi.

L'incendie avait été allumé dans la direction des Ternes par des projectiles lancés à la fois du Mont-Valérien et de la redoute de Gennevilliers.

NOUS CROYONS QUE CES PROJECTILES ÉTAIENT DES FUSÉES INCENDIAIRES; car, placé à courte distance du Mont-Valérien, nous n'entendions aucune détonation.

Arrivé à l'extrémité de sa trajectoire, avant de toucher les maisons, le projectile éclatait en flammèches longues et nombreuses, et *leur chute était suivie d'une recrudescence de l'incendie.*

(*Liberté*, 3 mai).

. . . .

Il y a des quartiers qui sont cruellement éprouvés. Aux Ternes, les obus envoyés par les Versaillais ont allumé un incendie qui a brûlé 30 maisons. — A Neuilly, AUTRE INCENDIE QUI A ANÉANTI UNE DIZAINE DE MAISONS ENVIRON; ces deux incendies ont éclaté dans la même soirée. Du reste, *Neuilly n'existe aujourd'hui que de nom*, car les trois-quarts de ce charmant village ont disparu sous les obus ou par *l'incendie....*

(*Droits de l'Homme*, 11 mai, correspondance particulière).

. . . .

Un membre dépose une proposition comme addition à l'article du Code pénal portant : « Tout individu qui aura incendié ou fait sauter par la mine des édifices, magasins, vaisseaux ou autres propriétés appartenant à l'État, sera puni de mort. » Ce projet demande qu'on ajoute : « Appartenant aux établissements publics, aux corporations et aux particuliers. »

L'urgence est demandée pour la proposition.

Cette urgence est prononcée par l'Assemblée.

(Assemblée nationale, *séance du 1er mai 1871*).

2 mai

Le bastion de la porte de Meudon et ceux du Point-du-jour servent aussi de point de mire aux artilleurs de l'armée régulière; de là vient que Grenelle et Auteuil reçoivent maintenant des bombes *comme au temps du siège par les Prussiens*. A Grenelle, un de ces projectiles a percé hier un hangar de l'usine Javel et aujourd'hui quatre sont arrivés dans la partie qui confine au quai; les habitants vont de nouveau habiter leurs caves.

Au Point-du-Jour, certaines rues sont labourées par les obus; aussi les charmantes villas sont-elles totalement vides. Hier au soir, *un charretier, qui menait son cheval à la rivière, a été tué par un éclat*. Un peu plus tard, deux officiers sortaient d'une casemate : un projectile arrive, fait explosion, et les *tue tous les deux*; plusieurs gardes nationaux reçoivent des blessures plus ou moins graves. . . . .

Comme nous arrivions à la porte de Versailles, un obus destiné au bastion tombe et éclate dans la rue, où se trouvait beaucoup de monde, gardes nationaux, femmes et enfants. Nous regardons autour de nous : un cheval d'omnibus est éventré, un garde national s'éloigne en boitant.

— Qu'avez-vous ? lui demande-t-on.

— J'ai été touché.

(*Siècle*, 3 mars).

3 mai

Succès complet à la droite des attaques.

La redoute du Moulin-Saquet a été prise d'assaut avec beaucoup d'entrain par les troupes du général Lacretelle.

200 insurgés tués sont restés sur le terrain; nous avons ramené beaucoup d'officiers insurgés et 300 prisonniers.

(*Télégramme du commandant du 2me corps, au chef du pouvoir exécutif*, 4 mai, 7 heures, matin).

L'issue de cette petite affaire avait *de quoi réjouir* les cœurs les plus sombres de l'Assemblée nationale... Les défenseurs de la redoute, appartenant aux 55e et 120e bataillons communeux, avaient été *surpris dans un sommeil alourdi par les libations*, et *aucun d'eux n'avait opposé de résistance.*

(*Guerre des communeux de Paris*, par un officier supérieur de l'armée de Versailles, chapitre VII).

Les généraux de l'empire ne respectent rien :

La majesté des tombeaux;

Le repos des morts;

L'inviolabilité de la tombe !

Qu'est-ce que cela ? Ne faut-il pas écraser Paris ?

Les bombes et les obus de Versailles attaquent le cimetière Montmartre. UN OBUS EST TOMBÉ A DIX MÈTRES DE LA TOMBE DE BAUDIN ! Les généraux du 2 décembre ont la rancune longue. Après avoir assassiné Baudin vivant, ils veulent que leurs obus souillent son cadavre.

traduits devant les conseils de guerre pour lâcheté et abandon de leur poste.

Art. 3. Les sous-officiers, caporaux et soldats rentrés à Versailles seront versés dans d'autres régiments; ceux du 88e, en Afrique. Ceux qui sont restés à Paris seront également déférés aux conseils de guerre, sous les mêmes inculpations de lâcheté et d'abandon de leur poste.

Art. 4. Ces hommes seront, en outre, signalés aux autorités départementales, et leurs noms seront affichés aux portes des mairies de leurs diverses communes.

Art. 5. Le ministre de la guerre est chargé de l'exécution du présent décret.

A. THIERS.

Le bombardement devrait au moins épargner l'humanité morte et s'en tenir à l'humanité vivante.

Pour qui connaît le respect profond et excessif des Parisiens pour les morts, il est facile de juger l'effet qu'aura dû produire dans la ville le bombardement du cimetière Montmartre.

LES TERNES ONT ÉTÉ DÉTRUITS AUX TROIS-QUARTS PAR UN INCENDIE ALLUMÉ PAR LE MONT-VALÉRIEN.

. . . .

L'Arc-de-Triomphe de l'Étoile a ses deux façades regardant Neuilly complètement mutilées.

La corniche et son entablement sont dans le même état.

Passy, Auteuil, le Point-du-Jour, Neuilly, le Parc-aux-Princes, l'avenue de la Grande-Armée et tout le quartier des Champs-Élysées sont couverts de ruines.

J'oubliais le quartier du Roule et le quartier de Courcelles.

J'oubliais encore le village de Levallois et une partie de celui de Clichy.

L'œuvre de la destruction de Paris marche bien et le chevalier sans peur et sans reproche (maréchal Mac-Mahon) fait mieux son affaire à Paris qu'à Sedan.

(*Progrès de Lyon*, 4 mai, correspondance de Versailles).

. . . .

Toutes les démarches faites jusqu'ici auprès du gouvernement de Versailles n'ont pu aboutir. En vain avons-nous fait appel à l'humanité de M. Thiers pour éviter le bombardement de Paris :

En vain avons-nous montré la population tout entière réclamant ses franchises et prête à poser les armes si on voulait reconnaître son droit ;

En vain avons-nous cherché à faire comprendre qu'il s'agit ici non plus d'une émeute, mais de révolution ;

Le gouvernement de Versailles a oublié qu'en 1789, la résistance de la garde nationale à la cour fut le point de départ de notre grande Révolution. Imbu de préjugés autoritaires, il ne peut, dit-il, traiter avec des insurgés. Que la Commune dépose les armes ! on avisera. Tout au plus M. Thiers a-t-il promis le maintien de la République *pendant sa presence au pouvoir*, et des *traitements modérés* pour les combattants qui auraient déposé les armes.

(*Adresse de la Ligue d'Union républicaine des Droits de Paris aux conseils municipaux des départements*).

4 mai

Le château d'Issy a été incendié, le 4, à trois heures de l'après-midi, et évacué par l'ennemi...

Le délégué à la guerre,
ROSSEL.

Une nouvelle députation de l'Union républicaine est venue hier à Versailles. Elle a été reçue par M. Thiers dans l'après-midi.

Ces délégués venaient demander un nouvel armistice et proposer de nouvelles bases de conciliation.

. . . .

Ils ont été éconduits.

(*Gaulois*, 5 mai).

5 mai

Chef du pouvoir exécutif à préfets, etc.

Cette nuit (du 5 au 6), 240 marins et deux compagnies du 17e bataillon de chasseurs à pied, conduits par le général Paturel, se sont résolument élancés sur le chemin de fer (de Clamart) et sur le passage voûté, etc., qui sont restés en notre pouvoir. Cependant, la garnison de Vanves, cherchant à prendre nos soldats à revers, était prête à sortir de ses positions. Le colonel Vilmette s'est jeté sur elle à la tête du 2e régiment provisoire, a enlevé les tranchées des insurgés, a pris le Redan où ils se logeaient, en a *tué* et pris un grand nombre.

Comme on le voit pas un jour n'est perdu....

A. THIERS.

(*Versailles, 6 mai, 5 h. 20 m., soir*).

On ne peut lire les lettres de Versailles décrivant les boucheries accomplies de sang-froid à Clamart et au Moulin-Saquet sans frissonner d'horreur. Telle est la guerre civile en France au XIXe siècle, et les ministres qui relatent de pareils exploits à l'Assemblée de Versailles font soigneusement ressortir les actes de férocité par lesquels ils se sont signalés !

(*Times*).

6 mai

A l'Arc-de-Triomphe, dans l'avenue de Wagram, il n'y a pas un canon ; il y en a encore moins au rond-point des Champs-Élysées ; il n'y en a pas davantage dans le cimetière Montmartre. Cependant les obus éclatent en grand nombre sur tous ces points........

(*Droits de l'homme*, 11 mai, correspondance particulière du 6).

7 mai

Jusqu'ici le gouvernement s'est borné à attaquer des ouvrages extérieurs (?). Le moment est venu où, pour abréger votre supplice, il doit attaquer l'enceinte elle-même. *Il ne bombardera pas Paris* comme les gens de la commune et du comité de salut public ne manqueront pas de vous le dire. . . . *Il ne tirera le canon que pour forcer une de vos portes*. . . . .

(*Proclamation du gouvernement de la République française aux Parisiens*).

8 mai

A dix heures du matin, la grande batterie de Montretout ouvrait son feu et battait l'escarpe du corps de place du bastion 63 au bastion 72. . . . .

Établie entre le chemin de fer de Paris à Versailles et la route de Ville-d'Avray au Mont-Valérien, cette batterie était en réalité un ensemble de huit batteries distinctes. . . . . .

L'armement, commencé le 4 mai, était terminé le 8 au matin. Il se composait de 70 pièces de gros calibre, approvisionnées chacune à 500 coups, savoir : 30 canons rayés de place, 32 canons de 0 m. 16, de la marine (*alias* canons de 30) ; 18 canons de 0 m. 22, rayés de la marine, vulgairement appelés pièces de 80 en raison du projectile qui pèse effectivement 80 kilogrammes.

En prise aux premiers coups de ces 70 bouches à feu, l'enceinte de Paris demeurait silencieuse et comme étonnée de ce formidable concert de détonations.

(*Guerre des communeux* de Paris, par un officier supérieur de l'armée de Versailles, Chap. VII).

Hier soir, à 9 heures 380 insurgés sont partis de la gare des Chantiers, à destination des îles de Ré et d'Oléron.

(*Gaulois*, 10 mai).

9 mai

M. Ernest Picard, ministre de l'intérieur. — Le gouvernement a reçu la dépêche suivante que je m'empresse de porter à la connaissance de l'Assemblée :

Le général Paturel au général Faron

« Le fort d'Issy est pris. Le 38e de ligne y est. Faire cesser le feu. »

La Chambre comprend l'importance de cet événement. Je puis dire que les troupes qui étaient chargées de cette entreprise l'ont accomplie avec *une intrépidité au-dessus de tout éloge* : Pendant les nuits dernières, elles ont eu à supporter les feux croisés de Vanves, de la batterie d'Issy et de l'enceinte, qui gênaient leurs travaux. Leur valeur est couronnée par un succès qui permettra, je n'en doute pas, d'espérer la fin prochaine de cette triste guerre (Applaudissements). . . . .

(Assemblée nationale, *séance du 9 mai 1871*).

La canonnade des pièces de gros calibre qui se trouvent à Montretout est extrêmement violente.

Le Point-du-Jour, pris en enfilade, souffre énormément des projectiles qu'il reçoit ; la voie du chemin de fer est fortement endommagée, plusieurs maisons, sur le bord de l'eau, ont été trouées, et, d'autre part, la maçonnerie du viaduc a été entamée en plus d'un endroit. . . . .

Les bastions de Passy et d'Auteuil sont encore plus exposés à cette pluie de fer que le Point-du-Jour ; ici les coups se succèdent avec rapidité, et il y a des minutes où il arrive jusqu'à deux obus dans les tranchées. Le bois de Boulogne est entièrement ravagé.....

A six heures, un obus éclate sur la grande place de Passy, *un homme est tué*, un second projectile tombe à la porte d'un café.

(*Siècle*, 10 mai).

Le bombardement a commencé d'une façon terrible et continue sur toute la ligne ; mais il se concentre principalement sur le Point-du-Jour.

Les obus tombent dans Passy, ainsi qu'à Auteuil ; des projectiles éclatent sur la place du Marché et blessent plusieurs personnes.

On déménage dans ces quartiers, et la panique est à son comble.

Le sifflement des obus est continuel ; la situation est terrible pour les insurgés.

(*Gaulois*, 10 mai).

Hier, dans la matinée, les obus éclataient déjà sur la grande place de Passy, où *cinq blessés traînés dans une voiture d'ambulance ont été tués.*

(*Suisse radicale*, corresp. part. 10 mai).

Un voyageur qui arrive de Meaux nous assure que dans le département de Seine-et-Marne les gendarmes n'arrêtent pas seulement les convois de chemins de fer chargés d'approvisionnements pour Paris, mais qu'ils surveillent toutes les routes et qu'ils forcent les charrettes chargées de vivres à rebrousser chemin.

(*Gaulois*, 9 mai).

On nous annonce que M. Loiseau-Pinson, adjoint du deuxième arrondissement, a été arrêté chez son beau-frère, à Bessé-sur-Bray (Sarthe), où il s'était rendu pour voir sa famille.

C'est M. Loiseau-Pinson qui a été chargé par le gouvernement de Versailles de tenir le drapeau parlementaire pendant la suspension d'armes accordée pour l'évacuation de Neuilly. (*Idem*).

10 mai

Hier, à quatre heures de l'après-midi, sont arrivés à Versailles 33 canons, pièces de 7, de 12 et mitrailleuses blindées, faisant partie du butin du fort d'Issy, ainsi que quatre petits fanions rouges que l'on appelle des drapeaux en langage officieux. Quant aux 300 prisonniers qu'annonçaient les premiers bulletins officiels, ils n'arrivent pas.. et ils n'arriveront jamais à Versailles. Les malheureux, sauf une cinquantaine, *ont tous été massacrés par les lignards à coups de baïonnette et à coups de crosse...*

Ce fait inouï qui demain sera traité de mensonge par les journaux réactionnaires, et que l'histoire enregistrera comme une triste vérité, a causé la plus douloureuse impression parmi quelques membres de la gauche républicaine

C'est cependant ainsi que s'est conduite au fort d'Issy l'armée que M. Thiers appelle « une des plus belles armées du monde. »

(*Suisse radicale*, correspondance particulière, 11 mai).

Le même jour, M. Léon de Malleville, vice-président de l'Assemblée nationale, se portait avec plus de deux cents de ses collègues au devant des troupes (retour d'Issy), et leur adressait l'allocution suivante :

« Soldats ! héroïques enfants de la France !

« Délégué par le président de l'Assemblée nationale, accompagné des membres de son bureau et d'un grand nombre de mes collègues, je viens, non vous remercier d'avoir fait votre devoir — vous n'avez besoin de personne pour le bien remplir — *mais vous féliciter de l'immense service que vous rendez à la France...*

« Non, la France ne livrera pas ses destinées aux caprices insolents de quelques-uns de ses enfants rebelles qu'on dit égarés, et que, à trop juste titre, elle nomme criminels.

. . . .

« Soldats, c'est au nom de l'Assemblée nationale, c'est au nom de la France qu'elle représente que je vous adresse ces félicitations !

« Vive l'armée ! »

Le maréchal Mac-Mahon publiait en même temps un ordre du jour dans lequel nous lisons :

« Soldats !

« Vous avez répondu à la confiance que la France avait mise en vous...

« Le pays applaudit à vos succès...

« Vous avez mérité la reconnaissance de la patrie. »

Pendant toute la nuit, *une lueur rougeâtre illuminait le ciel dans la direction de Clamart ; c'étaient les bâtiments du fort de Vanves qui continuaient à brûler, sans que les fédérés fussent en état d'apaiser le feu, car les batteries de Châtillon tiraient précisément contre le foyer de l'incendie...*

Tout le quartier de Vaugirard et celui de Grenelle sont ravagés par les obus. Dans la grand'rue de Vaugirard nous voyons transporter plusieurs cadavres de gardes nationaux et de personnes (parmi elles une femme) tués sur les bastions ou à proximité.

(*Siècle*, 11 mai).

Le bombardement a repris une nouvelle vigueur à Auteuil et au Point-du-Jour.

Ce n'est plus un déménagement d'une partie de la population, c'est une panique générale. Tout le monde se sauve comme il peut.

Les batteries de Brimborion et de Montretout balayent les fortifications à tel point que les artilleurs fédérés ne peuvent plus rester à leurs pièces, qui sont forcément silencieuses.

La porte d'Auteuil a été complétemont démantelée par l'artillerie versaillaise. *La maison du café qui fait face au chemin de fer est en flammes, ainsi que le bureau des omnibus qui est à côté.*

La place de l'église est encombrée d'éclats d'obus.

Au Point-du-jour, il y a aussi *plusieurs incendies.*

(*National*).

11 mai

M. *Thiers* : Notre glorieuse et brave armée pourra être complétée en plus grand nombre que les préliminaires de paix ne le permettaient d'abord. *Notre armée relève d'ailleurs en Europe la renommée du nom français* et la puissance de la France, *et on lui rend de nouveau justice dans le monde.*

(Assemblée nationale, *séance du 11 mai*, discours de M. Thiers).

Nous remarquons qu'une nouvelle batterie a été établie à Sèvres. Son tir est dirigé sur Passy et Auteuil. Dans cette dernière localité, *un incendie a été allumé par un projectile, non loin de Sainte-Périne...*

Entre autres épisodes de la guerre civile, en voici un qui est profondément émouvant : Hier soir, à dix heures, un obus tombe sur une modeste maison d'Issy, habitée par une famille d'ouvriers. *Le père et la mère sont tués.* Par un heureux hasard, les deux petits enfants, l'un âgé de quatre et l'autre de deux ans, ne sont pas atteints...

A Passy même, que nous parcourons en tout sens, les obus arrivent sur plusieurs points, entre autres près de la prison de la garde nationale; aussi le secteur a-t-il quitté le château de la Muette.

Près des remparts, les obus pleuvent, et les gardes nationaux de service ne peuvent plus quitter leurs casemates ; inutile de dire que toutes les habitations ont été abandonnées...

Plus à l'ouest, les obus arrivent avec une égale profusion jusque dans l'intérieur de la ville. Les Ternes, ainsi que les quartiers de l'Etoile et des Champs-Elysées, sont toujours les plus exposés ; à chaque instant, les explosions s'y font entendre. Un obus est arrivé jusqu'à l'ancienne avenue de Marbœuf...

(*Temps*, 12 mai).

Du Mont-Valérien, on apercevait la lueur de *trois incendies* qui se sont déclarés à Auteuil par suite du feu de Montretout.

(*Gaulois*, 12 Mai).

12 mai

Chef du pouvoir exécutif à préfets, etc.

Pendant que nos troupes ont entrepris dans le bois de Boulogne d'ouvrir la tranchée sur un long développement et que la formidable artillerie de Montretout protége les travaux d'approche, le 2e corps du général de Cissey a, du côté d'Issy, accompli *un fait d'armes des plus brillants.*

Hier à midi, les troupes du général Osmont ont attaqué les maisons situées au point où la route stratégique rencontre la route de Châtillon à Montrouge. Cette opération, qui a été exécutée par les fusiliers marins, une compagnie du 4e bataillons de chasseurs à pied et une partie du 113e de ligne, a eu pour résultat de couper toute communication entre les forts de Vanves et de Montrouge.

Quelques heures plus tard, le commandant de Pontcoulant, avec un bataillon du 46e de ligne, brigade Rocher, a enlevé à la baïonnette le couvent des Oiseaux à Issy. Dans cette attaque, *exécutée de la manière la plus briliante*, nos soldats ont déployé un *admirable élan*. Les pertes des insurgés sont *considérables;* nous avons pris huit canons, plusieurs drapeaux et fait des prisonniers.

A la suite de cette affaire, les insurgés, comprenant qu'ils ne pouvaient plus tenir en dehors de l'enceinte, ont successivement abandonné toutes les parties du village qu'ils occupaient encore, laissant de nouveau entre nos mains un grand nombre de prisonniers.....

A. THIERS.

(*Versailles, 13 mai, 5 h., soir*).

Voici quelques détails concernant la prise du couvent des Oiseaux qui a eu lieu dans la nuit d'avant-hier et sur laquelle j'ai obtenu quelques détails d'un soldat qui a pris part à ce combat. C'est le 46e de ligne qui a enlevé cette position stratégique, théâtre de plusieurs engagements depuis quelques jours, et où les fédérés avaient concentré des forces assez importantes se composant de fractions des 53e, 157e, 167e et 199e bataillons de la garde nationale.

L'action a commencé vers 5 heures et demie du soir, précédée d'une fusillade assez peu nourrie, soutenue par les tirailleurs du 46e de ligne, de la division Susbielle appartenant au corps d'armée du général Cissey. Rien au début ne faisait supposer le rude et long combat qui allait avoir lieu, car le but des Versaillais était d'opérer une simple reconnaissance, croyant que le couvent des Oiseaux n'était occupé que par une grand'garde des fédérés.

Une compagnie du 46e fut donc lancée en avant et traversa le parc, chassant devant elle les tirailleurs parisiens qui se repliaient d'arbre en arbre, dans l'intention d'attirer les Versaillais toujours plus en avant. Alors, à un moment donné et par un mouvement tournant sur sa droite les fédérés enveloppèrent la compagnie du 46e, mais pas assez rapidement, car un bataillon du même régiment fut prévenu et arriva au pas gymnastique pour secourir la compagnie d'avant garde.

Les Parisiens s'étaient très-solidement retranchés dans le couvent et ses dépendances ainsi que dans les maisons extrêmes du village d'Issy. Ils tiraient par les fenêtres, par les portes et surtout par des ouvertures nombreuses qu'ils avaient pratiquées sous les toitures des habitations. Les soldats de la ligne, reçus par une très-violente fusillade, reculèrent, et comprenant qu'ils ne pouvaient ainsi s'emparer des fédérés, *essayèrent de faire sauter*, AVEC DE LA DYNAMITE, *les maisons occupées par ces derniers.*

Quelques sapeurs du génie s'avancèrent sous une grêle de balles pour mettre le feu à la charge posée contre une maison, mais l'opération ne réussit qu'à moitié et la maison ne fut qu'ébranlée. Alors, sans écouter leurs officiers, les lignards s'élancèrent à la baïonnette et délogèrent les gardes nationaux qui se replièrent vers le couvent des Oiseaux où ils furent aussitôt poursuivis. Là, la défense fut longue et opiniâtre et la fusillade très-meurtrière pour le 46e qui, au bruit du combat, était venu au secours des premières compagnies engagées. Quelques soldats parviennent à enfoncer une porte et se répandent dans le couvent. La fusillade continue le long des couloirs voûtés et raisonne éclatante sous ces arceaux d'habitude si paisibles, mais les lignards commencent à affluer et les fédérés à faiblir. Alors ce fut le signal de la *chasse aux insurgés. Ceux qui se trouvaient dans les corridors furent d'abord tués à coup de fusil, mais les autres se répandirent bientôt dans toutes les parties du couvent jusque dans les caves Poursuivis de salle en salle, de couloir en couloir, de chambre en chambre, les fédérés périrent percés par les sabres baïonnettes ou assommés par les crosses des chassepots; quelques-uns cachés sous des lits furent lardés dans leurs cachettes ainsi que ceux qui furent trouvés blottis dans les caves.* Les gardes nationaux qui échappèrent au massacre furent ceux qui réussirent à se sauver par les fenêtres qui donnaient sur le jardin du parc. Plusieurs cependant furent cernés dans le parc par la troupe de ligne. *Désarmés, agenouillés et agitant des mouchoirs blancs en guise de drapeaux parlementaires, ils furent tous impitoyablement massacrés comme leurs camarades réfugiés dans le couvent.* Plus de trois cents gardes nationaux furent ainsi embrochés à coup de baïonnette en moins d'un quart d'heure

Le combat général commencé vers les 5 heures et demie du soir se termina seulement vers minuit.

Aux lecteurs pour lesquels ces faits paraîtront incroyables, je leur dirai qu'hier j'ai causé avec un des correspondants américains du *World*, de New-York, qui avait visité directement la gare de Clamart où a eu lieu, il y a quelque temps, une *tuerie* analogue à celle du couvent des Oiseaux et sur laquelle je vous ai du reste adressé quelques renseignements. Les cadavres, m'a-t-il dit, y étaient affreusement nombreux et pourissaient au soleil, exhalant une odeur fétide et nauséabonde. Un paysan des environs lui avait affirmé qu'après le combat, les Versaillais relevèrent leurs blessés, abandonnant les blessés fédérés qui sont morts râlant dans d'atroces souffrances.

(*Suisse radicale*, 20 mai, corresp particul. de Versailles, 15 mai).

13 mai

Nos troupes ont pris cette nuit le séminaire d'Issy. Les pertes des insurgés sont considérables.

(*Agence télégraphique Havas*, Versailles, 13 mai, 9 h. du matin).

La journée du 13 mai fut témoin des plus vigoureux engagements soutenus par la division Susbielle, du deuxième corps, engagements qui entraînèrent l'évacuation complète du village d'Issy et du lycée de Vanves. Les projectiles employés parmi lesquels se trouvaient des GRENADES AU PICRATE DE POTASSE transformèrent en un véritable amas de décombres la grande rue d'Issy et un grand nombre de maisons des rues latérales.......

(*Guerre des communeux de Paris*, par un officier supérieur de l'armée de Versailles, chap. VIII).

Cette journée vit également l'entrée triomphale des drapeaux et des huit canons pris aux insurgés du couvent des Oiseaux, à Issy. Ce fut comme toujours fête à Versailles; défilé par l'avenue de Paris; station devant l'hôtel de la Préfecture; formation en bataille dans la cour de Marbre du château, et enfin allocution aux troupes par un membre du bureau de l'Assemblée nationale.

Voici le discours de M. Benoist d'Azy :

Soldats!

« Chargé par le président de l'Assemblée de venir « au milieu de vous pour vous exprimer les sentiments « qui nous animent tous en présence de vos glorieux « faits d'armes, je suis heureux d'avoir à vous féliciter « de vos succès et à vous remercier au nom de « la patrie tout entière. Ce sera une gloire pour « l'armée française que ces nobles efforts pour rétablir « l'ordre.......

« La Providence vous a protégés et conduits, elle « vous guidera encore. Espérons que, dans peu de « jours, nous verrons la fin de ces combats contre des « misérables......

« Unissons tous nos efforts pour délivrer notre « patrie de tant de calamités, et ayons la ferme confiance « que la France retrouvera sa gloire, sa paix, « sa sécurité, sa prospérité, et elle le devra à sa noble « armée.

« Vive l'armée! Vive la France! »

(*Idem*).

Auteuil, Passy, Vaugirard, les Ternes, Clichy, Saint-Ouen, etc., sont criblés d'obus de gros calibre. *C'est un bombardement auprès duquel celui des Prussiens n'était qu'un feu d'artifice.*

(*Droits de l'homme*, 18 mai. Lettre d'un officier de l'armée de Versailles du 13).

Ce beau quartier de Paris (Auteuil) et la portion de Passy qui l'avoisine ont reçu, DEPUIS QUARANTE-HUIT HEURES, PLUS DE DEUX MILLE OBUS.

(*Idem*).

14 mai

Le ministre de l'intérieur aux préfets

Le fort de Vanves vient d'être pris et est occupé par nos troupes.

ERNEST PICARD.

(*Versailles, 14 mai, 1 h 45 m.*).

La nouvelle de l'évacuation du fort de Vanves était connue, ou plutôt devinée à Paris depuis samedi soir. D'après la *Vérité*, qui nous fournit l'étrange récit qu'on va lire, les ouvriers terrassiers qui font les tranchées aux catacombes, les carriers qui font les travaux de la ville, les ouvriers du génie l'avaient répandue, mais n'avaient pu en signaler tous les détails lamentables. C'est M. Cholley (Auguste), carrier de la ville, demeurant rue Pernetty, 40, à Plaisance, qui, le premier, a découvert les gardes nationaux dans ces souterrains : c'est lui qui par trois fois, est revenu à la charge et les a délivrés presque tous. Nous pouvons donc garantir les détails de cette affaire si douloureuse, où plus de 1,200 hommes ont, à notre portée, à quelques cents mètres de Paris, été menacés de périr étouffés sans air, sans subsistance, dans les catacombes extérieures.

Auguste Cholley était parti samedi à 6 heures du soir, pour aller à son travail. Avec ses compagnons il était arrivé par la descente de Montrouge dans les catacombes; à partir de la *Vache-Noire*, il avait laissé le fort Montrouge sur la gauche et s'était dirigé dans le sens du fort de Vanves. où, l'appelait son travail. L'on sait, en effet, que chaque atelier a un poste différent, qu'il y a plusieurs communications, plusieurs descentes qui, depuis la plaine, convergent à ces souterrains. Cholley avait avec lui ses compagnons armés de leurs outils, de leurs revolvers et de chandelles; il était six heures Vers dix ou onze heures, ils ont rencontré un premier groupe de quatre-vingts ou cent hommes parmi lesquels un lieutenant à l'air timide, à la figure imberbe et qui était la compagne du commandant. Cette jeune femme, ajoute la *Vérité*, avait mis le feu aux canons qu'elle pointait avec une très-grande précision, et elle avait assisté à toute la longue lutte de Vanves pendant ces derniers jours.

Ces cent hommes composaient à peu près l'état-major du fort, et avaient pu s'échapper par le puits du fond où une corde est toujours disposée de manière à ce que, des forts aux souterrains, la communication ne soit jamais interceptée.

Cholley trouva là ces hommes sans lumière, couchés dans la boue, souffrant le froid et la faim. Il leur fit distribué des chandelles, leur montra le chemin et les fit défiler devant lui, à travers ces carrières à plusieurs étages, quelquefois très-basses, se reliant entre elles par de méchants escaliers et se distribuant en innombrables ruelles qui font de ces souterrains un endroit très-dangereux et même impraticable.

Le premier groupe fut ramené à la *Vache-Noire*. Cholley cassa une croûte, comme on dit, et, accompagné d'un manouvrier, armé de son revolver muni de cartouches, de chandelles, il reprit le chemin des catacombes vers minuit et demi du matin. Bientôt une vague odeur de poudre, de goudron et de fumée les suffoque ; ils s'arrêtent pour éviter toute surprise, et de peur de tomber dans une embuscade Enfin, ils arrivent à un second groupe, qui était à moitié asphyxié dans les souterrains. Ce second groupe était encore assez nombreux : deux cents au moins. A moitié noyés dans les eaux mortes des carrières, couverts de plâtre, de gravois de ruines, ils trouvèrent une force nouvelle dans l'espoir du salut. Ils embrassèrent leurs sauveurs et ne savaient comment témoigner leur joie. Des chandelles leur furent distribuées et l'on reprit ensemble le chemin souterrain du fort de Montrouge. L'air vif de la nuit, quand ils purent le respirer librement, les enivra au point qu'il fallut les laisser longtemps en repos avant de pouvoir obtenir d'eux quelques détails sur l'évacuation du fort.

Cholley, cependant, se rappela d'après quelques renseignements donnés par les hommes qu'ils avaient sauvés, que quelques gardes nationaux pouvaient encore être restés dans le fort. Il retourna donc vers le bastion 80, où se trouve le chemin par où, vers la droite, en traversant la plaine, on file vers les catacombes. Il arrive à proximité du fort, sous terre toujours; là, l'air était raréfié au point que la lumière s'éteignit. Dans l'ombre, il put entendre les gémissements étouffés des hommes lointainement rassemblés dans les ombres épaisses. On se héla, on se reconnut, on se recommanda mutuellement une indispensable prudence. Enfin, on put rallumer les torches, se guider, l'un après l'autre, le long de ces tortueuses tanières.

Il y avait là des cantinières, des ambulancières. Les soins les plus dévoués avaient été donnés aux gardes nationaux, ce qui n'étonnera point. Ce sont les femmes qui ont, dans cette circonstance, montré le plus de sang-froid, de présence d'esprit et de courage. Les ambulancières ont voulu emmener les blessés. Les cantinières distribuaient leurs cordiaux et veillaient à l'entretien des torches.

C'est le groupe qui est passé hier dimanche sur la chaussée du Maine pendant la revue de la 14e légion.

Un autre groupe est arrivé dans la soirée, vers neuf heures C'est quand il a cru que tout le monde était sauvé que Cholley est enfin rentré chez lui. Mais il a présumé qu'il reste encore bien des hommes blessés, tués ou égarés, soit dans le fort, soit dans les souterrains où l'on fait encore aujourd'hui des perquisitions incessantes et de tout côtés dirigées.

Les bataillons qui ont évacué le fort de Vanves dans ces conditions épouvantables, sont le 105e, le 187e et le 262e. Mais l'effectif de ce dernier bataillon était, au fort de Vanves, réduit au plus à cent hommes.

Du matin au soir et du soir au matin, c'est toujours la même canonnade et le même bombardement monotones, frappant ici des soldats, là de simples *promeneurs*......

(*Progrès de Lyon*, 18 mai, corresp. parti.)

Nous signalons à l'indignation publique et à la mémoire des Parisiens le colonel commandant le 39e de ligne. Lorsque les Versaillais s'emparèrent du parc de Neuilly, ce misérable fit passer par les armes 18 prisonniers fédérés, jurant qu'il en ferait autant à tous les Parisiens qui lui tomberaient sous la main...

Paris, 14 mai 1871.

Ministère de la guerre.

15 mai

Il y a plusieurs brèches à l'enceinte. La porte d'Auteuil est entièrement détruite La canonnade continue pour élargir les brèches.

(*Dépêche télégraphique Havas*, Versailles, 15 mai).

Les portes de Vaugirard et de Vanves sont interdites à la circulation, et l'on fait bien, car, à la première surtout, il arrive fréquemment des obus et même des balles qui sont tombés très-loin dans la rue de Vaugirard.

Les Hautes-Bruyères et le fort de Bicêtre ont aussi beaucoup tiré dans l'après-midi sur Bagneux, Thiais et Chevilly. On avait aperçu des mouvements de troupes sur plusieurs points, et sans doute qu'une attaque, vraie ou fausse, va être donnée de ce côté, en même temps que les troupes essaieront d'entrer du côté de l'ouest.

Jamais plus formidable canonnade que celle d'hier n'a eu lieu sur les bastions du Point-du-Jour, d'Auteuil et de Passy. Ce côté de l'enceinte est devenu intenable pour les artilleurs fédérés, et la garde nationale ne peut faire autre chose qu'attendre l'assaut qui fera certainement taire les batteries versaillaises. En effet, Montretout et le Mont-Valérien seraient obligés, dans ce cas, de cesser le feu sous peine d'écraser leurs propres troupes.

Toute la journée et surtout le matin, ces batteries ont tiré avec rage et leurs projectiles ont ravagé les quartiers avoisinants. Il en est tombé un grand nombre jusqu'au quai de Grenelle et même de Passy. Dans la rue de Javel, la première maison portant le n° 2, a été effondrée par un obus de gros calibre qui a crevé le toit, deux plafonds, et a brisé presque entièrement le mur de façade.

Pendant cette effroyable canonnade, une attaque non moins terrible a eu lieu dans le bois de Boulogne, où les troupes de Versailles sont en force imposantes. Le crépitement de la fusillade et les détonations des mitrailleuses n'ont presque pas cessé, et les balles venaient à l'intérieur de Paris jusqu'à la place d'Eylau et dans l'avenue Malakoff. *Un jeune enfant a été blessé au pied par une balle, en passant sur la place d'Eylau. Un brancardier a reçu aussi une balle en entrant à l'ambulance voisine.* — Les troupes de Versailles ont attaqué avec vigueur, les fédérés ont riposté de même, et il leur arrivait à chaque instant de nouveaux renforts, de sorte que l'attaque n'avait encore eu aucun résultat appréciable jusqu'à la tombée de la nuit.....

La nuit dernière, les troupes de Versailles ont dirigé un effort très-formidable contre le village de Clichy et les positions d'Asnières. Les batteries de Courbevoie, les pièces de Bécon et la redoute de

Gennevilliers ont donné à la fois, couvrant de leurs feux toute la rive droite de la Seine, et tout particulièrement Clichy. *Un* **IMMENSE INCENDIE** *a été allumé à Clichy*, à quelque distance de l'imprimerie Paul Dupont. *Deux maisons ont pris feu simultanément et l'incendie n'a pas tardé à gagner en extension.* Jusqu'à minuit le ciel reflétait une vaste nappe rouge qui s'étendait au-dessus de toute la presqu'île de Gennevilliers. En même temps les remparts de la porte Clichy et de Courcelles recevaient une grêle de fer, dont une bonne partie s'est abattu dans l'intérieur de la ville.

A la faveur de cette canonnade, les pontonniers de Versailles se sont mis en devoir de relier le pont de bateaux qui avait été rompu après l'affaire du 17 avril.

A trois reprises, le feu des bastions de Courcelles et de la porte de Clichy avait forcé les Versaillais à renoncer à leur projet, quand une des pièces du bastion de Courcelles fut démontée. Le feu s'est ralenti, et en même temps des batteries de mitrailleuses braquées derrière la barricade de tête du pont, dont les troupes de l'Assemblée s'étaient emparées dans la journée du 13, balayaient la voie du chemin de fer et atteignaient les tirailleurs éparpillés sur la rive droite.

Eclairées par les lueurs de l'incendie, les troupes de Versailles ont enfin achevé de rétablir le pont...

(*Vérité*, 16 mai).

L'action se passait si près des remparts d'Auteuil que cet orage d'artillerie et de mousqueterie semblait gronder dans la ville même. Les obus, éclatant au beau milieu du rond-point des Champs-Elysées et jusque sur le terre-plein du palais de l'Industrie, venaient, par leurs explosions répétées, donner à cette hypothèse plus de vraisemblance encore. Sur beaucoup de points les consommateurs abandonnaient précipitamment la terrasse des cafés.

Auteuil a été encore visité par des obus qui ont allumé, aux abords de la mare, un incendie assez considérable.

(*Moniteur universel*, 17 mai).

Cette nuit est parti, par la gare des Chantiers, un convoi de 120 prisonniers dirigés sur La Rochelle.

(*Gaulois*, 16 mai).

16 mai

M. le comte de Melun dépose le rapport relatif à une demande de prières publiques.

« Vous avez déjà, dit-il, accueilli favorablement la » proposition qui demandait que des prières publi- » ques eussent lieu dans toute la France, dans le but » d'attirer la protection divine sur notre malheureux » pays. (oui! oui!).

» Votre commission a accueilli à l'unanimité cette » proposition ; elle espère qu'aucune discussion ne » viendra retarder ce vote, qui est un acte de foi et » déjà une sorte de prières. (Approbation à droite.)

» A droite. — Aux voix! aux voix! »

. . . .

Le scrutin public est demandé.

Nombre de votants. — 420
Pour l'adoption. — 417
Contre. — 3

(Assemblée nationale, *séance du 16 mai 1871*.)

Du côté de l'ouest, le bombardement des remparts a continué. Le Mont-Valérien et Montretout ont tiré toute la journée et un grand nombre de projectiles sont encore tombés dans Auteuil et dans Passy ....

(*Vérité*, 17 mai).

Le citoyen Corbon a été arrêté à Tours.....

Le citoyen Corbon (Anthyme) appartient à l'école socialiste avancée. Ancien ouvrier sculpteur, il est né en 1808, et est par conséquent dans sa soixante-troisième année.

Il a immédiatement été dirigé sur Versailles, sous bonne escorte.

(*Moniteur universel*, 19 mai).

17 mai

Le gouvernement fait tout ce qu'il est humainement possible de faire pour épargner les innocents....

(*Journal officiel de Versailles*).

Le 17 mai, à 4 heures du matin, des BOULETS ROUGES lancés par les Versaillais s'abattirent sur Auteuil et Passy. L'établissement hydrothérapique d'Auteuil et la maison de santé du docteur Blanche furent couverts de projectiles.

(*Patriote d'Angers*).

C'est vers cinq heures trois quarts du soir qu'a eu lieu hier le sinistre épouvantable dont s'entretient aujourd'hui tout Paris. Une formidable détonation en a été le prélude. Le son s'en est répercuté jusqu'aux quartiers de la ville les plus distants du Champ-de-Mars, lieu de la catastrophe.

Dans un assez vaste périmètre les maisons ont été ébranlées comme s'il se fut produit un tremblement de terre. On nous cite un marchand de vins, demeurant à plus d'un kilomètre de là, et dans la boutique duquel les tables ont tressauté au point de renverser les verres qu'elles supportaient. Or, cette boutique n'est pas planchéiée, mais carrelée.

Ce fait, assez insignifiant par lui-même, peut donner une idée de la secousse ressentie dans toutes les rues avoisinantes.....

La cartoucherie dite de Grenelle, théâtre ou cause du sinistre, était un amas de constructions en planches, élevé en octobre dernier, à l'angle des avenues Rapp et Labourdonnaye.....

A l'explosion succéda une épaisse et aveuglante nuée de fumée, d'où, peu d'instants après, jaillirent de longues colonnes de flammes et une énorme quantité de cartouches, qui, dans un rayon de douze cents mètres au moins, cracha une abondante et funeste pluie de balles. Beaucoup de personnes, tant de celles qui se sauvaient que de celles qui, au contraire, accouraient, ont été blessées par ces projectiles.

Il en est tombé sur les toits, dans les jardins, sur les quais, dans les Champs-Elysées et surtout dans le Champs-de-Mars.....

Tout le quartier comprit, dès le premier moment que c'était la poudrière qui sautait.

Mais il était impossible d'apprécier tout d'abord l'importance du mal, et l'on put craindre que l'explosion déjà entendue ne fut suivie d'autres plus désastreuses encore.

Aussi la terreur des habitants fut-elle à son comble.

De toutes les maisons on voyait fuir, affolées, des femmes emportant, qui des enfants, qui des objets précieux pour elles ; on pouvait voir aussi plus d'un homme s'éloigner en courant. Les enfants criaient et se bousculaient, eux aussi dans toutes les directions, et, pour ajouter à la confusion, des chevaux emportés, fous de terreur, échappés de leur écurie ou ayant brisé les brancards de leur voiture, galopaient au milieu des fuyards, non sans en renverser quelques-uns.

On eût cru assister à une débandade produite par la soudaine irruption d'un volcan.

En voyant les tourbillons de flammes qui s'élevaient menaçantes et innombrables flammèches dont ils *arrosaient* les environs, les habitants restés chez eux se mirent à jeter par les fenêtres des paquets, des matelas. L'incendie heureusement ne se propagea point et les secours furent promptement apportés par de nombreux sapeurs-pompiers et plusieurs compagnies de gardes nationaux casernées à l'Ecole militaire.

. . . .

La cartoucherie employait environ huit cents ouvrières, mais on apprit bientôt avec un véritable soulagement que la plus grande partie d'entre elles avaient quitté les ateliers une demi-heure avant l'accident.

Il en était pourtant encore demeuré quelques-unes, ainsi que plusieurs employés. Les malheureux furent broyés, carbonisés, des bras, des tronçons, des jambes, des débris informes de corps furent projetés à des distances considérables, jusque sur des toits.

Il y eut aussi beaucoup de victimes dans un grand bâtiment, sorte de cité ouvrière, situé le long de la poudrière du côté du quai. Il n'en reste plus une seule fenêtre ; tout y est rompu, en pièces et presque toutes les personnes qui s'y trouvaient ont été plus ou moins grièvement atteintes.

Plusieurs des grands barraquements du Champ-de-Mars ont été effondrés et, sous les décombres de l'un d'eux, on a trouvé écrasés plusieurs gardes nationaux qui n'avaient pas eu le temps de fuir.

Peut-être n'y a-t-il pas eu plus de cinquante personnes tuées sur le coup — nul ne le sait encore au juste — mais nous ne croyons pas exagérer en disant que trois ou quatre cents ont été blessées. Si l'on ajoute à cela les pertes matérielles éprouvées par une grande quantité de ménages, on voit que les douleurs sont grandes qui résultent de cet effroyable sinistre.

Quant à sa cause, nous pensons qu'elle ne saurait être encore précisée d'une façon certaine. On parle de la malveillance. Un grand gaillard aurait été arrêté peu après l'explosion dans une voiture de déménagement où il venait de se blottir.

On aurait trouvé sur lui des papiers constatant qu'il avait servi dans la police......

(*Journal populaire*).

Hier soir, du haut de la terrasse de Saint-Germain, on voyait dans la direction du Point-du-Jour *un incendie considérable*.

(*Moniteur universel*, 18 mai).

Des obus sont tombés tout près du cimetière Montmartre...

(*Idem*, 20-21 mai, correspondance partic. de Paris, 17 mai).

18 mai

Dans la nuit de jeudi à vendredi, nos troupes ont surpris les positions des fédérés entre Arcueil, Cachan et Montrouge. Deux bataillons ont enlevé à la baïonnette la Grange-Ory et la maison Plichon, située près du fort de Montrouge.

Les fédérés endormis ont été massacrés à la baïonnette et sabrés par la cavalerie dans leur fuite désordonnée sur Paris. Les pertes des insurgés s'élèvent à 4 ou 500 hommes tués ou blessés ; un colonel est parmi les morts.

(*Correspondance de l'agence Havas*, Versailles, 19 mai).

Les Prussiens commencent à réoccuper en masse toute la rive droite de la Seine. Ainsi, à Andressy, il est arrivé un détachement nouveau de 180 hommes. A Croissy et Chatou, le nombre des Prussiens s'élèvera aujourd'hui à environ 600.

(*Gaulois*, 19 mai).

Les troupes prussiennes exécutent autour de Paris des mouvements dont nous ne pouvons, en connaissance de cause, apprécier la signification. En tous cas, ces mouvements intriguent (1) au plus haut point la banlieue parisienne...... De nouveaux corps de troupes ont exigé des logements à Conflans, à Carrières et à Poissy, sur la rive droite de la Seine, dans les maisons situées près du pont coupé.

(*Progrès de Lyon*, 21 mars).

Les troupes allemandes se concentrent sur Paris.

Le quartier général du prince de Saxe est porté de Compiègne à Margency.

Celui de la garde est porté de Senlis à Montmorency. (*Vérité*).

19 mai

Chef du pouvoir exécutif à préfets, etc.

M. Henri Rochefort a été arrêté hier à Meaux.

A. THIERS.

(*Versailles, 20 mai, 3 h. 10, soir*).

..... La voiture qui contenait M. Rochefort est arrivée, de Meaux à St-Germain, par la plaine du Vésinet. *Elle était escortée par un détachement de cavalerie prussienne.* Elle a monté par le viaduc du chemin de fer jusqu'au tunnel qui passe sous la terrasse.

La voiture s'est arrêtée, et les *Prussiens* ont envoyé en avant deux trompettes pour demander les autorités françaises.

Tout cela a demandé une demi-heure environ ; le général de Galliffet, qui avait été prévenu, était accouru.

Au bout de vingt-minutes environ, un détachement de chasseurs, avec des gendarmes *est venu prendre livraison du prisonnier*, après en avoir donné un reçu. Les Prussiens sont partis ; la voiture a continué sa route jusqu'à la place du Château.

(*Gaulois*, 23 mai).

20 mai

La Commune proclame dans une dépêche officielle de ce matin, par la voix de son comité de Salut public, « qu'elle est décidé à faire sauter Paris et à s'ensevelir sous les décombres plutôt que de capituler »

Nous connaissons ces serments-là, et ces décombres, hélas ! ne nous sont pas étrangers. *Rien ne nous arrêtera !*

(*Gaulois*, 21 mai).

(1) L'arrestation d'Henri Rochefort ne devait pas tarder à donner l'explication de ce retour offensif : Les Prussiens allaient servir de rabatteurs à la majorité rurale et fermer les seuls points par où les vaincus de Paris auraient pu s'échapper.

Combien, maintenant, M. Bismarck s'était-il fait payer ce service rendu *à la cause de l'ordre ?* — C'est ce que l'histoire des négociations de Francfort, lorsqu'elle pourra être écrite avec les documents que la Prusse n'aura pas toujours intérêt à tenir secrets, ne peut manquer de nous apprendre un jour.

CHAPITRE III.

La Semaine des neuf jours.

La cause de la justice, de l'ordre, de l'humanité, de la civilisation a triomphé, grâce à notre brave armée !..

Nous sommes d'honnêtes gens. C'est par les voies régulières que justice sera faite. Les lois seules interviendront, mais elles seront exécutées dans toute leur rigueur. .

L'expiation sera complète, mais ce sera, je le répète, l'expiation telle que d'honnêtes gens doivent l'infliger, quand la justice l'exige, *l'expiation au nom des lois et par les lois.*

(Assemblée nationale, *séance du 22 mai*, discours de M. Thiers).

L'Assemblée nationale déclare que les armées de terre et de mer, que le chef du pouvoir exécutif de la République française ont bien mérité de la patrie.

Délibéré en séance publique, à Versailles, le 22 mai 1871.

Les Secrétaires,
Paul Bethmont,
Paul de Rémusat,
Baron de Barante,
Marquis de Castellane.

Le Président,
Jules Grévy.

Nos vaillants soldats se conduisent de manière à inspirer la plus haute estime, la plus grande admiration à l'étranger qui nous le témoigne. .

(*Extrait de la séance de l'Assemblée nationale du 24 mai*, discours de M. Thiers).

Vos vertus guerrières font rejaillir un éclat ineffaçable sur le corps auquel vous appartenez. Je suis fier d'être à votre tête. Je vous remercie, mais votre plus belle recompense est la reconnaissance de la patrie qui vous est acquise à jamais.

(*Ordre du jour de l'amiral Pothuau aux troupes de marine*).

COMPOSITION DE L'ARMÉE DE VERSAILLES LORS DE SON ENTRÉE DANS PARIS

Maréchal Mac-Mahon, commandant en chef.

GÉNÉRAUX :

Borel, chef d'état-major général; Princeteau et Le Bretevillois, commandant l'artillerie et le génie.

GÉNÉRAUX DE DIVISION :

De Ladmirault, Grenier, de Laveaucoupet, Montaudon, de Cissey, Levassor-Sorval, Susbielle, Lacretelle, Du Barrail, Halna-du-Fretay, Dupreuil, Ressayre, Douay, Berthaut, l'Hériller, Clinchant, Du Plessis, Garnier, Vinoy, Faron, Bruat, Vergé.

GÉNÉRAUX DE BRIGADE :

Saget, Lataille, Dubost, Abbatucci, Pradier, Wolff, Hanrion, Dumont, Lefebvre, de Gallifet, de Place, de Berckheim, de Rivière, Lian, Osmont, Bocher, Paturel, Noël, Bonneton, Charlemagne, de Lajaille, Cousin, Dargentelle, de Berais, Bachelier, Ranson, Gandil, Carteret, Leroy de Dais, Fournès, de Bouillé, de Courcy, Blot, Brauer, Cottret, de Valdan, René, Dupouet, de La Mariouse, Derroja, Berthe, de Bernard de Seigneurens, Daguerre, Grémion.

INFANTERIE :

26e, 35e, 39e, 45e, 55e, 58e, 64e, 65e, 94e, 109e, 110e, 113e, 114e, 135e régiments ; régiment de Bitche ; 31e, 36e, 38e, 39e, 41e, 37e, 45e, 48e, 51e, 46e, 67e, 68e, 69e, 72e, 74e, 75e, 76e, 79e, 70e, 71e, 82e, 85e, 87e, 89e, 90e, 91e régiment de marche; 1er, 2e, 3e, 4e, 5e, 6e, 13e, 14e, 15e, 16e, 17e régiments provisoires; 10e bataillon de chasseurs; 2e, 4e, 10e, 17e, 18e, 19e, 22e, 23e, 26e, 30e bataillons de marche.

1er et 2e régiments d'infanterie de marine. — 1er et 2e régiments de fusiliers-marins. — *Le régiment étranger.* — Garde républicaine. — 1er régiment de gendarmes à pied. — Gardiens de la paix mobilisés.

CAVALERIE

2e, 3e, 4e, 8e hussards; 2e (deux escadrons) et 9e lanciers; 6e, 7e, 9e, 11e, 12e chasseurs ; 1er régiment de gendarmerie à cheval ; 4e, 7e, 8e dragons ; 3e, 4e, 8e cuirassiers.— Artillerie et train.

(*Avenir militaire*).

21 mai

La cause de la justice, de l'ordre, de l'humanité, de la civilisation a triomphé, grâce à notre brave armée. (Applaudissements sur plusieurs bancs).

Général en chef, chef de corps, généraux de division et de brigade, officiers et soldats surtout, tout le monde a fait son devoir, *et vous me permettrez de féliciter notre brave armée d'avoir versé généreusement son sang vertueux consacré à l'accomplissement de tous les plus grands devoirs.*

Grâce à la puissante artillerie dont nous pouvions disposer, nous avons marché avec une rapidité extraordinaire soit contre les forts d'Issy et de Vanves, soit contre la partie de l'enceinte qui était l'objet direct de nos attaques.

C'est une chose bien difficile que de traverser à la sape une espace aussi considérable que le bois de Boulogne. Ce travail a été fait en cinq jours ; nous ne pensions pas *donner l'assaut* avant trois ou quatre jours.

Cette cruelle nécessité nous a été épargnée, et le sang de nos soldats n'a pas coulé ou du moins il a peu coulé.

Voici comment les choses se sont passées :

Hier, dans l'après-midi, le général Douay s'est aperçu que la porte de Saint-Cloud était devenue abordable, et bientôt le corps du général Douay a pénétré dans Paris et s'est avancé jusqu'à l'Arc-de-Triomphe. En même temps, le général Ladmirault est entré par la gauche, et, de son côté, le général Vinoy, avec l'armée de réserve, a donné la main au général de Cissey qui appuie son aile gauche à Montparnasse et son aile droite aux Invalides. D'autre part, le général Clinchant, entrant par le faubourg St-Honoré, s'est porté sur l'Opéra.

Telle était aujourd'hui, à deux heures, la situation, et nous sommes portés à croire que Paris sera bientôt rendu à son véritable souverain, à la France. J'ajouterai, en ce qui concerne le sort qui sera fait aux insurgés, que les lois seront exécutées avec vigueur, et c'est avec la loi à la main que nous sévirons contre les scélérats qui n'ont respecté ni les propriétés privées, ni les monuments de l'Etat. Ce sera l'expiation pour *tous* les coupables par toute la loi et seulement par la loi. (Nouveaux et nombreux applaudissements).

On me fait remarquer que je n'ai pas parlé des marins; ils étaient naturellement compris dans mes paroles. Je dirai cependant que *nos braves marins ont lutté d'énergie avec les autres troupes, ils ont été les dignes compagnons de leurs frères de l'armée de terre.* (Très-bien ! très-bien !)

(Assemblée nationale, *séance du 22 mai*, discours de M. Thiers).

Dimanche, à 3 heures 20, le capitaine Trèves s'est approché de la brèche faite à la porte de Saint-Cloud pour reconnaître l'état du rempart. Une personne lui fit signe d'approcher, c'était l'ingénieur Clément, (1) qui lui apprit que les fédérés avaient abandonné cette position. Il entra alors accompagné de quelques hommes et arbora un drapeau blanc pour faire cesser le feu de nos batteries.

Aussitôt une tête de colonne du corps Douay, (fusillers marins de la division Bruat en tête) entra et prit possession de l'espace qui s'étend entre le rempart et le viaduc.

On vit au bout de quelque temps les troupes ressortir, mais c'était pour aller chercher les madriers nécessaires au passage de l'artillerie. Bientôt, le restant du corps Douay, la division Vergé et le corps Clinchant firent leur entrée.

A dix heures du soir, on savait que 30,000 hommes étaient dans Paris.

Au moment de leur entrée, les troupes reçurent quelques décharges d'artillerie, les unes venant du côté de Passy, les autres du côté de Grenelle. Mais nos batteries dirigèrent immédiatement leur feu pour éteindre celui des insurgés. On dit d'ailleurs que nos pertes sont très-minimes.

Le viaduc, qui formait une seconde ligne de défense, a été promptement occupé par nos troupes, qui ont engagé aussitôt une vive fusillade avec les insurgés installés dans les maisons d'Auteuil.

On y fit plusieurs prisonniers et *on menaça ceux qui tiraient des maisons d'être passés immédiatement par les armes* (2).

Dans la soirée, nos troupes ont passé la Seine sur le viaduc d'Auteuil, et le général de Cissey — qui dans la journée s'était emparé à la tête du deuxième corps des buttes de Montrouge et de la Californie, achevant ainsi d'isoler le fort de Montrouge — donnait l'assaut aux remparts entre les forts de Vanves et d'Issy.

Trois brèches étaient praticables dans cette partie de l'enceinte depuis le milieu de la journée.

M. Thiers et le maréchal Mac-Mahon suivaient l'opération du Mont-Valérien.......

C'est au salut célébré dans la chapelle du château que la nouvelle a commencé à circuler.

(*Français*).

Voici un acte d'héroïsme calme accompli par un perruquier de Montrouge.

Il ne marchait pas avec les fédérés, mais, une fois les Versaillais entrés, indigné de leur conduite, il prend son fusil, un fusil à piston, et sort dans la rue. Il voit passer un capitaine et un sergent. Il ajuste le capitaine et tue le sergent. Il recharge son fusil. Des soldats arrivent :

— Que faites-vous là?

— J'ai manqué le capitaine ; je recharge mon fusil pour le tuer.

Il jette sa montre à sa femme, se retourne vers son fils, un moutard de dix ans.

— Jure moi de me venger?

— Je le jure! dit l'enfant, que les soldats veulent tuer, mais que sauvent des voisins.

Puis ce perruquier s'adosse au mur de sa maison :

— Je suis prêt!

Les soldats le fusillent.

(*Droits de l'homme*, 15 juin. Lettre particulière d'un des membres de la *Ligue d'union républicaine des droits de Paris*, en date du 11).

---

(1) Le *Français* commet ici une erreur qu'il importe de rectifier dans l'intérêt même de l'ingénieur Clément, quelque peu étonné de se trouver dans cette galère.

« Le héros de la journée du 21, » pour parler le langage de la *Liberté*, s'appelle Ducatel. Ancien sous-officier d'infanterie de marine, piqueur des ponts-et-chaussées, Ducatel ne tarda pas à recevoir le prix de la ville qu'il avait livrée.

Il obtint d'abord une indemnité pour sa maison détruite par les obus;

La ville de Paris, — représentée par un préfet d'origine versaillaise, M. Léon Say, — lui fit une rente de 4,000 francs;

Plus tard, il fut décoré de l'ordre de la Légion d'honneur;

Enfin, le 4 août, sur l'initiative de M. Emile de Girardin, qui s'inscrivait pour 1,000 francs, une souscription en sa faveur était ouverte dans les colonnes du *Figaro* et se fermait le 25 du même mois sur le chiffre total de 111,304 fr. 85 cent.

Ci-joint les noms et qualités des principaux souscripteurs :

La Société d'assurance immobilière contre l'incendie, 3,000 fr. — La Compagnie d'assurances générales, 1,000 fr. — La Société générale de Crédit industriel et commercial, 1,000 fr. — Le Sous-Comptoir des entrepreneurs, 500 fr. — La Société des dépôts et comptes-courants, 1,000 fr. — La Société financière, 500 fr. — La Nationale, compagnie d'assurances, 1,000 fr. — La Commission des auteurs et compositeurs dramatiques, 300 fr. — MM. Alphonse, Gustave et Edmond de Rotschild, 3,000 fr. — Mme la baronne Nathaniel de Rotschild, 1,000 fr. — M. James N. de Rotschild, 500 fr. — M. Arthur N. de Rotschild, 500 fr. — Sir Richard Wallace, 1,000 fr. — Nicolas Cordier, banquier, 1,000 fr. — La Société générale, 2,000 fr. — La Compagnie des agents de change de Paris, 3,000 fr. — La Providence, compagnie d'assurances contre l'incendie, 500 fr. — La compagnie d'assurances la France, 500 fr. — Les forges de Montataire, 100 fr. — Le *Paris-Journal*, 300 fr. — M. Charles Greffuhle, 1,000 fr. — M. Henri Greffuhle, 1,000 fr. — Mme veuve J.-F. Cail, 300 fr. — MM. J.-F. Cail et Ce, 500 fr. — M. A. Durant, banquier, 100 fr. — MM. Michel Lévy frères, 100 fr. — M. L. Descotings, juge de paix suppléant, de St-Denis, 50 fr. — M. Edmond Tarbé, 300 fr. — Gustave Moreau, 100 fr. — Le baron de Lassus, 200 fr. — Mme Hélène Fould, 1,000 fr. — M. Durand de Beauregard, 200 fr. — M. le vicomte Aguado, 500 fr. — MM. Lecuyes et Ce, 200 fr. — M. Herbaut, agent de change, 50 fr. — MM. Perrier frères et Ce, 50 fr. — M. Alfred André, 200 fr. — MM. Aristide Boussicault et fils, 250 fr. — M. Thomassin, 1,000 fr. — M. Charles Laurent, agent de change, 100 fr. — M. François de Lessert, 200 fr. — M. le comte de Douhait, membre de l'Assemblée nationale, 100 fr. — M. le comte J. d'Estampes, 500 fr. — M. le comte de Brissac, 200 fr. — Mme la comtesse de la Chastre, 100 fr. — M. Glandaz, président de la chambre des avoués, 200 fr. — Mme Raynaud, 300 fr. — M. le comte de Gourcuff, 100 fr. — Mme veuve Thomas, de Colmar, 100 fr. — M. le comte et Mme la comtesse de Bouet-Villaumez, 200 francs. — M. A. de la Roquette, 100 francs. — M. le marquis de Trévise, 500 francs. — M. le marquis de Ganay, 500 fr. — M. Bellet, 200 fr. — La Banque de France, 5,000 fr. — M. le comte Edmond de Pourtalès, 300 fr. — M. le vicomte Beugnot, 200 fr. — M. le marquis d'Audiffret, 100 fr. — M. Keller (Champs-Elysées), 100 fr. — M. de Saint-Didier, 100 fr. — M. Wolowski, député de la Seine, 50 fr. — M. Bierzy, 500 fr. — M. le comte Pillet-Will, 500 fr. — Mme la baronne de Breda, 100 fr. — M. Jenty, directeur de la *France*, 100 fr. — M. Léon Boyer (Auteuil), 40 fr. — Mme la baronne Stoffel, 200 fr. — Mme Lejeune, 500 fr. — M. Félix Beauvisage, 300 fr. — M. E. Lainé-Fleury, 500 fr. — M. H. Crosse, maire de Vernon, 100 fr. — M. le comte de Montalivet, 100 fr. — M. Alfred Gozerbant, substitut du procureur de la République, à Brives, 20 fr. — Alexandre Dumas fils, 100 fr. — Victorien Sardou, 100 fr. — Péret ancien député et maire de Paris, 100 fr. — Mlle Schneider, 100 fr. — M. E. Guyon, agent de change, 200 fr., etc., etc.

(2) Les soldats de « l'ordre, » cependant, ne devaient pas se faire faute de tirer, des fenêtres, sur les défenseurs de Paris et de la Commune, ainsi qu'on pourra s'en convaincre par l'aveu suivant échappé à un de leurs avocats, M. Louis Jezierski, rédacteur du *Temps* :

« Quand la barricade est assez ébréchée, les fantassins « filent le long des maisons de la rue, s'arrêtant à tous « les redans des murs et des portes ; de là, ils font le coup « de feu et ils avancent par échelon ; souvent *ils montent « dans les maisons*... »

(*Bataille des sept jours*, page 81).

Le combat sur les remparts a été le plus meurtrier. Mais, arrivés dans la ville, les soldats n'ont plus eu à combattre que des hommes déjà démoralisés. Les rues d'Auteuil et de Passy sont jonchées de cadavres fédérés.

Derrière le mur du cimetière d'Auteuil soixante morts sont couchés, les uns sur les autres. *C'est une compagnie qui, cernée par nos soldats, a refusé de se rendre et a été détruite*

(*Moniteur universel*, 24 mai).

Après avoir franchi la porte de la Muette, j'ai jeté les yeux sur le château de Mme Erard, dont le jardin, entouré de fossés, confine au rempart. Des murs poudreux, des trous béants, un sol ravagé et couvert de détritus et d'immondices, voilà cette magnifique propriété

Plus loin, quand on traverse le boulevard de l'Empereur, les maisons ne sont plus touchées que dans la proportion d'une sur trois ou quatre.

A gauche et à droite, dans Passy, les maisons sont percées à jour; leurs toitures gisent à terre; des trous béants apparaissent dans tous les murs.

Le sol, piétiné dans les jardins, est encombré dans les rues d'un amas de décombres.

Les habitants de ce quartier sont absents. Cela ressemble à une ville morte. On aperçoit quelquefois des malheureux qui cherchent dans les décombres, ou des débitants qui sont restés malgré tout, et auxquels la vue d'événements aussi précipités a donné une sorte de commotion cérébrale........

Je suis revenu à Versailles par la porte d'Auteuil. Quel malheureux quartier! Dans les rues François-Guérin, de la Source; Boileau, toutes les maisons sont effondrées. Le viaduc est percé à jour. La brèche est moins large qu'à la Muette, mais plus horrible. Tout a été touché.

(*Temps*, 24 mai).

22 mai

Des troupes entrées dans Paris — on sait comment — devaient trouver un certain nombre de collaborateurs parmi les gardes nationaux qui, d'après le *Figaro* lui-même, n'avaient pas cessé de correspondre avec Versailles et de préparer les sanglantes journées qui allaient suivre.

Leurs noms — et les moyens d'action qu'ils avaient accumulées — appartiennent à l'histoire.

Les voici, d'après le journal de M. de Villemessant du 2 juin :

A la tête se trouvaient, avec le colonel *Domalain*, le lieutenant-colonel *Charpentier*, commandant supérieur du 9e arrondissement

Avec lui et sous ses ordres agissaient :

MM. *Delpech*, capitaine adjudant-major du 78e bataillon; *Moruche*, lieutenant au 149e bataillon; *Lauteime*, lieutenant au 90e bataillon.

Ces trois officiers s'étaient chargés d'acheter tous les revolvers existant dans Paris, tant pour les dérober aux recherches des communeux que pour en armer les défenseurs de l'ordre. Comme on manquait, dans Paris, d'artillerie, *le lieutenant Morache s'était chargé d'aller au dehors chercher et de rapporter du* PICRATE, *pour remplacer le canon, en cas de besoin*, pour l'attaque de l'Hôtel-de-Ville et des barricades intérieures.

Citons ensuite :

Le capitaine *Verpier*, du 228e bataillon, tué pendant les combats de la rue Bergère; le capitaine *Bohn*, chargé spécialement du désarmement de l'arrondissement; *M. Colmain*, chargé du *paiement* des gardes restés fidèles

Le commandant *Durouchoux*, du 7e arrondissement, blessé au faubourg Saint-Germain, et qui heureusement a survécu à ses blessures (3).

M. Roulez, chef d'escadron d'état-major : ses vête-

(3) Non-seulement M. Durouchoux a survécu, mais il était décoré dès le 26 mai.

Laissons-lui raconter à lui-même ses titres à cette récompense nationale :

Lundi 22 mai 1871.

A 5 heures du matin, j'apprends que les troupes de Versailles sont entrées dans Paris. Les fédérés passent en débandade dans la rue du Bac.

A 7 heures, le citoyen Urbain, membre de la Commune, arrive à cheval et arrête une voiture de blanchisseur, menaçant de son revolver la femme qui conduisait cette voiture. Son but était de la renverser pour en commencer une barricade.

Quelques voisins protestent et forcent la voiture à continuer son chemin. Sur ces entrefaites arrive le citoyen Sicard, membre de la Commune, secondé par le citoyen Chauvet, commissionnaire du quartier, et accompagné d'une cinquantaine d'hommes munis de pinces, pelles et pioches. Ils commencent à dépaver la rue du Bac, et à construire, rue du Bac, à l'intersection de la rue de Grenelle, une barricade à deux faces commandant les deux côtés de la rue du Bac.

La barricade commençait à s'élever lorsque, ayant pu réunir six hommes, nous nous précipitons sur les travailleurs qui, devant cette attaque subite et effrayés par les hourras et les applaudissements des voisins, sont saisis de panique et prennent la fuite du côté du carrefour de la Croix-Rouge.

Nous arrêtons un des officiers commandant les insurgés : nous sommes accompagnés de MM. *Vrignault*, porte-drapeau du 16e bataillon; — *Morin*, lieutenant à la 2e de guerre du 16e; — *Cassan*, sergent-major, 1re de guerre du 16e; — *Grandin*, garde sédentaire du 16e.

(M. Durouchoux oublie de nommer son fils.)

Nous nous avançons dans la rue de Grenelle, vers la mairie du 7e arrondissement. Arrivés au coin de la rue de la Visitation, nous apercevons deux officiers insurgés et, à nos cris de : Vive la République! A bas la Commune! ils déchargent sur nous leurs revolvers. Nous ripostons, et à ce moment une balle partie des fenêtres de l'une des maisons de la rue de Grenelle me renverse.

Les hommes qui m'accompagnaient me portent à l'ambulance de la rue de la Visitation, et reviennent par le passage Sainte-Marie à la barricade des rues du Bac et de Grenelle, où le lieutenant *Blamont*, du 17e bataillon, avait planté sur le carrefour le drapeau tricolore.

A ce moment, le nombre des défenseurs de l'ordre s'y élevait à une vingtaine d'hommes; ils s'emparent des maisons formant les quatre encoignures, et de là tiennent en respect, toute la journée, les insurgés, faisant feu sur eux des deux côtés de la rue de Grenelle et de la rue Saint-Dominique, au coin de la rue du Bac.

Pendant ce temps, quelques hommes d'ordre s'étaient également groupés rue du Bac, au coin de la rue de Varennes, tenant en échec les deux côtés de la dite rue et la rue du Bac, jusqu'à la hauteur de la rue de Babylone.

Ces hommes ont gardé leur poste toute la journée, et, par un feu soutenu et quelques déploiements en avant, ont pu attendre, jusqu'à sept heures et demie du soir, l'arrivée des éclaireurs du 39e de ligne envoyés en renfort.

Vers trois heures de l'après-midi, ayant réussi à débusquer les insurgés du coin de la rue de Babylone, le lieutenant Morin fit construire une barricade et s'y établit définitivement.

Dès le matin, *les hommes postés au coin de la rue de Grenelle avaient fait prisonniers un officier d'état-major et un commandant d'artillerie, qui, dans la soirée, conduits avec d'autres prisonniers à l'Ecole militaire, y furent fusillés.*

La nuit se passa assez tranquillement et sans incident.

Le 23, au matin, les éclaireurs de la ligne, auxquels se joignent l'adjudant-payeur *Gayard*, le sergent-major *Thomas* et le sergent *Méchet*, tous trois du 16e bataillon essayent d'enlever la barricade de la rue de la Chaise et, arrivés au pied, sont obligés de se replier devant les positions de l'Abbaye-aux-Bois.....

(Français).

ments ont été criblés de balles à l'attaque de l'église de Notre Dame-de-Lorette ; il a pris à la barricade de la rue Fléchier, un drapeau rouge qu'il conserve. Le général *Vandermeer*, commandant supérieur de la légion des *Amis de la France*.

Flor O'Squarr, sous-lieutenant de ce corps, et *A. Portois*, id.

Dans le 11ᵉ arrondissement, le commandant *Galimard* mérite une mention spéciale : Au moment où la troupe de ligne est arrivée, l'officier commandant invita M. Galimard à se retirer, de peur que ses soldats ne confondissent dans une égale fusillade les gardes nationaux de l'ordre et les brigands de la Commune. M. Galimard, sur l'heure, ôta son uniforme, prit le costume d'un sergent d'infanterie de marine et fit le coup de feu contre les insurgés avec la troupe.

Cet exemple fut suivi par MM :

Demay, commandant supérieur du 6ᵉ arrondissement;
Feller, capitaine commandant au 18ᵉ bataillon ;
Auzon, commandant provisoire, id.
Destiker, capitaine commandant au 19ᵉ bataillon ;
Varnier, capitain commandant provisoire id.
Calvot, id. id.
Blondel, capitaine au 19ᵉ bataillon ;
Barré, id. id.
Gérard, capitaine au 20ᵉ bataillon ;
Sagnier, id. id.
Huber-Ménage, lieutenant id.
Capron, id id.
Lesry, capitaine id.
Lemonau, lieutenant id.
Gutelle, capitaine id.
Garby, chef des sapeurs id.
Bonnefonds, capitaine id.
Duchier, capitaine au 84ᵉ bataillon ;
Desessards id. id.
Parfait, capitaine au 115ᵉ bataillon ;
Girard, capitaine au 193ᵉ bataillon ;
et *Villain*, capitaine commandant au 249ᵉ bataillon.

Il nous faut signaler encore MM. d'*Orémieux*, commandant de la garde civique;

Semen, lieutenant au 5ᵉ bataillon ;
Basse, capitaine au 14ᵉ bataillon ;
A. Leysy sous-lieutenant au 18ᵉ bataillon ;
et *Pons*, capitaine au 1ᵉʳ bataillon.

Lorsque l'armée de Versailles eut franchi l'enceinte de Paris, et avant que la lutte suprême s'engageât dans la ville même, où elle devait amener de si effroyables désastres, le Comité central proposa, une dernière fois, les bases de pacification qu'on va lire. L'avenir nous apprendra dans quel but elles furent repoussées, au risque des malheurs que devait inévitablement entraîner l'exécution des resolutions désespérées dont on etait prévenu :

Au moment où les deux camps se recueillent, s'observent et prennent leurs positions stratégiques;

A cet instant suprême, où toute une population arrivee au paroxisme de l'exaspération, est decidée à vaincre ou à mourir pour le maintien de ses droits ;

Le Comité central veut faire entendre sa voix.

Nous n'avons lutté que contre un ennemi : *la guerre civile*. Conséquents avec nous-mêmes, soit lorsque nous étions une administration provisoire, soit depuis que nous sommes entierement éloignés des affaires, nous avons pensé, parlé, agi en ce sens.

Aujourd'hui et pour une dernière fois, en présence des malheurs qui pourraient fondre sur tous,

Nous proposons à l'héroique Peuple armé qui nous a nommes, nous proposons aux hommes égarés qui nous attaquent la seule solution capable d'arrêter l'effusion du sang, tout en sauvegardant les droits legitimes que Paris a conquis,

1° L'Assemblée nationale, dont le rôle est termine, doit se dissoudre;

2° La Commune se dissoudra également ;

3° L'armée dite *régulière* quittera Paris, et devra s'en éloigner d'au moins 25 kilomètres ;

4° Il sera nommé un pouvoir intérimaire composé des délégués des villes de 50,000 habitants. Ce pouvoir choisira parmi ses membres un gouvernement provisoire, qui aura la mission de faire procéder aux élections d'une Constituante et de la Commune de Paris ;

5° Il ne sera exercé de représailles ni contre les membres de l'Assemblée, ni contre les membres de la Commune, pour tous les faits postérieurs au 18 mars.

Voilà les seules conditions acceptables.

Que tout le sang versé dans une lutte fratricide retombe sur la tête de ceux qui les repousseraient.

Quant à nous, comme par le passé, nous remplirons notre devoir jusqu'au bout.

(*Suivent les signatures d'une quarantaine de membres du Comité central*).

(*Ordre Social*, de Nice).

...On peut, sans exagération, évaluer à 50,000, un peu plus, un peu moins, le nombre réel des combattants (du côté des fédérés). A chaque mouvement en arrière, cet effectif diminuait, tant par suite des morts et des prisonniers, que par le découragement des survivants, qui s'évadaient et cherchaient un refuge. Mais il y avait les intraitables, compromis dans leurs quartiers respectifs ou surexcités par des convictions d'une violence inouïe ; ils travaillaient, bras nus, aux barricades, répétant aux citoyens requis à la même corvée : « UN COUP DE MAIN, CITOYEN ; C'EST POUR VOTRE LIBERTÉ QUE NOUS ALLONS MOURIR, »

(*Bataille des sept jours*, par L. Jezierski, p. 27).

Le sieur Assi (4), ancien chef du Comité central

---

(4) Vaincu, prisonnier, sous le coup d'une fusillade sommaire, Assi ne pouvait pas manquer d'être traîné dans la boue par la presse dite de l'ordre.

Mais le *Moniteur universel*, qui s'était chargé du coup de pied de l'âne en cette circonstance, fut obligé d'ouvrir ses colonnes à la protestation suivante de la mère du courageux et intelligent ouvrier :

Paris, 11 juin 1871.

Monsieur le rédacteur en chef,

On me communique l'article que vous avez consacré à mon fils, dans votre journal, numéro du 8 courant, et, malgré mon desir de rester patiente dans mon malheur, je ne puis ne pas protester contre les calomnies que vous avez insérées, quand je pense, surtout, que vous frappez un homme à terre et que cet homme est mon fils. Vous dites :

« Assi etait fondeur sur métaux ; tous les chefs de l'Internationale ont ainsi un métier dont ils se font une espèce de titre.

« La conscription en fit un chasseur à pied. En 1866, nous le retrouvons fourrier à Boulogne, où il remplit pendant quelque temps les fonctions de sergent-major ; à la fin d'un trimestre, les décomptes et le sergent-major disparurent à la fois... Assi, très-remuant de caractère, avait jeté le sac aux orties et passé en Angleterre... où Karl Marx en fit un ardent propagateur des idées communistes ; après le Creuzot... il fut à la grève d'Anzin, et, comme la plupart de ses collègues, il habitait chez sa maîtresse, rue de la Corderie. »

Autant d'articulations, monsieur, autant d'erreurs.

1° Mon fils est mécanicien-ajusteur ;

2° Il appartient à l'Internationale seulement du mois de juin 1870 ;

3° Il n'a pas tiré à la conscription et il s'est engagé volontairement à 17 ans ;

4° Il n'a jamais tenu garnison à Boulogne, n'a jamais été ni sergent-major ni fourrier, et n'étant plus soldat en 1860, il n'a pu, par conséquent, s'enfuir en 1866 avec la caisse de son régiment ;

5° Il n'est jamais allé en Angleterre, n'a jamais vu M. Karl Marx, et n'est pas communiste ;

6° Il n'est jamais allé à Anzin ;

7° Sa femme habite chez lui, et non pas rue de la Corderie ; il défie, monsieur, toutes les investigations sur sa probité ;

Je réclame, monsieur, l'insertion de cette lettre dans votre prochain numéro en ma qualité de mère ; le déshon-

et récemment membre de la Commune, a été fait prisonnier et conduit à Versailles.

(*Moniteur universel*, 24 mai).

Dès hier, trois cents prisonniers (1) avaient été amenés à la caserne de Courbevoie. Un autre convoi de deux cents fédérés y est arrivé ce matin. A sept heures, une forte escouade de gendarmes les a menés à Versailles.

A huit heures, un second convoi de douze cents prisonniers a traversé la place d'Armes au milieu de la foule indignée......

A une heure et demie, un escadron de gendarmes à cheval et un bataillon de gendarmes à pied, conduisent dix-sept cents fédérés fait prisonniers dans la nuit et dans la matinée.

Les visages de ces hommes, noirs de poudre et de poussière, les uns mornes, pleurant, les autres arrogants encore, tous déguenillés, étaient affreux à voir. La plupart appartenaient aux 46e, 64e et 195e bataillon. Parmi le nombre, on remarquait deux officiers seulement, un lieutenant et un capitaine. Il y avait trois compagnies d'ambulanciers et plusieurs des majors nommés par la Commune. Les gamins vêtus d'un uniforme frissonnaient. *L'un d'eux n'avait certes pas plus de douze ans*........

Soixante femmes étaient mêlées à la foule. Quelques-unes portaient l'écharpe rouge qui distinguait les Clorindes enrôlées sous les drapeaux de la Commune. Les autres, campées avec leurs maris, ont partagé leur sort.........

(*Idem*).

Depuis hier matin, des ordres très-sévères avaient été donnés à toutes les troupes qui investissaient Paris, de ne laisser entrer ni sortir personne, sous quelque prétexte que ce fut.

Les Prussiens avaient pris la même précaution et exerçaient une police extrêmement sévère sur les voitures et les bateaux qui se dirigeaient sur Saint-Denis ou voulaient en sortir.

Au pont d'Argenteuil, un poste de Prussiens très-considérable veillait.

Le bateau-omnibus, qui fait le service du Pecq à Saint-Denis, était parti ce matin, comme à l'ordinaire, vers sept heures et demie.

Arrivé au pont d'Argenteuil, les Prussiens de faction crièrent en allemand et firent signe de *stopper* au timonier. Mais, selon l'habitude française, le timonier ne tint d'abord aucun compte de cette injonction, et le bateau continua sa route.

Cependant, les soldats prussiens ayant redoublé leurs gestes et leurs cris, le pilote emboucha son porte-voix et cria au mécanicien de *stopper*.

Malheureusement, la vitesse acquise entraîne le vapeur encore pendant quelques instants. Ce que voyant, les Prussiens, qui crurent à un parti pris de forcer le passage, tirèrent sur les voyageurs, et trois personnes tombèrent.

M. Gérard, ingénieur en chef de la machine de Marly, l'une des trois victimes, fut tué raide. Les deux autres personnes atteintes furent seulement blessées.

Il y aurait beaucoup à dire sur la manière par trop teutone dont les soldats de Guillaume exécutent *leur consigne* (2); car il leur suffisait de tirer en l'air ou sur la coque du bateau.

Il est juste d'ajouter qu'immédiatement après cette affreuse catastrophe, l'officier prussien, qui commandait le poste, se hâta de monter sur le pont du bateau, et exprima tous ses regrets du malheur qui venait d'arriver....

(*Idem*).

Défense est faite aux habitants des villages entre Paris et Versailles de donner asile à aucune personne venant de Paris et qui n'aurait pas des papiers suffisants.

(*Siècle*, 23 mai).

23 mai

Il n'y a pas aujourd'hui de séance à l'Assemblée nationale. Presque tous les membres sont sur la route

---

neur que vous jetez sur mon fils avant son jugement, retombant sur moi, atteignant toute une famille, je ne vous ferai pas l'injure de croire que vous me marchanderez la trop légitime satisfaction que je vous demande.

Je vous salue.

F. Assi, mère.

(1) A propos de prisonniers il n'est peut être pas inutile de demander aux organes de la réaction ce qu'ils entendaient en faire. A cette date Versailles ne pouvait mettre aucun incendie au compte des fédérés. Les otages étaient vivants, bien vivants, malgré les fusillades des Gallifet et des Vinoy. Et les ruraux condamnaient à l'avance, sans jugement les deux cents et quelques mille électeurs de la Commune à la déportation à vie.

La parole est au *Figaro* pour réclamer et *justifier* cette mesure :

« Notre collaborateur Jules Richard demande, dans son article intitulé : *Paris révolté*, que la Nouvelle Calédonie soit peuplée avec les PARTISANS — *nous disons les partisans pour les distinguer de ceux qui ont commis des crimes ou délits* — avec les partisans de la Commune, et il donne avec intention à son projet le nom de *Colonisation libre*.

« Ce n'est pas que notre collaborateur soit épris de la sévérité systématique, pas plus que de l'indulgence de parti-pris. Son projet est à la fois *humain et politique*.

« Il demande pour des hommes qui n'ont pas pris en pitié les malheurs de la patrie française, non un exil banal et démoralisant, d'où l'on revient martyr, non un châtiment qu'un gouvernement futur amnistie pour se faire de la popularité; il ne veut ni exil ni peine.

« Il veut qu'on invente une nouvelle patrie, mais *une patrie définitive*, à ceux qui ont abdiqué la leur, et aussi un champ libre où, sans danger pour personne, ils cultivent *leurs utopies*. »

(2) Il y a longtemps que nous nous doutions que le traité de Francfort n'avait pas été tout entier livré à la publicité, et que certains articles avaient été convenus plus ou moins verbalement entre les ministres français et M. de Bismark. Nous voulons parler de la promesse faite très-probablement par la Prusse de livrer les fugitifs de Paris lorsque l'insurrection serait arrivée à sa fin.

Il est plus que vraisemblable que cette promesse a été donnée en échange des grands avantages que le traité présente pour l'Allemagne.

Nous ne calomnions point. Voici des faits que nous empruntons au *Journal de Lyon*, dont les sympathies pour le gouvernement de Versailles sont connues :

« Un parlementaire fédéré s'est présenté ce matin au pont d'Ivry; il a demandé à l'officier prussien s'il serait disposé à livrer passage aux fédérés armés. Le commandant allemand a répondu par une dénégation. Le fédéré a demandé alors si l'on accueillerait les gardes nationaux désarmés. Oui, a répondu le chef du poste ennemi, mais je vous préviens que vous serez livrés au gouvernement de Versailles. *Telles sont en effet les instructions reçues par tous les officiers allemands.* »

Et ailleurs :

« On annonce que le préfet de la Meurthe a fait arrêter à la gare de Nancy quinze fuyards de la Commune. »

De tels faits se passent de commentaire, la connivence de la Prusse avec MM. Thiers et consorts étant maintenant de plus en plus avérée.

(*Helvétie*, 11 juin).

de Paris, à la Lanterne de Diogène, à Meudon, sur toutes les hauteurs d'où l'on peut suivre les progrès de la bataille.

Un certain nombre de députés ont pénétré hier dans Paris et en sont revenus. Ils s'accordent à dire que la rapidité des progrès des troupes *dépasse toutes les espérances*.

(*Siècle*).

Le chef du pouvoir exécutif à toutes les autorités civiles et militaires.

Les événements suivent la marche que nous avions le droit de prévoir.

Il y a 90,000 hommes dans Paris ; le général de Cissey est établi de la gare du Montparnasse à l'école militaire et achève de border la rive gauche de la Seine jusqu'aux Tuileries.

Les généraux Douay et Vinoy enveloppent les Tuileries, le Louvre, la place Vendôme, pour se diriger ensuite sur l'hôtel de ville.

Le général Clinchant, maître de l'Opéra, de la gare St-Lazare et des Batignolles, vient d'enlever la barricade de Clichy ; il est ainsi au pied de Montmartre que le général Ladmirault vient de tourner avec deux divisions.

Le général Montaudon, suivant par le dehors le mouvement du général Ladmirault, a pris Neuilly, Levallois-Perret, Clichy et attaqué Saint-Ouen ; il a pris 105 bouches à feu et une foule de prisonniers ; la résistance des insurgés cède peu à peu et tout fait espérer que, si la lutte ne finit pas aujourd'hui, elle sera terminée demain au plus tard et pour longtemps.

Le nombre des prisonniers est déjà de 5 à 6,000 et sera doublé d'ici à demain. Quant au nombre des morts et des blessés, il est impossible de le fixer, *mais il est considérable*. L'armée, au contraire, n'a fait que des pertes très-peu sensibles.

A. Thiers.

(*Versailles, 23 mai, 2 h. soir*).

Le chef du pouvoir exécutif à toutes les autorités civiles et militaires.

Le drapeau tricolore flotte sur la butte Montmartre et sur la gare du Nord. Ces positions décisives ont été enlevées par les corps des généraux Clinchant et Ladmirault.

On a fait environ 2 à 3,000 prisonniers. Le général Douay a pris l'église de la Trinité et marche sur la mairie de la rue Drouot. Les généraux de Cissey et Vinoy se portent sur l'hôtel de ville et les Tuileries.

A. Thiers

(*Versailles, 23 mai, 3 h. 30 m., soir*).

..... Lorsque les troupes sont rentrées à Montmartre on a décimé la population sous prétexte de punir les assassins de Clément Thomas ! *Quarante-trois hommes, des femmes, des enfants ont été massacrés.*

(*Interrogatoire d'Herpin-Lacroix*, 6me conseil de guerre de Versailles, audience du 7 novembre).

..... Sur l'extrême gauche, les troupes suivent le rempart, à l'intérieur, par Monceaux et les Batignolles ; à l'extérieur, par Clichy et Saint-Ouen : *c'est la division Montaudon qui avance sur la* ZONE NEUTRE OUVERTE PAR LES PRUSSIENS.

(*Bataille des sept jours*, par Louis Jezierski, page 17).

23 mai, 7 heures, soir.

J'arrive de Paris. Je suis entré par la porte du Point-du-Jour, et sorti par la brèche de la Muette.

Les abords de la porte du Point-du-Jour sont dans un état saisissant. Les personnes qui ont vu St-Cloud peuvent seules s'en faire une idée.

Les maisons sont dentelées du haut en bas, effondrées, ouvertes ; la rue est jonchée de débris. Des toitures entières obstruent la route.

(*Soir*).

. . . .

Nous sommes allé aujourd'hui à Paris. Nous avons pénétré par la porte d'Auteuil. Il est impossible d'imaginer un désastre plus complet ; tout est détruit, les maisons, les arbres ont disparu, hachés sous les obus. Les éclats des projectiles jonchent le sol : ils sont aussi nombreux que les pavés. Là, un spectacle hideux frappe nos yeux. Une dizaine de cadavres de gardes nationaux gisent encore sur le sol : leur mort remonte à huit jours au moins ; aussi la plupart sont-ils déjà à moitié décomposés et répandent-ils une odeur infecte. Parmi eux se trouve une jeune femme habillée en zouave...

(*Français*).

Monsieur le rédacteur,

Je lis dans votre numéro de ce jour un article qui semble attribuer l'incendie de l'Hôtel-de-Ville au général Dombrowski. Vos renseignements, à cet égard, sont tout à faits inexacts. Le général Dombrowski, blessé mortellement à la barricade de la rue Myrrha et des Poissonniers, à Montmartre, le mardi 23 mai, à midi, est mort le même jour à 3 heures après-midi au lit n° 5, salle Saint-Honoré, hôpital Lariboisière. Son cadavre a été immédiatement transporté à l'Hôtel-de-Ville par son état-major, afin qu'il ne tombât pas entre les mains des troupes régulières, qui, maîtresses des buttes Montmartre, attaquaient la barricade Ornano et la gare du Nord, et allaient par conséquent occuper l'hôpital Lariboisière.

Les différentes versions de la mort de Dombrowski sont toutes plus ou moins apocryphes.

Apporté à l'hôpital quelques instants après avoir reçu sa blessure, il n'a prononcé que quelques rares paroles pour demander de la glace et dire qu'il ne s'abusait pas et se sentait blessé à mort. Après un moment de silence il a ajouté : « Et ces hommes m'accusaient de les trahir ! » puis il s'est éteint en parlant de sa femme et de son enfant.

Il était porteur de deux ordres : l'un rédigé par un secrétaire et signé Delescluze, ordonnait au colonel Savy de remplacer, à Neuilly, Dombrowski chargé d'organiser la défense dans le xxe arrondissement, l'autre tout entier de la main de Delescluze chargeait le même colonel Savy de remplacer Dombrowski blessé.

Ses aides de camp et son état-major ont emporté son cadavre dans une voiture de louage, à deux chevaux, après l'avoir embrassé et après avoir juré de le venger.

. . . .

Recevez, Monsieur, etc.

Votre abonné,
H. Duflot,
Pharmacien, hôpital Lariboisière.

(*Gaulois*, 13 juin).

Deux heures après la prise du Moulin-de-la-Galette, deux coups de feu tirés sur des soldats amenèrent, chez un armurier de la rue de Norvins, la découverte de *sept fédérés, qui furent immédiatement fusillés.*

(*Moniteur universel*, 25 mai).

A Paris, — mais le maréchal-des-logis d artillerie qui nous a raconté le fait n'a pu nous dire où il s'était passé, — les troupes se sont élancées sur une barricade que des hommes envoyés en reconnaissance avaient trouvée abandonnée.

Au moment où la ligne escaladait la barricade, un artilleur communeux revint sur ses pas et trouva moyen de tirer un dernier coup de canon, qui tua quinze des nôtres.

Profitant du désordre qui en résulta, il put s'enfuir, mais on le retrouva quelques heures plus tard et *il fut passé par les armes.*

(*Gaulois*, 28 mai).

Au fur et à mesure que nos troupes s'emparent d'un quartier, voici comment s'exerce la surveillance :

Des sentinelles sont placées au dernier étage et au rez-de-chaussée des maisons.

Si un insurgé se hasarde à passer, *il est immédiatement signalé et atteint par les balles.*

Un très-grand nombre de prévôtés sont organisées dans les rues.

(*Idem*, 29 mai).

. . . .

Le nombre des prisonniers est considérable. Les troupes, à mesure qu'elles avancent, sont accompagnées par les sergents de ville qui dirigent les arrestations.

(*Idem*).

24 mai

La victoire est certaine. Nous arriverons ce soir aux dernières limites de la capitale. *Cette victoire était difficile; elle nous a mérité la plus grande admiration de l'Europe, la plus grande estime de l'étranger, qui nous en a donné le témoignage* . . . . .

(Assemblée nationale, *séance du 24 mai*, discours de M. Thiers).

Il ne paraît pas que nos soldats aient fait de quartier à ceux qu'ils saisissaient en flagrant délit de résistance.

(*Soir*).

La barricade qui défendait les abords de la rue Royale était énergiquement défendue par une bande importante d'insurgés. Plusieurs canons et mitrailleuses étaient placés dans les embrasures et tiraient à pleine volée sur la place de la Concorde.

Pour éviter une inutile effusion de sang, on fit un mouvement tournant par la rue Boissy-d'Anglas, les jardins qui la bordent, ainsi que ceux qui dépendent des grands hôtels du faubourg Saint-Honoré.

En même temps, un corps de troupes descendait par le boulevard Haussmann, le boulevard Malesherbes et la rue Tronchet.

Les insurgés, pris à revers, s'enfuirent du côté de la Madeleine, et s'y retranchèrent, voyant leur retraite coupée. Mais les marins et les soldats se précipitèrent à leur suite, les portes qu'ils barricadaient furent forcées; et on pénétra ensuite dans l'édifice. Le combat fut acharné: irrités des désastres dont les misérables qui luttaient avec eux étaient la cause, et de la mort d'un certain nombre d'entre eux, *les soldats ne s'arrêtèrent que lorsque tous furent tués, la plupart à coups de baïonnette. Aucun insurgé ne sortit vivant de l'église de la Madeleine.* Nous ne pouvons préciser le chiffre des morts, mais il y en a, nous assure-t-on, plusieurs centaines.

(*Soir*, 24 mai).

Les magasins du *Printemps*, situés à l'intersection du boulevard Haussmann et de la rue Tronchet, ont été le théâtre d'une lutte des plus violentes. Les insurgés s'étaient barricadés dans la maison qui fait face aux trois grandes avenues qui arrivent au carrefour. Il a fallu tourner par les petites rues et saper l'intérieur des maisons attenantes pour en devenir maîtres. *Ici encore, comme sur tous les points où la lutte est violente, on a fait bien peu de prisonniers* . . . . . .

(*Idem*).

Minuit. — La batterie de l'Arc-de-Triomphe commence son feu sur les Tuileries.

Deux heures du matin — Des lueurs rouges commencent à se montrer aux fenêtres des Tuileries. Les flammes s'élancent bientôt à travers les fenêtres et viennent lécher les murailles de l'ex-palais des rois.

Sept heures du matin. — Le Pavillon de Marsan est en flammes; de celui-ci au Pavillon de Flore, il n'y a plus rien que des murs calcinés, le dôme du Pavillon de l'Horloge s'est écroulé . . . . .

(*Liberté*, 25 mai).

Le maréchal Mac-Mahon vient de faire prévenir les habitants de Belleville et des quartiers limitrophes que s'ils ne se rendent pas immédiatement, IL VA FAIRE TIRER A BOULETS ROUGES SUR TOUT LE QUARTIER.

(*Idem*).

On forme les faisceaux sur la place de la Bourse; et gare aux communeux du quartier qui s'aventurent, en costume civil, au milieu de ce réveil joyeux : *ils sont reconnus, dénoncés, entourés, enlevés haut la main* . . . . .

« Fusillez les prisonniers ! pas de quartier ! A mort les pétroleurs ! » crient les groupes affolés aux soldats, qui avaient conservé, dans leur rude besogne, un remarquable esprit d'humanité (?) Alors s'organise la chasse aux suspects; hommes et femmes, on arrête et on fusille sur place; la foule applaudit.

(*Bataille des sept jours*, par L. Jezierski, p. 37).

RAOUL RIGAULT *a été fusillé.*

(*Agence télégraphique Havas*, Versailles, 4 h soir).

Mercredi, à trois heures de l'après-midi, l'ex-délégué à la sûreté générale, l'ex-procureur de la Commune, Raoul Rigault, était venu donner des ordres aux fédérés du 5e arrondissement.

Il se rendit ensuite rue Gay Lussac, à l'hôtel du même nom, dans lequel il avait loué une chambre sous le nom de Varcla.

Au moment où il mettait la main sur le cordon de la sonnette, des soldats de ligne débouchaient par la rue des Feuillantines A la vue de Raoul Rigault, qui portait le costume de chef d escadron d'état-major, ils firent feu sur lui sans l'atteindre.

La porte s'ouvrit au même instant. Aussitôt les soldats arrivèrent au pas de course et se précipitèrent dans la maison . . . . . .

Ils mirent d abord la main sur le propriétaire qui était en bras de chemise, le prenant pour l'homme qu'ils poursuivaient à cause de sa barbe noire, pareille à celle que portait Raoul Rigault.

Un chirurgien aide-major, M. Defosse-Durau, qui habite la maison, descendit précipitamment et leur assura qu'ils avaient à faire à un homme paisible et étranger à nos luttes politiques.

Les soldats se mirent à fouiller la maison, et ne tardèrent pas à trouver Raoul Rigault qui, du reste, les suivit après s'être nommé.

On lui fit descendre la rue Gay-Lussac, pour le conduire au Luxembourg.

A la hauteur de la rue Royer-Collard, à quelques pas du boulevard Saint-Michel, l'escorte rencontre un colonel d'état-major qui s'informe du nom du prisonnier.

Celui-ci répondit par ce cri : « Vive la Commune ! à bas les assassins ! »

Aussitôt il est acculé contre un mur et *passé par les armes*. Son cadavre est resté à la même place jusqu'à cette après-midi.

(*Siècle*, 27 mai).

Paris, 29 mai 1871.

Monsieur,

Dans votre numéro du 28 courant, vous avez reproduit un article du *Siècle*, concernant l'arrestation de Raoul Rigault. Ce récit renferme plusieurs inexactitudes que je vous prie de rectifier.

Un jeune homme de mise convenable s'est présenté, le 18 avril, à mon hôtel, comme arrivant de province, pour louer un appartement, attendant, m'a-t-il dit, « que les affaires s'arrangent » et lui permettent de se mettre dans ses meubles : il m'a payé de suite quinze jours.

Il m'a donné son nom *Varenne* (Auguste), « 27 ans, homme d'affaires, né en Espagne, domicile et dernière demeure : *Pau*. »

Une lettre apportée par un commissionnaire, en l'absence du soi-disant Varenne, à l'adresse de Raoul Rigault, me donna quelques soupçons, qui augmentèrent ensuite par sa rare présence dans son nouveau domicile.

Cet appartement n'a été occupé que par lui seul et NON PAR UNE ACTRICE. Les chasseurs du 19e qui ont tiré sur Raoul Rigault et qui sont venus pour l'arrêter, sont arrivés par la rue Gay-Lussac, et non par la rue des Feuillantines.

Raoul Rigault portait le costume de commandant du 142e bataillon.

Effectivement, l'on m'a pris d'abord pour lui, mais l'on n'a pas fouillé la maison.

Entendant qu'on le poursuivait, Raoul Rigault monta au sixième étage, où je le rejoignis en lui disant qu'il lui fallait descendre ou que je serais fusillé à sa place ; il m'offrit de fuir sur les toits, ce que je refusai, alors il me dit :

« Je ne suis ni un c..... *ni un lâche*, et je descends. »

Je suis redescendu chercher les chasseurs, qui sont montés, et on l'a arrêté au deuxième étage.

Raoul Rigault s'est présenté en disant : *Me voilà! c'est moi ! en se frappant la poitrine*, et il a remis au caporal son épée et son revolver.

Tels sont les détails exacts relativement à l'arrestation de Raoul Rigault.

Agréez, etc.

CHRÉTIEN,

propriétaire de l'hôtel de Gay-Lussac,

rue Gay-Lussac, 29.

(*Petit moniteur*).

Galliard père (1) et Amouroux (2) ne sont pas morts à Versailles. Ils ont été passés par les armes à Paris le même jour que Raoul Rigault.......

(*Soir*, 30 mai).

A la prise du quartier des Halles, un homme se présente à nos avant-postes pour les franchir. Il était blanc de farine et couvert de ces immenses chapeaux de feutre que portent les forts de la halle.

— D'où viens-tu? lui demande l'officier.

— De la Halle aux blés, répond il.

— C'est impossible ; montre tes mains.

Le dessus était bien couvert de farine, mais la paume était encore noire de poudre.

Il a été fusillé sur-le-champ.

(*Français*, 6 juin).

Il paraît que les bataillons insurgés qui défendaient le ministère de la marine *étaient des bataillons de femmes.*

Et l'on ne fouettera pas ces drôlesses?

(*Moniteur universel*, 25 mai).

Lorsque les troupes de Versailles occupèrent la mairie du VIe arrondissement, un officier du 2e bataillon des fusiliers marins, chargé de garder ce poste, ordonna de laisser flotter le drapeau rouge, et s'installa au bureau du télégraphe, où il reçut les dépêches de l'Hôtel-de-Ville.

— Que faites-vous ? lui télégraphiait-on.

— Versaillais repoussés. Tout va bien.

Ce jour-là, vers quatre heures, A la C... officier envoya la dépêche suivante :

— Les ruraux reviennent en force et menaçent de nous envelopper. Que faut-il faire ?

— Repliez-vous et faites sauter la *boîte*, lui fut-il répondu.

Le marin fit aussitôt fusiller les deux principaux personnages de la municipalité qu'il avait fait prisonniers, et remplacer le drapeau rouge par le drapeau tricolore.

(*Gaulois*, 9 juin).

De Charenton on gagne facilement Saint-Maur et Nogent ; nous retrouvons ici les mêmes indices que sur la ligne de Lyon, les trains sont arrêtés, et une minutieuse surveillance est exercée dans le bois de Vincennes, les sentinelles de ce côté sont encore plus farouches qu'à Charenton.

Le fait suivant le prouvera : Nous regardions avec anxiété du côté de Paris, où la fusillade retentissait avec une énergie croissante, quand un officier alla droit aux sentinelles et leur dit rudement :

— Fusillez quiconque tâchera de franchir les lignes!

Quelques instants après que cet ordre barbare fut donné, deux petits gamins, crieurs de journaux, sortis on ne sait comment de Paris, se sont avancés du côté des lignes.

Malgré les signes des soldats, les deux crieurs avec l'insouciance de la jeunesse, continuèrent à se diriger sur les sentinelles.

---

1. Est-il nécessaire d'ajouter que le malheureux fusillé sous ce nom, n'avait rien de commun avec le délégué aux barricades? Gaillard père, qui, comme tant d'autres, devait être plusieurs fois exécuté *en effigie*, a réussi à gagner la frontière suisse.

(2) L'Amouroux, ainsi passé par les armes, n'était pas davantage l'Amouroux dont les soldats avaient ordre de se défaire. Pris un des derniers et condamné à la transportation, l'élu du 4me arrondissement pourrit actuellement dans quelque casemate, en attendant qu'il plaise à la justice rurale de l'expédier à la Nouvelle-Calédonie.

Deux coups de feu retentirent, et les malheureux enfants tombèrent grièvement atteints.

Plusieurs personnes qui ont cherché à forcer les lignes ont été aussi atteintes par les balles.

(*Siècle*, 26 mai).

De nombreuses arrestations ont été opérées à Charenton, dans la journée d'hier et la matinée d'aujourd'hui. *Un grand nombre d'insurgés sont venus se constituer prisonniers entre les mains des Allemands,* QUI LES LIVRENT A LA GENDARMERIE FRANÇAISE.

(*Idem*).

Versailles, 24 mai.

Ce matin, à neuf heures, est arrivé un nouveau convoi de 800 prisonniers qui ont été dirigés sur le camp de Satory On en attend 12,000 aujourd'hui. Où pourra-t-on les loger? Satory en contient déjà plus de 8,000, malgré les nombreux convois qui partent chaque nuit pour les ports de l'Ouest. Les caves de la caserne d'artillerie regorgent de détenus de toutes catégories; civils, gardes nationaux, soldats déserteurs, tout le monde y est pêle-mêle, en attendant l'heure du jugement, du moins d'un premier interrogatoire sommaire.

Il y a des détenus qui sont depuis quinze jours dans ces caves humides, froides, nauséabondes et malsaines, où la lumière ne pénètre qu'à demi, où l'air n'arrive que par quelques soupiraux étroits, et quel air? le jour, des bouffées asphyxiantes de chaleur, la nuit, un vent froid qui vous glace jusqu'à la moëlle des os. Encore si l'on avait de la paille en quantité suffisante, moins grand serait le mal; mais on s'arrache les quelques bottes de paille qui sont apportées chaque soir, et plus d'un s'en trouve privé.

Le régime auquel sont soumis les détenus est plus que spartiate. A Sparte on avait le brouet noir, c'est déjà quelque chose. Les détenus ont simplement du pain sec et de l'eau fraîche. Ils ne peuvent rien faire venir du dehors; la *pistole* est absolument interdite. Quelquefois seulement, *rarissimo*, on leur permet d'acheter pour quelques sous de tabac; vous jugez si c'est une joie pour les fumeurs.

Les plus dignes d'intérêt, *ce sont ces malheureux enfants de tout âge, que l'on ramasse dans les rues de Paris ou dans les villages environnants et qui sont confondus dans les mêmes souterrains avec les autres détenus.*

Il y en a, parmi ces enfants, *qui n'ont pas plus de dix ans.* Qu'ont-ils faits? étaient-ils, eux aussi, de la garde nationale? Comme ils doivent souffrir ces pauvres petits êtres, au fond de ces sombres cavités!

Presque tous les prisonniers qui arrivent sont en blouse et tête nue On prétend qu'ils ont, au dernier moment, changé de vêtements et jeté leurs képis. Ils viennent ainsi à pied de Paris, femmes, enfants, vieillards; et comme Versailles est littéralement bondé de gardes nationaux capturés dans ces trois derniers jours, ne sachant où les fourrer on leur fait faire des stations de plusieurs heures sur la place d'Armes, en plein soleil, en attendant qu'on ait découvert un local où les mettre. Hier, un de ces malheureux, assis comme ses compagnons dans la poussière brûlante, a été frappé d'une insolation subite.

Pourquoi ne pas les placer à l'ombre? Les arbres ne manquent pas dans ces grandes avenues Est-ce que la stricte justice n'exige pas qu'on traite avec humanité des gens qui ne sont encore que prisonniers, — ils n'ont point encore été interrogés, — ils ont été pris pêle-mêle dans un coup de filet, dans le nombre il peut s'en trouver d'innocents, et puis d'ailleurs à quoi bon ces rigueurs inutiles? On aurait plus de pitié pour un bétail.

Du reste, il ne faut pas nous faire d'illusion, M. Thiers est plein de bonnes intentions; il dit à qui veut l'entendre, que le gouvernement dont il est le chef sera, après la victoire, juste, doux, humain, mais je doute qu'il puisse résister au vent qui souffle autour de lui : les insanités que l'on entend ici sont incommensurables, les propositions les plus exagérées, les plus absurdes sont les seules accueillies.

Les doux messieurs qui ornent les banquettes de la droite et qui ont eu une si belle peur après l'explosion du 18 mars, ont fait un grand nombre de petits, cette engeance fourmille : fonctionnaires, solliciteurs affamés de zèle, grands et petits crevés, francs-fileurs pendant le siège, peureux pendant la bataille, et terroristes après la victoire. Tout cela veut en finir une fois pour toutes : transportations et fusillades...

(*Idem*).

Parmi les prisonniers amenés à Versailles dans ces deux jours, il en est qui ne sont point du tout fédérés, *ni même des partisans de l'émeute. C'est une mesure de prudence* qui a nécessité ces arrestations en masse, où ont été compris presque tous les habitants de quartiers entiers, tels que, d'une part, la rue du Rocher, qui livrait le passage jusqu'à la gare Saint-Lazare, et, de l'autre, tous ceux situés aux environs des Buttes-Montmartre.

(*Idem*).

. . . .

On a arrêté hier, dans son domicile, Mlle Delescluze, sœur du membre de la Commune.

La femme Dereure est en ce moment à Versailles.

(*Soir*, 25 mai).

25 mai

Le chef du pouvoir exécutif à toutes les autorités civiles et militaires.

Nous sommes maîtres de Paris, sauf une très-petite partie qui sera occupée ce matin...

Ils nous ont laissé 12,000 prisonniers, et nous en aurons certainement 18 à 20,000. Le sol de Paris est jonché de leurs cadavres. Ce spectacle affreux servira de leçon, il faut l'espérer, aux insensés qui oseraient se déclarer partisans de la Commune.

La justice, du reste, satisfera bientôt la conscience humaine indignée des actes monstrueux dont la France et le monde viennent d'être témoins.

L'armée a été admirable; nous sommes heureux dans notre malheur de pouvoir annoncer que, grâce à la sagesse de nos généraux, elle n'a essuyé que très-peu de pertes.

A. THIERS

(*Versailles, 25 mai, 7 h. 25 m.*).

Le combat a été des plus acharnés à la gare Montparnasse, à la Croix-Rouge, à la barrière d'Italie et au Panthéon. Cette dernière position a été attaquée sur tous les points à la fois. Nos soldats, débouchant par toutes les rues, eurent bientôt acculé les communeux, *au nombre de sept à huit cents*, entre le Panthéon, la bibliothèque Sainte-Geneviève et l'église de St-Étienne-du-Mont. *Pas un seul insurgé n'a échappé au massacre.*

(*Gaulois*, 29 mai).

A Saint-Sulpice, quand les troupes sont arrivées, elles se sont trouvées devant un chirurgien-major qui leur a dit : « Ne troublez-pas les malheureux qui sont là, ce sont des blessés que, à défaut de lits aux ambulances, nous soignons ici. » Les soldats se sont retirés discrètement ; mais les voisins les ont informés que ces blessés étaient des insurgés bien portants, lesquels *allaient* reprendre les armes et tirer sur eux. La troupe a sur-le-champs envahi l'église, constaté que les hommes alités n'avaient aucune blessure et se *préparaient* à sauter sur leurs fusils, les a entraînés sur la place Saint-Sulpice et *les a passés par les armes*.

(*Soir*, 29 mai).

Ce que le *Soir* ne dit pas et ce que le *Gaulois* devait avouer quelques jours plus tard, c'est que le chirurgien, qui n'avait accompli en cette circonstance que son devoir professionnel, fut passé par les armes avec ses *quatre cents* blessés.

Qu'on écoute à ce sujet le *Siècle* du 15 juin :

Au nombre des victimes innocentes de nos discordes civiles, nous avons la douleur d'ajouter le nom d'un jeune homme âgé de vingt-sept ans, M. FANEAU, docteur en médecine.

Le docteur Faneau s'était engagé dès le début de la guerre dans les ambulances internationales. Pendant tout le siége de Paris, il n'a cessé de soigner les blessés avec zèle et dévouement.

Après la révolution du 18 mars, il resta à Paris et reprit son service dans les ambulances.

Le 25 mai dernier, il était de garde au grand séminaire de Saint-Sulpice, où les fédérés avaient établi une ambulance.

Lorsque l'armée se fut emparée du carrefour de la Croix-Rouge, elle s'avança jusqu'à la place.

Une compagnie de ligne vient à la porte du grand séminaire, où flottait le drapeau de Genève.

L'officier qui la commandait demanda à parler au chef de l'ambulance Le docteur Faneau, qui en remplissait les fonctions, se présente.

— Y a-t-il ici des fédérés? lui demanda l'officier.

— Je n'ai que des blessés répondit M. Faneau ; ce sont des fédérés, mais ils sont à mon ambulance déjà depuis quelques jours

Au moment où il achevait cette phrase, un coup de feu partit d'une des fenêtres du premier étage et la balle frappa un soldat. (?)

Ce coup de feu était tiré par un des fédérés blessés, qui s'était traîné de son lit jusqu'à la fenêtre. (?)

Aussitôt l'officier, exaspéré, se jette sur le docteur Faneau, en lui criant : Vous mentez, vous nous avez tendu un piége ; vous êtes l'ami de ces coquins, vous allez être fusillé.

Le docteur Faneau comprit que ce serait en vain qu'il essairait de se justifier ; aussi il n'opposa aucune résistance au peloton d'exécution.

Quelques minutes après, l'infortuné jeune homme tombait frappé de six balles.

A l'intérieur de Paris, le lieutenant-colonel Laperche, avec quelques détachements du 2e corps, a continué l'investissement du fort de Montrouge ; il s'en empare ainsi que du fort de Bicêtre, dans la matinée...

(Rapport du maréchal Mac-Mahon, p. 84.)

On m'avait raconté autrefois une histoire à laquelle je n'avais pas voulu croire. Il paraît qu'elle se confirme. La garnison du fort de Bicêtre avait refusé de se rendre : il y avait, paraît-il, une communication entre ce fort et les catacombes ; elle s'était retirée dans les catacombes ; elle pouvait se composer de six mille hommes. Les assiégeants connaissaient cette issue. Ils l'auraient murée, enfermant ainsi ces six mille hommes et les condamnant à périr de faim.

Ce fait serait confirmé aujourd'hui ; deux malheureux seraient parvenus jusqu'aux égoûts, où ils auraient été pris. Ils ont confirmé ce récit, auquel l'imagination se refusait de croire. Beaucoup de leurs camarades seraient déjà morts de froid.

(*Droits de l'homme*, 16 juin, corresp. part. du 12).

JULES VALLÈS (1) et FERRÉ (2) ont été fusillés jeudi, 25 mai, à six heures du soir.

Comme nous l'avons dit, ces deux hommes ont été arrêtés à la halle au blé. L'officier qui commandait le détachement donna l'ordre de les conduire au Châtelet, où ils devaient être incarcérés.

Arrivés sur la place, ils furent reconnus ; quelques voix crièrent :

« C'est Vallès ! — c'est Ferré ! »

Aussitôt la foule entière cria : « A mort ! à mort ! »

Se sentant perdus, ils tentèrent un effort désespéré. Ils essayèrent de se sauver ; ils furent arrêtés dès les premiers pas.

Alors Vallès se jeta à la gorge de l'officier, qui jusque-là avait pourtant fait de son mieux pour le protéger contre l'exaspération de la foule. Il ne put d'abord se dégager de l'étreinte du forcené ; *mais les coups de crosse, les coups de canne et les coups de poing le firent lâcher prise.*

Ils furent entraînés jusqu'à la petite place située derrière le théâtre du Châtelet. La foule suivait toujours et ne cessait de crier : « A mort ! à mort ! »

En passant devant la petite rue des Prêtres-Saint-Germain-l'Auxerrois, Vallès et Ferré voulurent de nouveau s'enfuir. Pour la seconde fois, Vallès se précipita sur l'officier.

Deux coups de crosse que lui asséna sur la tête un soldat l'étourdirent, il chancela, mais ce fut seulement sous les balles qu'il tomba pour ne plus se relever. Il fut fusillé à bout portant.

Ferré, à son tour, fut saisi et fusillé de même.

La foule regarda quelques instants les cadavres de ces deux bandits, et finit par se disperser.

On laissa là quelques temps les corps dans la boue.

(*Paris-Journal*).

. . . .

La rue Jacob était défendue par sept insurgés seulement, qui s'abritaient derrière une barricade....

Depuis cinq heures du matin jusqu'à midi, la lutte dura avec des alternatives diverses : on tiraillait de part et d'autre sans se faire beaucoup de mal.

A midi, la position fut tournée.

Un officier, suivi de quelques soldats, se précipita vers la demeure de SALVADOR, qui lui était recommandé d'une façon toute spéciale. Il le trouva en bottes molles, étendu sur le canapé dont il a été parlé plus haut et fumant une cigarette.

— Vous êtes le citoyen Salvador,...

— Oui, dit l'autre sans sourciller.

. . . .

— Maintenant que vous êtes découvert, vous savez le sort qui vous attend?

(1) Vallès est actuellement à Londres. Il n'a pas été possible jusqu'à présent de découvrir le nom de l'infortuné qui a été passé par les armes en son lieu et place.

(2) Autre méprise. Le vrai Ferré, que les derniers défenseurs de la Commune ont pu voir, le 28, à la barricade de la rue Fontaine-au-Roi, ne devait être fusillé que le 29 novembre à Satory, après jugement.

Salvador haussa les épaules avec une fierté toute castillane.

— Suivez-moi, dit l'officier.

Ils descendirent et marchèrent silencieusement pendant que le condamné lançait dans l'air de petites bouffées de fumée. Au coin de la rue Bonaparte, le peloton s'arrêta.

Salvador devint légèrement pâle et dit avec un sourire :

— Ah ! fort bien : je vois ce que c'est.

Il s'occupa d'arranger le nœud de sa cravate, qui se défaisait toujours, parce que sa belle main blanche et aristocratique tremblait un peu. Faisant enfin un effort sur lui même :

— Vous viserez là, dit-il aux soldats en montrant son cou.

Il s'agenouilla, regardant la troupe d'un œil qui jetait un dernier défi à la société. Une détonation retentit. Francisco Salvador, homme de lettres et ancien directeur du Conservatoire, avait cessé d'exister.

(*Figaro*).

Un des membres de la Commune, le citoyen VIARD a été arrêté hier dans les circonstances suivantes :

M. *Fieron*, capitaine aux cent gardes était avec M. *Guerrier*, capitaine d'état-major, et se rendait 88, rue de l'Université, pour connaître l'état de sa maison.

Pendant qu'il causait avec sa concierge, le maître d'hôtel de M. de Livry, qui demeure au 86 de la même rue, vient dire à M. Guerrier : « Voilà Viard qui sort de chez lui, où il est venu demander s'il y avait des lettres. »

M. Guerrier courut immédiatement après lui et, son revolver à la main, lui dit : « M. Viard, retournez-vous! » Le sieur Viard se retournant se trouva le revolver à la gorge. M. Fieron accourut en même temps et, s'apercevant que le sieur Viard mettait la main à la poche, il lui saisit le bras, le terrassa et trouva un revolver sur lui.

On le conduisit au poste du coin de la rue Bellechasse. Huit hommes furent mis à la disposition de MM. Guerrier et Fieron pour mener Viard au Corps législatif.

Là on le fouilla et on trouva parmi ses papiers une pièce en parchemin qui l'instituait au poste de vice-consul d'Italie à Dublin, sous le nom de Thouard.

Ces messieurs le laissèrent là.

Ils ont su depuis qu'il avait été conduit à l'Ecole militaire pour être mis à la disposition du général *Blithe* et *que, après qu'on eût constaté son identité, on l'avait fusillé.*

(*Gazette de France*).

C'est à la Bourse qu'a eu lieu aujourd'hui *le plus grand nombre d'exécutions des insurgés pris les armes à la main. On attachait aux grilles ceux qui voulaient résister*. Il y en a eu aussi au *séminaire Saint-Sulpice.*

(*Français*).

Les membres de la Commune Serrailler (1) et POTTIER (délégué au IIe arrondissement), ont été fusillés aux Petits-Pères près de la mairie de la banque.

(*Journal de Genève*, 1er juin).

Adolphe Adam, le représentant, a failli être assommé par un capitaine auquel il reprochait d'assommer des prisonniers.

M. *André*, professeur de mathématiques, demeurant auprès du quai des Tournelles, voit pendant le combat un monsieur qui cherchait à s'abriter des balles dans l'angle d'une maison. Il ouvre sa fenêtre et lui désigne du geste un endroit où il serait plus en sûreté. Aussitôt le combat fini, le monsieur qu'il avait voulu sauver, va le dénoncer comme faisant des signaux aux fédérés. Des soldats montent chez lui, font une perquisition. Il leur montre que son fusil n'a pas servi. Ils l'emmènent sans lui donner d'explications. Il est conduit auprès d'un général. Le général le regarde.

C'est bien ! je suis renseigné. Exécutez-le.

Il est fusillé immédiatement!

Un jeune homme de seize ans, garde national, était au poste de la mairie Drouot. Il est tué pendant le combat. On trouve sur lui sa carte d'identité qui indiquait son adresse. On se rend à son domicile, *on trouve son père qu'on fusille.*

(*Droits de l'homme*, 12 juin, corresp. part. du 8).

A la défense de Montmartre, *cent femmes* ont résisté, à elles seules, au premier assaut des troupes de ligne; plusieurs ont été tuées ou *fusillées* sur place.

On en saisit plusieurs déguisées en zouaves, d'autres portaient la veste de marins ou la capote de lignards.

(*Voleur*).

En passant devant un cabaret de liqueurs entr'ouvert, où des hommes causaient, je me suis arrêté et j'ai recueilli quelques nouvelles. Montmartre est pris, les fédérés ont mal résisté, *on a beaucoup fusillé dans les ruelles et dans les allées des maisons.* On avait dit à *sept insurgés : « Rendez-vous, vous aurez la vie sauve. »* Ils répondirent : « Nous nous rendons. » Mais l'un d'eux tira un coup de revolver sur un officier et le blessa à la jambe. *Alors les soldats prirent les sept insurgés, les jetèrent dans la tranchée d'une maison en construction*, et, d'en haut, *les* « CANARDÈRENT COMME DES LAPINS. » Un autre homme raconte qu'il a vu un enfant mort au coin de la rue de Rome; « une bien jolie tête, dit-il, et la cervelle par terre, à côté de lui. »

Un troisième dit : « Sur la place Saint-Pierre, tout était fini, on entend un coup de feu, et un capitaine de chasseurs tombe mort. Le commandant qui était là, lève les yeux et voit un homme qui essaie de se cacher derrière une cheminée ; les soldats s'élancent, ils l'empoignent et l'amènent sur la place. Que fait l'insurgé? Il s'approche du commandant, sourit et lui donne un soufflet. *Le commandant le colle contre le mur et lui brûle la cervelle d'un coup de revolver.* » Un autre insurgé arrêté *fait un pied de nez* aux soldats : on le fusille.

(Les 73 Journées de la Commune, par Catulle Mendès, page 311).

Les concierges étaient assis devant leur porte, fumant leur pipe et racontant à des groupes attentifs les périls auxquels ils avaient échappé, les balles perçant les matelas, les fédérés s'introduisant dans les maisons pour se cacher. L'un disait : « J'en ai trouvé trois qui s'étaient réfugiés dans ma cour. J'ai prévenu un lieutenant. Il les a fait fusiller. Mais on devrait bien les emporter. Je ne puis pas garder des cadavres dans la maison. » Un autre causait avec des soldats et leur désignait une maison. Quatre hommes et un caporal se dirigèrent vers l'immeuble en question. Un instant après, mon ami *entendit des détonations.* Le

(1) Nouvelle erreur. Mais on ne les compte plus. Serrailler, qui devait devenir le bras droit de Karl Marx et se rallier au coup d'état dont l'*Internationale* vient d'être victime, a réussi à s'échapper.

concierge se frottait les mains et clignait de l'œil d'un air sournois. . . . .

(*Idem*, pages 305 et 306).

Je m'approche de la place de la Concorde; un autre spectacle aussi effrayant m'attendait. Au fond d'un fossé creusé devant une barricade on jette pêle-mêle treize gardes nationaux *qui viennent d'être fusillés par ce qu'ils ont été saisis les armes à la main.*

(*Journal de Genève*, 2 juin, corresp. part. du jeudi 25 mai, 3 h. de l'après-midi).

Des convois de personnes arrêtées n'ont pas cessé de faire leur entrée sur la place. Les femmes sont encore plus nombreuses que les hommes. J'en ai vu amener 500 à la place Vendôme. Quelques-unes étaient fusillées sur le champ.

(*Idem*).

. . . . . Ce qui est plus horrible encore — la fureur des représailles est à son comble. Les gardes nationaux qui s'étaient refugiés dans les maisons lorsque leurs camarades avaient dû battre en retraite sont tirés de leurs cachettes et fusillés à vue dans les rues. Je viens de voir à l'instant un beau jeune homme vêtu en *gentleman*, gisant les mains attachées et la tête ouverte, dans la rue de l'Echelle près des Tuileries. On pourrait citer des faits de ce genre à l'infini. . . . . Le massacre à froid des gardes nationaux a *depuis mardi* été effroyable. *De ce jour les versaillais ont commencé à tuer tous leurs prisonniers* (on. that day the versaillists commenced to kill all theirs prisonners).

(*Daily Telegraph*, corresp. de Versailles.)

Le commandant Brunel, membre de la Commune qui avait donné l'ordre (?) le 22 mai, de tirer sur la manifestation pacifique qui se rendait par la rue de la Paix place Vendôme, a été découvert jeudi dans une maison de la place Vendôme, numéro 24, où il s'était réfugié, blotti dans une armoire à robes. *Quelques coups de pistolet le tuèrent immédiatement.*

(*Journal des Débats*, 31 mars).

Brunel était chez sa maîtresse (1). *Cette femme a été également passée par les armes*. . . . .

Après cette double exécution, les scellés ont été apposés sur les portes de l'appartement.

Hier, quand on est venu pour enlever les cadavres, la maîtresse de Brunel n'avait pas encore rendu le dernier soupir. On n'a pas voulu l'achever, et cette malheureuse a été transportée dans une ambulance.

(*Petit-Journal*, 31 mai).

Une autre arrestation fort importante, due également à l'intrépidité du *lieutenant Reinhardt Siraudin* (5e compagnie du 1er bataillon de la garde nationale), assisté de son *capitaine Gluais*, est celle de Painchau, commandant d'un corps de francs-tireurs de la Commune, découvert rue de la Cossonnerie, ainsi que *son frère*, lieutenant, et Mathorel.

Ces trois personnages conduits à l'état-major du général Douai, ont dû être fusillés de suite.

(*Journal des Débats*, 31 mai).

Il y a des rues dans Paris où des cadavres d'insurgés sont amoncelés. Il y en a dans presque toutes les maisons, où un très-grand nombre d'hommes, blessés, se sont réfugiés et sont morts isolément, privés des premiers secours.

(*Liberté*).

Dans le 13 arrondissement, des soldats de l'infanterie de marine en perquisition pénètrent dans une maison du sentier des Berges, près la place Jeanne d'Arc, et s'emparent d'un fédéré, marié, père de cinq enfants, et qui vivait avec sa mère âgée de 78 ans. Cette pauvre femme était toute percluе. Les enfants sanglottent, la vieille supplie. Sanglots inutiles, supplications vaines, les soldats emmènent avec eux le père de famille. Les enfants et la mère les suivent.

Il y avait tout près un chantier; c'est là qu'on s'arrêta. Là, pendant qu'ils s'apprêtaient à fusiller le fédéré, ses enfants se plaçaient devant lui qui les embrassait. Arrachés par les soldats, ils se pendaient à

---

(1) Cette note ne tardait pas à attirer au *Petit journal* une protestation indignée que nous nous faisons un devoir de reproduire dans sa partie essentielle et qui, en rappelant le rôle de Brunel pendant le premier siége est de nature à expliquer son *exécution à domicile*. — Les capitulards ne pardonnent pas.

Pont-de-Vaux (Ain), ce 2 juin.

Il est de mon devoir, en qualité de frère du commandant Brunel, de ne pas permettre qu'un pareil tissu d'erreurs soit livré à la publicité.

Pendant le siége de Paris mon frère avait le commandement du 11e régiment de marche (garde nationale), et le 19 janvier, à Montretout, il s'illustra par la prise de la ferme de la Fouilleuse (cité à l'ordre de l'armée), mettant les Prussiens en pleine déroute. Il voulut poursuivre son succès, mais les quelques hommes qui ont livré Paris étaient avec une forte réserve au pied du Mont-Valérien, refusant des renforts alors que les Prussiens étaient chassés de Garches, que les hauteurs nous appartenaient, qu'un simple mouvement en avant avec les forces dont on disposait, sauvait la France. . . . .

Le *vieux* général Clément Thomas, voyant mon frère acclamé par les soldats, lui offrit la croix d'honneur; mais le commandant Brunel, par républicanisme, par stoïcisme, refusa. . . . . . .

Quatre jours après, mon frère était élu général en chef de tout Paris par 6000 officiers de la garde nationale réunis à la salle du Gaulois, pour s'opposer à la reddition des forts aux Prussiens. . . . .

Vous devez savoir comment cette tentative de délivrance a avorté, alors que 300,000 hommes étaient sur le point de courir sus à l'ennemi : La police, Trochu et Vinoy se mirent immédiatement en campagne et, le soir, quand le tocsin sonnait dans tous les quartiers, quand le rappel était battu partout, quand la garnison en armes se portait aux endroits désignés, les ténèbres vomissaient une armée de ce que Rochefort appelait, du temps de l'empire, les punaises du gouvernement.

Ces gens cachés dans l'ombre choisirent l'instant où mon frère, escorté de son état-major, se rendait où le patriotisme le conduisait, pour se jeter sur lui. . . . . . .

Mon frère fut alors mis en prison. Le conseil de guerre, composé d'éléments peu favorables au nouvel esprit de la France, voulait faire application de la peine de mort pour excitation à la guerre civile. Mais après réflexion on se contenta d'infliger deux ans de prison au général patriote malgré les protestations de tout Paris, des officiers supérieurs et subalternes de la garde nationale qui disaient être responsables eux aussi. . . .

Quelques jours après, les portes de Sainte-Pélagie furent enfoncées par la foule irritée et mon frère porté en triomphe jusque chez lui.

A la même époque, il obtint 45,000 voix sur la liste des députés parisiens. . . . . .

Plus tard, il fut élu membre de la Commune par 3 arrondissements et général en chef de toutes les forces de la ville. . . . . .

Mais je tiens à établir que mon frère était marié à Mademoiselle Aline Lemaitre, bien connue dans Paris par sa vertu, son éducation. . . . . . Les parents de cette demoiselle demeurent rue des Batignolles, 44.

Voilà, Monsieur, la maîtresse dont vous parlez dans votre journal. . . . .

Brunel,
ex-officier au 40e régiment de marche.

leurs bras, joignaient les mains devant eux et se mettaient à genoux demandant « grâce! » La vieille mère toute courbée, appuyée sur un bâton, se traînait vers eux, essayant de relever sa tête tremblottante et montrait un visage inondé de larmes, mais ses lèvres trop agitées ne parvenaient pas à murmurer sa prière.

Irrités de ces sanglots, de ces plaintes, les soldats menacent les enfants et la « vieille » de les fusiller; quelques uns les saisissent et les chassent devant eux, tandis que les autres fusillent le fédéré.

Le fédéré n'était pas mort. Un marchand de vin qui avait sa boutique à côté, nº 14 ou 16, s'aperçut que le fusillé respirait encore et le transporta chez lui.

Les fantassins de marine reviennent, au nombre de huit, commandés par un sergent. Ils s'étonnent de ne pas voir le cadavre de « leur fédéré. » Ils interrogent. Un voisin leur indique où il est. Ils entrent furieux chez le marchand de vin et le somment de leur remettre « leur fédéré. » Sur son hésitation, ils le menacent de le fusiller avec tous les siens. Cet homme épouvanté livra à ces soldats son infortuné blessé, qui troué par plusieurs balles, ne pouvait pas se tenir debout. *Les soldats durent l'asseoir sur une chaise pour le transporter contre un mur. C'est dans cette position qu'il fut fusillé à bout portant.*

Pendant trois jours le cadavre est resté renversé au pied de la chaise toute ensanglantée. On a vu sa femme et ses enfants venir pleurer sur le cadavre du cher assassiné, sous les insultes des soldats qui demandaient ironiquement des nouvelles de « la vieille. »

« La vieille » était morte!

(*Révolution Sociale*).

Versailles, 26 mai.

La terreur blanche succède déjà dans Paris à la terreur rouge, il n'y a là rien de surprenant. Les visites domiciliaires ont commencé dans les quartiers occupés par nos troupes. On fouille minutieusement les maisons et les caves afin de découvrir ceux qui ont pris part à l'insurrection. Il va sans dire que, dans le nombre, il y a des innocents qui paient pour les coupables. J'en connais plus d'un parmi les prisonniers d'hier qui n'ont jamais eu aucune sorte de relations avec les gens de la Commune

Plusieurs députés font des démarches à l'effet d'obtenir leur mise en liberté. Espérons qu'elles ne seront point vaines. On cite parmi les prisonniers de cette catégorie la sœur d'un représentant de l'Assemblée, chez qui les soldats auraient trouvé un fusil et tout un équipement de garde national. Cette arme et ces effets appartenaient au mari de cette dame, lequel s'était enfui au moment de l'insurrection. Mme X... n'en fut pas moins comptée parmi les communalistes.

La police des rues pacifiées est remise depuis hier aux agents de ville, lesquels sont chargés d'arrêter les gens suspects; pourvu qu'ils n'abusent pas de ce droit, comme au temps de l'empire! Ce matin est partie une nouvelle escouade de sergents de ville armés de chassepots.

Cette nuit, six convois de prisonniers ont été dirigés sur les ports de l'Ouest, principalement sur Lorient et Brest.....

De fortes colonnes de prisonniers sont arrivées dans la soirée. Ils pouvaient être six mille.... Ces prisonniers ont été internés à Satory.

Vers sept heures du soir, ils ont tentés de se soulever; *les soldats de faction n'ont pas hésité à faire usage de leurs armes, il y a eu un nombre assez considérable de victimes: cent tués et cinquante blessés.* Aussitôt, de fortes escouades de gendarmerie ont été expédiées à Satory, pour renforcer la garnison.

C'est sans doute à la suite de ce mouvement que l'on s'est décidé à faire partir plusieurs convois pour les prisons des départements....

(*Siècle*).

Versailles, 27 mai.

Je ne vous ai parlé hier que très-sommairement des faits qui se sont passés la veille à Satory. Le camp de Satory est le camp des vaincus. On y a entassé pêle-mêle tout ce qui a été raflé à Paris et hors Paris.

Les gardiens ont beaucoup de peine à maintenir le bon ordre parmi cette population enfiévrée. On se dispute entre soi, on s'injurie, on se bat, et à tout instant il faut intervenir par la fusillade. *Avant-hier il y eut une tentative de révolte. Les soldats commencèrent par viser les plus mutins; mais comme ce procédé ne paraissait pas suffisamment expéditif, on fit avancer* DEUX MITRAILLEUSES QUI TIRÈRENT DANS LE TAS.

L'ordre fut rétabli, mais à quel prix? Combien d'innocents ont payé pour les coupables!

(*Idem*).

On a commencé, jeudi, l'enlèvement des insurgés tués pendant la lutte.

Sur le boulevard Saint-Michel, les omnibus descendaient, s'arrêtaient à chaque barricade et *se remplissaient peu à peu comme d'une marée de cadavres.*

L'aspect de ces voitures, à travers les fenêtres desquelles passaient des bras et des pieds, était lugubre.

Sur les quais, pour aller plus vite, on creuse la terre et on enfouit les morts sur place.

Nous en avons vu enterrer ainsi deux au coin de la place de la Concorde.

Il reste beaucoup à faire en ce sens-là, et il y a peu de terrains vagues ou de maisons en construction dans Paris qui ne contiennent des cadavres jetés pêle-mêle les uns sur les autres.

(*Liberté*).

Bruxelles, 25 mai 1871, 4 h. du soir.

Chambre des représentants. — Répondant à une interpellation de M. Dumortier, relativement aux événements de Paris, et félicitant la presse belge d'avoir, à l'unanimité, flétri les insurgés de Paris, M. d'Arethan dit: le gouvernement est armé de pouvoirs suffisants pour arrêter aux frontières les misérables auteurs des horreurs commises à Paris; il ajoute: « Je ne peux pas considérer comme réfugiés politiques des hommes que le crime a souillés et que le châtiment doit atteindre. Le gouvernement agira avec fermeté. » (Applaudissements).

(*Agence Havas*).

M. Ch. Sauvestre, rédacteur de l'*Opinion nationale*, a été arrêté hier à Versailles au moment où il manifestait sa sympathie pour les prisonniers......

(*Moniteur universel*, 27 mai).

Charles Sauvestre, rédacteur de l'*Opinion nationale*, réfugié à Versailles, homme très-modéré, comme vous savez, assistait au défilé d'un convoi de prisonniers. A la fin se trouvait un pauvre vieil homme qui ne pouvait plus marcher, et que les soldats poussaient à coups de plat de sabre. A côté de Sauvestre, un monsieur s'avance et donne un coup de canne à ce vieillard.

— Oh! monsieur, les soldats suffisent bien à cette besogne! dit Sauvestre.

— Ah! vous êtes communeux! A bas les communeux!

Et aussitôt voilà la foule qui l'entoure, la police qui

le prend et le conduit dans un de ces cloaques dont je vous ai fait la description hier.

Il fait passer un mot à un de ses amis, qui se rend chez Dufaure.

— Moi je n'y peux rien ! voyez Leblond.

L'ami se rend chez M. Leblond, procureur général de la cour de cassation.

— Ah ! mon cher, impossible ! cela regarde l'autorité militaire. C'est le général de Martimprey !

— Mais ne pourriez-vous pas lui en parler ?

— Non, je n'ose pas ! (Textuel.)

L'ami de Sauvestre s'en allait mélancolique, quand il rencontre Robert Mitchell, vous savez Robert Mitchell, le Cassagnac du *Constitutionnel*.

— Bon ! se dit l'ami de Sauvestre, voilà un fougueux bonapartiste, il doit être bien en cour. Adressons-nous à lui.

Il s'adresse à Robert Mitchell, qui veut bien lui rendre ce service. Ils se rendent ensemble chez le général Martimprey, et lui exposent l'affaire.

— Oh ! si ce n'est que cela, dit le général, dans quelques jours nous verrons, nous pourrons le mettre en liberté.

Enfin Robert Mitchell, qui connaît sont monde, ne se décourage pas, et finit par lui dire :

— Diable ! c'est que je voudrais bien qu'il fût mis en liberté dès aujourd'hui. Nous devions dîner ensemble dans une maison où je n'oserais pas aller seul.

— Ah ! vous deviez dîner ensemble ! que ne le disiez-vous ! Tenez, voilà son ordre d'élargissement.

(*Droits de l'homme*, 10 juin. Lettre particulière d'un membre de la *Ligue d'union républicaine* des Droits de Paris, 7 juin).

26 mai

Chef du pouvoir exécutif aux préfets.

Les troupes ont conquis tous les forts, enlevé la place de la Bastille, le Château-d'Eau, la caserne du Prince-Eugène, les gares des chemins de fer, et il ne reste plus que Belleville à occuper. *Nous avons déjà fait plus de 20,000 prisonniers.*

THIERS.

(*Versailles*, 26 mai, 9 h. 30 soir.)

. Vendredi la seconde période de l'attaque est consommée. Les fédérés sont acculés à l'est, des buttes Chaumont au Père Lachaise, *entre les Prussiens* et l'effet convergent de toute l'armée française.

(Bataille des sept jours, par Louis Jezierski, p. 46).

Les exécutions sommaires, réclamées par la voix publique, se multiplient dans les carrefours et sur les quais ; pour ceux qui, malgré eux, ont vu un de ces misérables, l'œil effaré, le visage convulsif, rouler sous les balles, ce souvenir restera éternellement comme un hideux cauchemar. L'installation des cours martiales, à l'intérieur même de Paris, a été, à ce point de vue, un bienfait.

(*Idem*).

L'horrible spectacle des cadavres sanglants et des habitations en flammes, provoque à cette heure, dans les esprits les plus fermes et les plus bienveillants, *une sorte de folie furieuse*. On ne distingue plus le juste de l'injuste, l'innocent du coupable. La suspicion est dans tous les yeux. Les dénonciations abondent...... Les arrestations se multiplient d'heure en heure. La vie des citoyens ne pèse pas plus qu'un cheveu dans la balance populaire. *Pour un oui, pour un non, arrêté, fusillé !*

(*Siècle*).

On estime à cinquante mille le nombre des cadavres trouvés dans les maisons et dans les caves ; dans ce nombre il y a beaucoup de femmes et d'enfants. Les femmes étaient furieuses. *On fusille continuellement ;* beaucoup de femmes se trouvent parmi les victimes.

(*Helvétie*, 30 mai, télégramme de *Soissy*, *26*, *soir*).

Les dernières barricades du boulevard Voltaire furent attaquées avec une audace inouïe par la première brigade du corps Clinchant qui, la veille, s'était avancée jusqu'à la rue Grange-aux-Belles. Pendant ce temps, le général Vinoy, maître de la Bastille et du faubourg Saint-Antoine, canonnait les barricades qui défendaient les derrières de la place Voltaire.

DELESCLUZE(1) se transporta alors à la troisième bar-

(1) Ci-joints des extraits de plusieurs lettres inédites du Baudin de 1871. Si nous nous sommes décidé à violer pour ainsi dire l'intimité de cette correspondance toute privée, c'est qu'elle est de nature à faire la lumière sur la seule page restée quelque peu obscure de la vie de notre cher martyr, — celle qui s'ouvre le 7 août 1870, lorsque lui parvient, dans son exil à Bruxelles, la nouvelle du désastre de Wissembourg, pour se fermer tragiquement le 26 mai 1871 :

« Bruxelles, 20, rue des Fripiers.

Mon cher...

Oui, je ne le cache pas, ce m'a été une grande douleur de reprendre à mon âge le chemin de l'exil, d'abandonner mes affections, mes habitudes de travail, de quitter, surtout la rédaction du *Réveil* au moment où il avait le plus besoin de ma présence.

En 1836, la politique m'avait déjà forcé de demander asile à la Belgique, et voilà qu'après 34 ans, brisé par un tiers de siècle de luttes, je me retrouvais au même point. N'est-ce pas navrant ?

Et depuis que s'est-il passé ? La guerre avec toutes ses menaces pour la liberté, la guerre à laquelle nous sommes forcés de nous rallier, de peur de laisser violer encore le sol de la patrie.

Oui, je suis profondément affligé de ce qui se fait comme de ce qui se prépare. A mon avis, la situation est pire qu'au 2 décembre. Au moins elle était nette, alors, et c'était une affaire intérieure. Mais voir le drapeau de la France aux mains des Bonapartes, obligé de le suivre, craignant presque autant la victoire que la défaite, il y a de quoi ébranler les cœur les plus fermes.

. . . .

Il n'y a plus en Europe, surtout en France, d'autre préoccupation que celle de la guerre. Liberté, progrès, tout cela est oublié. Nous voilà replacés sous la machine pneumatique qui s'appelle la dictature militaire ; l'air nous sera mesuré par les caporaux, nous ne saurons rien, et, la défaite survenue, la résistance nationale, révolutionnaire sera bien difficile.

. . . .

Paris, 6 septembre 1870.

Mon cher...

J'ai quitté Bruxelles le 7 août au matin, le lendemain du désastre de Wissembourg. Le soir j'étais à Paris, obligé de me cacher, comme bien vous pensez.

Enfin, nous voilà débarrassés de l'empire, nous avons la République, mais quelle affreuse situation ! Dans trois jours les Prussiens aux portes de Paris !

On pourrait tout sauver, mais avec de l'énergie, en faisant de la révolution, et tel n'est pas le tempéramment des hommes qui sont au pouvoir.

Le pire, c'est que, sous peine de rentrer dans le chaos et de paralyser la défense, il faut conserver ce personnel qui n'est que libéral dans son esprit.

Rien de sérieux, rien d'énergique, rien d'efficace !

. . . .

Paris est superbe. La confiance et la joie sont partout. Mais je crains.....

ricade, qui subissait le choc des tirailleurs du 2e régiment provisoire, et voulut, avec le colonel B..... arrêter l'évacuation déjà fort avancée de cette importante position. Au bout de vingt minutes environ, B.... déclare lui-même qu'il était impossible de tenir plus longtemps. Le délégué à la guerre se révolte contre cette assertion, et ordonne de continuer la résistance quand même. Malgré cet ordre, le feu des troupes était si meurtrier que les insurgés abandonnèrent complétement la barricade. B.... essaya plusieurs fois d'entraîner avec lui le grand maître de la Commune.

Il resta seul derrière ce tas de pavés qui s'écroulait pierre à pierre sous les projectiles de l'artillerie régulière et tomba frappé de deux balles par les premiers soldats qui s'approchèrent. Blessé à la tempe droite et au côté gauche de la poitrine, il fut littéralement foudroyé.

Pendant ce temps, les maisons du quartier tombaient autour de la barricade conquise, et en s'affaissant sur une poutre encore enflammée, Delescluze eut la peau du front presque entièrement enlevée par une brûlure profonde.

Le corps de Delescluze a été trouvé devant le numéro 5 du boulevard du Prince-Eugène. Il était dans un tas de vingt-huit cadavres. C'est l'architecte Lenormand qui l'a reconnu.

Delescluze était en bourgeois. Il portait un pantalon gris, un paletot noir, un chapeau de soie haut de forme et des bottines vernies. Sa poitrine était, sous son linge, protégée par une peau de lapin. A côté de lui, il y avait une canne, qu'il portait depuis dix ans et qui l'a fait reconnaître d'abord.

Relevé immédiatement par les artilleurs de service auprès de la place du Château-d'Eau, il a été fouillé. Il avait sur lui sa nomination de délégué à la guerre, ses insignes et son laissez-passer de membre de la Commune, des lettres de La Cécilia, de Lisbonne, plus quelques papiers qui ne manquent pas d'un certain intérêt de curiosité....

(*Figaro*).

La défense, voilà ce dont tout le monde doit se préoccuper.

Les départements sont-ils organisés comme volontaires ?

Il ne resterait plus que la question d'armement. Mais enfin si les volontés sont là, le reste marchera.

A défaut de fusils chassepot, il y a les fusils de chasse, les faulx. Tout est bon contre l'étranger.

100,000 francs-tireurs désorganiseront les Prussiens.

. . . .

Je suis triste, mon cher ami, bien triste, car l'horizon n'est pas rose.

La réaction règne toujours et je tremble de voir recommencer, sous le feu de l'ennemi, les terribles journée de juin.

Puisse la France se sauver! Il en est temps.

A vous.

Bordeaux, 24 février 1871,
No 50, rue du Jardin-Public.

. . . .

Je suis à Bordeaux depuis le 17 au soir..

Deux lignes vous donneront la mesure de mes impressions. Je vous donne ma parole d'honneur que nous avons été livrés, de propos délibéré, par le gouvernement du 4 septembre qui n'a jamais voulu profiter des 600,000 hommes armés qu'il avait dans Paris pour écraser les Prussiens qui, souvent, n'étaient pas 120,000 hommes autour de la capitale.

La délivrance de Paris, c'était la consolidation de la République et la formation des Etats-Unis d'Europe à courte échéance. Les jésuites qui gouvernaient ont prévu le danger ou allaient se trouver la famille, la religion et la propriété, et, d'un commun accord, ils ont dit que mieux valait sauver la société que la France.

Si vous sortez de cette hypothèse, si merveilleuse que soit l'incapacité de nos dictateurs, vous ne pourrez rien comprendre. Avec elle tout se déduit avec une logique irrésistible, parce que c'est la vérité.

Je m'arrête, mon pauvre ami. — En m'arrêtant le 28 janvier, ils ont tout simplement voulu me tuer de froid et de faim. J'en suis encore souffrant et ma voix a bien du mal à revenir.

. . . .

ASSEMBLÉE NATIONALE

Bordeaux, le 3 mars 1871.

. . . .

Je suis brisé : la France s'étranglant après s'être déshonoré, c'est trop pour moi et pour ceux qui, comme vous, ont le sentiment de la patrie

Paris, 28 mars 1871.

.... J'arrive à la situation générale.

Dans deux heures nous nous installons à l'Hôtel-de-Ville où la Commune va enfin être constituée. Ce n'aura pas été sans peine.

Au mois d'octobre, ce qui se fait aujourd'hui sauvait Paris et la France. En sera-t-il de même aujourd'hui ?...

Les départements se prononcent ou vont se prononcer. Lyon a paru faire un retour, mais il ne restera pas en arrière malgré général et préfet.

Marseille et Toulouse, Toulouse surtout, ont magnifiquement enlevé le mouvement. Le midi le suivra et je ne désespère pas de voir la B..... entrer dans la danse.

Vous savez que la réaction demande des bataillons aux départements. D... n'en donnera pas, j'en suis sûr, et j'espère, au contraire, que si, contre toute apparence, les ruraux de Versailles voulaient prendre l'offensive et réussissaient à tenir Paris en échec, la B..... nous enverrait des volontaires républicains pour prendre Versailles à revers.

Je ne sais encore quel sentiment va se dégager du personnel nouveau avec lequel je vais me trouver en délibération. Je ne puis donc rien vous en dire aujourd'hui, sinon que j'ai confiance....

Tel était l'homme que M. Trochu n'avait pas craint de présenter aux départements comme un complice de la Prusse et que, dans une dépêche officielle, M. Thiers devait appeler, deux jours plus tard, *le trop coupable Delescluze!*

Il est mort ainsi qu'il *devait* mourir. On a répété qu'il avait essayé de fuir, nous n'en croyons rien. Il alla de la mairie du XIe arrondissement au Château-d'Eau, toujours raide, toujours froid, sachant qu'il allait mourir, et non désillusionné encore, il devait songer aux montagnards marchant à l'échafaud.

(*Moniteur universel*).

C'est sur une barricade voisine de la mairie du XIe arrondissement que Vermorel a été frappé d'une balle à la partie supérieure de la cuisse, où elle pénétra profondément, déterminant une perte énorme de sang.

Transporté immédiatement à la mairie, et tous les matelas étant occupés, il fut placé sur une des quatre belles tables à écrire qui garnissent la grande pièce située entre le cabinet du maire et la salle des mariages.

Aucun homme capable d'extraire la balle ne se trouvant parmi les cinq chirurgiens majors de la garde nationale qui étaient à la mairie, et Vermorel menaçant de trépasser, on envoya requérir d'urgence le pharmacien du bureau de bienfaisance, demeurant en face de la mairie, place du Prince-Eugène, no 2, et ce fut lui qui réussit à pratiquer l'extraction de la balle, arrêta l'hémorragie et fit le premier pansement. On emporta peu après Vermorel plus mort que vif.

La table sur laquelle il subit cette opération douloureuse est encore couverte de larges flaques de son sang, incrustées dans la basane et qu'il a été impossible de faire disparaître entièrement. Elle sert aujourd'hui de bureau à M. Hostein, de qui nous tenons ces détails historiques, et l'un des secrétaires particuliers de M. Ch. Ruinet, l'honorable maire du XIe arrondissement....

Ajoutons comme fait certain que Vermorel est monté sur la barricade, *la canne à la main, sans armes*, disant à ceux qui l'entouraient :

— Je viens ici pour mourir et non pour combattre. La veille de sa mort (1) il disait à son médecin :

— Docteur, il y a une sorte de cruauté qui, sous le prétexte de charité humaine, vous force à me sauver.... Vous ne faites que prolonger mon martyre.

(*Bien Public*).

......Il sentait qu'il était perdu et a vu approcher le moment suprême avec beaucoup de sang-froid.

— C'est mieux ainsi, disait-il.

(*Liberté*).

Depuis lundi il y a eu un grand nombre d'exécutions sommaires dans les rues de Paris. Au n° 27 de la rue Oudinot où les ambulances de la Presse avaient leur quartier général, gisent actuellement les cadavres de 52 personnes ainsi supprimées (*despatched*).

(*Times*, télégramme du vendredi 26).

Beaucoup de femmes et d'enfants *en bas âge (children)*, ont été passés par les armes au Luxembourg pour avoir tiré sur la troupe....

Treize femmes viennent d'être fusillées place Vendôme, *après avoir été violées publiquement*.

(*Idem*).

Il est douteux que l'on puisse jamais savoir le chiffre exact des victimes de la boucherie qui se prolonge, alors que les prisonniers sont fusillés par lots et jetés pêle-mêle dans des fosses *ad hoc*. Même pour les auteurs de « ces exécutions » il doit être de toute impossibilité de dire combien de cadavres ils ont faits... Tout ce que nous savons c'est *qu'il continue à s'accomplir dans Paris* UN MASSACRE COMME ON N'EN AVAIT PAS VU DEPUIS LA St-BARTHÉLEMY (All we know is that such a murderous work is now going on in Paris as has scarcely been seen there since the massacre of St. Barthelemew).

(*Evening Standard*).

Tout le monde se rappelle que plusieurs journaux avaient annoncé la mort de Billioray, membre de la Commune, arrêté dans la journée du 26 mai, sur l'avenue La Bourdonnaye, et fusillé (2) à l'Ecole militaire.

Or, il est notoire que Billioray n'a été pris que dans les premiers jours de cette semaine, et qu'il est à Versailles où il attend son jugement.

Voici des détails sur l'exécution du malheureux qui a été victime de sa ressemblance avec Billioray. Ces détails nous sont communiqués et garantis par un médecin militaire qui a assisté à l'exécution, et un lieutenant d'artillerie qui a vu le cadavre.

Le 26 mai, vers deux heures de l'après-midi, un individu assez bien vêtu, qui passait sur l'avenue La Bourdonnaye, fut entouré par la foule qui se mit à crier : C'est Billioray, membre de la Commune.

Une patrouille du 6e de ligne, qui passait dans ce quartier, arrêta le prétendu Billioray et le mena à l'Ecole Militaire.

La foule suivit, hurlant toujours : C'est Billioray!

Le malheureux avait beau protester, les clameurs étouffaient sa voix.

L'officier devant lequel il fut conduit, convaincu de son identité par tant de témoignages différents, *ordonna son exécution immédiate*.

— Mais je vous jure que je ne suis pas Billioray, protestait l'infortuné ; je suis CONSTANT. J'habite tout près d'ici, au Gros-Caillou, allez plutôt demander aux voisins.

Il ment, le lâche, vociféraient les assistants ; c'est bien Billioray, nous en sommes sûrs.

Et une foule d'individus, qui jamais de leur vie n'avaient vu le membre de la Commune, hurlaient plus fort que les autres : C'est Billioray!

L'officier donne l'ordre de procéder à l'exécution. On garrotte la victime qui se débattait énergiquement; et on la fusille à bout portant.

Le soir, on envoya son cadavre à Passy, avec une foule d'autres pour y être enterré

Le caporal qui commandait l'escorte du convoi disait à un de nos amis, en lui montrant le cadavre du faux Billioray :

Le misérable! il est mort lâchement, il se traînait à genoux.

Aujourd'hui que le vrai Billioray est arrêté, il a bien fallu convenir qu'on s'était trompé, et les papiers trouvés sur l'infortuné dont nous venons de raconter l'exécution, ont prouvé qu'il s'appelait réellement Constant, et que c'était un citoyen honnête, un brave père de famille établi mercier au Gros-Caillou, et qui est toujours resté étranger à nos luttes politiques.

(*Journal des Débats*, 13 juin).

Au nombre des membres de la Commune fusillés il faut ajouter le citoyen NAPIAS-PIQUET (1), ancien délégué à Passy.

(*Soir*, 29 mai).

.....Napias-Piquet a été pris derrière la barricade de la rue du Louvre C'est là qu'il a été fusillé. Il offrit l'argent qu'il avait sur lui, environ 53 francs, aux soldats. pour les plus malheureux d'entre eux.....

(*Voleur*).

Le 26 mai, au lendemain de la prise du Panthéon, le sieur TREILHARD (2) directeur général de l'assistance

---

(1) Vermorel avait été découvert dans les premiers jours de juin aux Ternes où il s'était réfugié blessé. Transféré à Versailles, il y expirait le 20 dans l'après-midi.

(2) C'était pour la deuxième fois qu'on fusillait par procuration ce membre de la Commune, qui ne devait être condamné par la justice militaire qu'à la transportation.

Nous lisons, en effet, dans le *Gaulois* du 25 mai, qui s'imprimait à Versailles le 24 :

« Billioray a été arrêté sur le territoire de Grenelle. Il » s'est défendu, crispé, roulé à terre, demandant grâce. *On » l'a fusillé sur place.* »

(1) Napias-Piquet était un vieillard de 60 ans.

(2) Deux traits, dont l'un personnel à la victime et que nous empruntons au même journal, un des plus réactionnaires, donneront une idée de l'honnêteté et du désintéressement des Treilhard.

M. Darboy était depuis quelques jours détenu à Mazas comme otage et avait dû, devant les refus réitérés de M. Thiers, renoncer à l'espérance d'être échangé contre Blanqui, lorsque des personnes qui s'intéressaient à lui s'imaginèrent d'acheter sa mise en liberté.

Elles s'adressèrent, ou plus exactement leur intermédiaire, M. de Givodan, s'adressa au délégué de l'assistance publique et lui proposa 100,000 francs contre l'ordre d'élargissement de l'archevêque.

Ces offres furent énergiquement repoussées.

M. de Givodan — qui n'était pas, paraît-il, habitué à tant d'incorruptibilité chez un fonctionnaire — ne se tint pas pour battu. Il revint offrant de doubler la somme.

pour la Commune, fut appréhendé dans la rue et *immédiatement passé par les armes par les soldats à l'Ecole polytechnique* . . . . . .

(*Idem*).

Le vendredi soir... le ciel s'empourpra subitement d'une sinistre clarté... On aurait cru que tout Paris flambait.... C'étaient les Docks de la Villette qui brulaient (1).

(*Bataille des sept jours*, par L. Jezierski).

La brigade Gallifet a ramené un convoi de cinq mille prisonniers faits dans l'affaire de la nuit. Ce cortége énorme a défilé tout le long des boulevards entre une et deux heures de la journée, au milieu des malédictions de la foule amassée sur les trottoirs et des cris unanimes de : « Vive l'armée! »

Le général Gallifet était en tête du convoi accompagné de ses aides de camp : MM. O'Connor, comte du Lau, de Turenne, comte d'Osmont, comte de Ganay, comte de la Tour du Pin-Chamblis.

A six heures, la brigade qui avait mené ces prisonniers à la Muette reprenait les boulevards pour aller passer la nuit aux Buttes-Chaumont.

M. de Gallifet s'est arrêté un instant au Jockey-club, où il a été accueilli avec un véritable enthousiasme.

(*Gaulois*, 30 mai).

C'est le général Gallifet qui présidait aux exécutions de Passy. Ils étaient plus de *deux mille* insurgés. Le général fit sortir des rangs tous ceux qui avaient des cheveux blancs. Ce sont les derniers qui ont été passés par les armes. — Vous tous, disait-il, vous avez vu les journées de juin 48 et vous êtes plus coupables que les autres.

(*Constitution*, organe de M. le duc d'Aumale).

Les français sont en train d'écrire la plus triste page de leur histoire et de celle du monde....

Le marquis de Gallifet escorte une colonne de prisonniers à Versailles ou à Satory. Arrivé à l'Arc-de-Triomphe, *il en fait sortir quatre-vingt-deux des rangs et les fait passer par les armes. Puis vient un convoi de vingt pompiers — également fusillés. Puis douze femmes, dont une de 70 ans.*

A un autre endroit, notre correspondant va se heurter à quatre-vingt cadavres empilés les uns sur les autres. C'est un amas de jambes, de bras, de faces tordues par l'agonie, pendant que les rues et les ruisseaux regorgent littéralement de sang.

On évalue à 1000 le nombre de ceux qui ont été ainsi exécutés.

Dans ces exécutions en masse et sommaires de prisonniers, par lots de 50 à 100, non seulement des innocents doivent périr avec des coupables, mais beaucoup doivent porter la peine de crimes imaginaires...

Si le peuple français, dans les désastres qui sont venus fondre sur lui, peut trouver quelque consolation à attribuer ses malheurs à des mains étrangères, nous devons lui laisser le bénéfice de cette triste excuse. Mais qu'il se souvienne que le sang répandu par les troupes de Versailles ne peut être rejeté sur aucun étranger; car le marquis de Gallifet et les autres officiers qui exercent des commandements à Paris sont sûrement français, et français sont également les membres de l'Assemblée qui n'ont pas eu une parole de blâme pour « la plus belle armée que la France ait jamais possédée. »

(*Times*, 31 mai).

Déclaration signée par des témoins oculaires des faits qui se sont passés à la Muette (Passy-Paris) le 26 mai 1871.

Le 26 mai dernier, nous faisions partie de la colonne de prisonniers partie du boulevard Malesherbes à huit heures du matin, se dirigeant sur Versailles. Nous nous sommes arrêtés au château de la Muette où le général Gallifet, après être descendu de cheval, est passé dans nos rangs, et là faisant un choix et désignant à la troupe quatre-vingt-trois hommes et trois femmes, ils furent amenés le long des talus et fusillés devant nous. Après cet exploit, le général nous dit : ***Je me nomme Gallifet. Vos journaux de Paris m'ont assez sali. Je prends ma revanche.***

Même insuccès. « Il fut même menacé — ajoute la feuille versaillaise — d'être passé par les armes. »

L'autre fait n'est pas moins caractéristique :

Le jour même où l'on fusillait Treilhard, sa femme se rendait à la mairie du Panthéon. Elle venait prier le colonel Gallé, maire provisoire, — celui-là peut-être qui l'avait faite veuve — de faire prendre chez elle le reliquat de la caisse de l'assistance publique qui avait dû, par précaution, y être transporté par son mari.

Il ne s'agississait de rien moins que d'une quarantaine de mille francs qui furent délivrés contre reçu, rue Monge, n° 8, aux envoyés, MM. le commandant Montaut et Goumain, secrétaire de la mairie.

La veille, les soldats de l'*ordre* avaient fusillé un des employés de Treilhard, le citoyen Valette, directeur du magasin central et âgé de 67 ans, lequel n'avait pas voulu quitter son poste malgré l'autorisation a lui délivrée, « pour prouver, disait-il, l'honnêteté de l'administration. »

(1) Au sujet de cet incendie l'*Opinion nationale* recevait dans les premiers jours de juin la lettre suivante :

Monsieur,

Pour repondre aux allégations de certains organes de la presse, au sujet de la Villette, je viens demander à votre justice de publier la déclaration suivante :

Dans toute cette campagne, l'administration du dix-neuvième arrondissement n'a donné aucun ordre d'execution, aucun ordre d'incendie ; et *chacun sait que le feu des magasins a été causé par les projectiles de l'armée.*

L'administration a pris des arrêtés pour faire respecter la liberte individuelle, empêcher les arrestations arbitraires, les perquisitions particulières; elle a assuré les services publics, scolaires, alimentaires et d'assistance.

Tout en se privant du concours des congréganistes, retiré préalablement par eux, d'ailleurs, elle a respecté leur liberté, celle de leurs exercices.

Qu'on vérifie nos affirmations, on en reconnaitra la rigoureuse exactitude, et, à part des délits de droit commun, très rares à la Villette pendant ces deux mois et demi, on ne trouvera, venant de son administration, ni arrestations politiques, ni jugements sommaires, ni exécutions.

Nous croyons nous être conduits en administrateurs honnêtes, toujours en hommes, en soldats parfois, jamais en bandits

Vaincus, nous subissons les conséquences de la défaite; mais nous repoussons le déshonneur parce que nous ne le méritons pas.

Recevez, monsieur, mes salutations.

PASSEDOUET,
Ex-délégué à l'administration du 19e arrondissement.

Quant aux incendies en général, — si tant est qu'ils n'aient pas été pour la plupart allumés par les obus de Versailles — ils avaient une valeur stratégique que les adversaires les plus acharnés de l'idée communaliste ont été obligés de reconnaitre. Témoins ces lignes empruntées à la *Bataille des sept jours*, de L. Jezierski :

Sur certains points, les insurgés ont procédé dans une intention stratégique, afin de barrer le passage des troupes victorieuses. Une barricade est forcée ; avant de l'abandonner, les défenseurs mettent le feu aux maisons sur les deux côtés de la rue ; puis, ils se rejettent sur la barricade suivante. Le brasier empêche les soldats de tourner l'obstacle : il faut l'escalader par le milieu de la chaussée, droit sous les balles de l'adversaire ou bien prendre par un lointain circuit, l'alternative se résout par une perte d'hommes ou par une perte de temps. *A ce cas se rapporte l'incendie de la plupart des maisons particulières.*

De là nous fûmes dirigés sur Versailles, où, pendant le trajet, nous eûmes encore à assister à de terribles exécutions faites sur la personne de deux femmes et de trois hommes qui, tombant épuisés et ne pouvant suivre la colonne, furent tués à coups de baïonnette par les sergents de ville formant notre escorte.

(Suivent les signatures avec les professions et adresses, au nombre de onze.)

Chaque heure nous apporte de nouveaux détails sur les atrocités de la répression. A la prise de la barricade du coin de la rue et du boulevard Rochechouart, près du café du Delta, *des blessés ont été enterrés vivants dans une fosse*. Leurs plaintes et leurs gémissements ont été effroyables pendant la nuit. ...

(*Agence télégraphique Reuter*, Versailles, 29 mai, soir).

Lorsque les soldats emportèrent la barricade élevée au point ou la rue de l'Echiquier croise la rue de Mazagran, se passa, dans la maison qui porte le numéro 20 de la dernière rue, une scène horrible qui nous a été racontée par des témoins oculaires.

Une femme... menaçait de mort son mari s'il ne descendait dans la rue et ne s'opposait à la marche de l'armée.

« Si tu n'en tues un, » disait-elle... « je te tue, moi !»

Et, tout en parlant, elle chargeait le fusil qu'elle avait arraché des mains du pauvre diable.

Les soldats arrivèrent et un capitaine planta le drapeau tricolore sur la barricade.

Alors la furie (?) ouvrit sa fenêtre, visa l'officier, et, lui logeant une balle dans le front, l'étendit raide mort.

« Vois, » dit-elle. « Fais-en autant, lâche ! »

Le mari terrifié prit le fusil fumant, descendit l'escalier pour gagner la rue et tomba dans un groupe de soldats qui avaient forcé la porte de la maison et qui allaient venger la mort de leur chef.

La femme, se démenant comme un démon, *fut tuée à coups de baïonnette*.

L'homme, descendu dans la rue, fut placé près du cadavre de l'officier, et, *malgré ses supplications*, fut *fusillé* pour avoir été pris les armes à la main.

Son cadavre a été transporté à l'orphelinat de la rue d'Enghien.

(*Voleur*).

.... Dufil (maréchal des logis passé au service de la Commune) comprit si bien la gravité de sa position que sur la place de l'Europe, tandis qu'on le conduisait à la place militaire, il tenta de s'enfuir. *Il n'avait pas fait trois pas qu'il était renversé par une balle partie du revolver du chef de l'escorte, le capitaine Hamot du 5e bataillon de la garde mobile de Seine et Oise. Il fut immédiatement achevé par les soldats* ...

(*Cloche*).

Monsieur le Rédacteur,

Un fait entre mille qui vous donnera la mesure des agissements de l'armée de l'*ordre* à son entrée dans Paris.

Un inspecteur de la halle, M. Perreau, marié de deux ans et obligé de fuir de Montrouge sous les obus de Versailles, va demander asile pour sa femme et son enfant âgé de huit mois, à un ami demeurant rue St-Honoré, n° 113. Ceci se passait le mardi, 23. L'ami était absent et le concierge renvoie la famille émigrante à la municipalité du IVe arrondissement qui lui assigne un logement place de la Tour St-Jacques.

Trois jours après il était dénoncé par son nouveau concierge comme *communard en rupture d'uniforme*, appréhendé chez lui par des soldats et fusillé séance tenante devant sa femme et son enfant.

La femme est devenue folle, et l'enfant disparu n'a pu être retrouvé.

Un de vos lecteurs.

(*Liberté*, de l'Hérault).

Ce matin, j'ai visité le camp de Satory où il y a 2,500 prisonniers, hommes et femmes pêle-mêle. Ces prisonniers sont dans la cour du parc d'artillerie, *en plein air, tête découverte, et couchent dans la boue. Les murs de la cour son crénelés et les canons braqués sur les prisonniers*. Hier il y a eu une émeute et *300 ont été passés par les armes*. 57 se sont sauvés, mais 38 ont été repris.....

(*Echo du parlement*, de Bruxelles, Corbeil, 27 mai).

Monsieur,

L'œuvre abominable des scélérats qui succombent sous l'héroïque effort de notre armée, ne peut être confondue avec un acte politique. Elle constitue une série de forfaits prévus et punis par les lois de tous les peuples civilisés. L'assassinat, le vol, l'incendie, systématiquement ordonnés, préparés avec une infernale habileté, ne doivent permettre à leurs auteurs ou à leurs complices, d'autre refuge que celui de l'expiation légale. Aucune nation ne peut les couvrir d'immunité, et sur le sol de toutes leur présence serait une honte et un péril. Si vous apprenez qu'un individu compromis dans l'attentat de Paris a franchi la frontière de la nation près de laquelle vous êtes accrédité, je vous invite à solliciter des autorités locales son arrestation immédiate et à m'en donner de suite avis pour que je régularise cette situation par une demande d'extradition.

Recevez, Monsieur, les assurances de ma haute considération.

Jules Favre.

(Circulaire aux représentants de la France à l'étranger, Versailles, 26 mai).

M. Dufaure présente un projet de loi sur l'exercice du droit de grâce. En voici les dispositions essentielles :

« En matière politique et de presse, pour crimes et délits entraînant une condamnation à plus d'un an, le droit de grâce sera exercé par le chef du pouvoir exécutif, *sous le contrôle d'une commission de quinze membres nommés par l'Assemblée nationale*.

« Les amnisties ne seront plus décrétées que par une loi. »

L'urgence a été déclarée.

M. Picard dépose un projet de loi portant rétablissement du cautionnement pour tous les journaux, sans distinction entre les feuilles politiques et les feuilles littéraires.

L'urgence a été déclarée.

(Assemblée nationale, *séance du 26 mai*).

Marseille, le 26 mai 1871, 12 h. 10, soir.

Le préfet au ministre de l'intérieur, à Versailles.

Le consul d'Espagne vient de me déclarer qu'il me donnait un concours absolu pour découvrir et arrêter les criminels de Paris; qu'il n'invoquerait aucun traité; qu'il m'autorisait à faire visiter tous les navires espagnols, et que son gouvernement livrerait tous les insurgés qui auraient franchi la frontière espagnole. Je l'ai remercié au nom du gouvernement. Je ferai donc visiter les bâtiments espagnols comme les navires français.

CROSNIER.

27 mai

Le chef du pouvoir exécutif à toutes les autorités civiles et militaires.

Nos troupes n'ont pas cessé de suivre l'insurrection pied à pied, lui enlevant chaque jour les positions les plus importantes de la capitale et lui faisant *des prisonniers qui s'élèvent jusqu'ici à 25,000, sans compter un nombre considérable de morts et de blessés.*

Dans cette marche sagement calculée, nos généraux et leur *illustre* chef ont voulu ménager nos *braves* soldats qui n'auraient demandé qu'à enlever au pas de course les obstacles qui leur étaient opposés.

Tandis qu'en dehors de l'enceinte notre principal officier de cavalerie, le général du Barrail, prenait avec des troupes à cheval les forts de Montrouge, de Bicêtre (1), d'Ivry et qu'au dedans le corps de Cissey exécutait les belles opérations qui nous ont procuré toute la rive gauche, le général Vinoy, suivant le cours de la Seine, s'est porté vers la place de la Bastille hérissée de retranchements formidables, a enlevé cette position avec la division Vergé, puis avec les divisions Bruat et Faron s'est emparé du faubourg Saint-Antoine jusqu'à la place du Trône.

Il ne faut pas oublier, dans cette opération, le concours efficace et *brillant* que notre flottille a donné aux troupes du général Vinoy. Ces troupes ont aujourd'hui même enlevé une forte barricade au coin de l'avenue Philippe-Auguste et de la rue de Montreuil; elles ont aussi pris position à l'est et au pied de Belleville, dernier asile de cette insurrection......

Au centre, en tournant vers l'est, le corps de Douai a suivi la ligne des boulevards, appuyant sa droite à la place de la Bastille et sa gauche au cirque Napoléon. Le corps de Clinchant, venant se rallier à l'ouest au corps de Ladmirault, a eu à vaincre aux Magasins-Réunis une violente résistance qu'il a *vaillamment* surmontée. Enfin le corps du général Ladmirault, après avoir enlevé avec vigueur les gares du nord et de l'est, s'est porté à la Villette et a pris position aux pieds des Buttes-Chaumont. Ainsi les deux tiers de l'armée, après avoir conquis successivement toute la rive droite, sont venus se ranger aux pieds des hauteurs de Belleville, qu'ils doivent attaquer demain matin.

Pendant ces six jours de combats continus, nos soldats se sont montrés *aussi énergiques qu'infatigables et ont opéré de véritables prodiges,* bien autrement méritoires de la part de ceux qui attaquent des barricades que de ceux qui les défendent. Leurs chefs se sont montrés *dignes* de commander à de tels hommes et ont pleinement *justifié* le vote que l'Assemblée leur a décerné. Après quelques heures de repos qu'ils prennent en ce moment, ils termineront demain matin, sur les auteurs de Belleville, *la glorieuse campagne* qu'ils ont entreprise contre les démagogues les plus odieux et les plus scélérats que le monde ait vus, et *leurs patriotiques efforts mériteront l'éternelle reconnaissance de la France et de l'humanité.*

Du reste, ce n'est pas sans avoir fait des pertes douloureuses que notre armée a rendu au pays de si mémorables services.....

A. THIERS.

(Versailles, 27 mai, 7 h. 15 s.).

Le maréchal Mac-Mahon aurait accordé aux combattants de Belleville deux heures pour réfléchir. *Passé ce délai, il devait faire tirer à* BOULETS ROUGES *sur leurs positions.*

(*Siècle*, dépêche de Versailles, 27 mai).

La lutte a pris hier un caractère de férocité dont il n'y a pas trace dans les annales de nos guerres civiles.

Vous savez que le maréchal Mac-Mahon avait donné quelques heures aux insurgés pour se rendre, promettant la vie sauve à tous ceux qui déposeraient les armes. Cet appel n'a pas été entendu.

Nos soldats ne font plus de quartier; ILS MASSACRENT SANS PITIÉ TOUS CEUX QUI LEUR TOMBENT ENTRE LES MAINS. Vous jugez s'il doit y avoir des victimes!

(*Idem*).

Un détachement du 26e de ligne occupe le parc de Monceaux, c'est là qu'on amène un grand nombre de prisonniers : *beaucoup sont fusillés là.* En approchant on entend parfois le roulement d'un feu de peloton : c'est le bruit sinistre d'une fusillade. Les mêmes faits se produisent au Luxembourg.

(*Français*, 28 mai).

. . . .

A été également fusillé TONY MOILIN, auquel on a accordé son mariage *in extremis* avec son ancienne maîtresse.....

(*Gaulois*, 31 mai).

Quelques journaux de Paris ont raconté et plusieurs personnes ont répété que Tony Moilin avait été condamné, puis fusillé, pour avoir été pris, le 27 mai, les armes à la main. Ce récit est inexact.

« Tony Moilin n'a jamais eu les armes à la main, ni le 27 mai, ni auparavant. Durant le siége de Paris et depuis le 18 mars, il a été attaché comme médecin aide-major à un bataillon de la garde nationale de Paris; c'est en cette qualité qu'au temps du second siége il a quelquefois suivi son bataillon hors de l'enceinte fortifiée, non pour se battre, mais pour donner des soins aux blessés.

« La cour martiale s'est empressée de reconnaître que M. T. Moilin n'était point recherché pour un semblable fait. Il a été arrêté dans la soirée du 27 mai, chez lui, rue de Seine. Conduit immédiatement devant la cour martiale qui siégeait au Luxembourg, il a été jugé et condamné à être passé par les armes. Le tout a duré quelques minutes à peine, moins de temps qu'on n'en met à le raconter.

« Un seul fait fut reproché à M. T. Moilin, celui de s'être, le 18 mars, emparé de la mairie de son arron-

(1) On a vu plus haut que la plus grande partie de la garnison de ce fort avait été murée vivante dans les catacombes où elle avait cherché un refuge. Il nous reste à indiquer comment ces malheureux — dont cent cinquante au moins, d'après la *Liberté*, moururent d'épuisement — tombèrent aux mains de Versailles :

» Une forte escouade d'agents de police a commencé » dans les premiers jours de Juin une chasse aux flambeaux dans les catacombes...... la chasse aux fédérés » qui s'y cachent.....

» Terrible chasse que celle-là.....

» *(Liberté).*

» Traqués de tous côtés, comme des bêtes fauves, non-» seulement par les hommes, mais encore *par de gros » chiens rattiers* qui sont un précieux auxiliaire dans cette » chasse à l'homme, les derniers débris de la fédération » communaliste ont été en quelque sorte cueillis par vingtaines.

» En quatre jours on en a capturé ainsi plus de 300.....

» *(Opinion nationale.)* »

dissement et d'avoir ainsi contribué à donner le signal de l'insurrection.

« On lui représenta une sorte de décharge donnée par lui ce jour-là à M. Hérisson, le maire qu'il avait remplacé.

« Aucun témoin ne fut entendu.

« T. Moilin convint du fait incriminé. Il ajouta qu'il avait exercé les fonctions de maire pendant deux jours à peine; qu'au bout de ce temps, peu d'accord avec les hommes de la Commune, il avait cessé volontairement de paraître à la mairie, où il avait été aussitôt remplacé.

« Il dit aussi qu'il avait été entraîné à cet acte, presque malgré lui, par des gardes nationaux de son quartier; que depuis il avait constamment refusé les candidatures et les emplois qui lui avaient été offerts, et n'avait participé en quoi que ce fût aux actes de la Commune, moins encore aux odieux crimes reprochés aux insurgés; qu'il s'était borné à faire un service médical, à secourir des malades et des blessés.

« La cour martiale (1) demanda compte à Moilin de son temps et de ses actes depuis le jour de l'entrée de l'armée de Versailles dans Paris. Il répondit que, si-

(1) Faisaient partie de cette cour martiale à titre de *volontaires des fusillades* les sieurs *Gosselin*, du 115e bataillon de la garde nationale, *Parfait*, *Daniel*, etc. — Que le sang de Tony-Moilin et de ses co-assassinés retombe sur leurs têtes!

Ces aides-bourreaux étaient, pour la plupart, doublés d'un mouchard, ainsi qu'il ressort des deux rapports officiels suivants où sont résumés les agissements de la garde nationale restée *fidèle*, dans le courant d'avril et de mai :

26 mai 1871.

A Monsieur le colonel *de Beaufond*, 15, rue des Beaux-Arts, à Paris.

Mon colonel,

J'ai l'honneur de vous envoyer un aperçu rapide des *opérations* dirigées par vous à Paris, avec un rapport détaillé sur celles que vous avez bien voulu me confier à la date du 7 mai jusqu'au 26 dudit inclus.

. . . .

Après avoir choisi quatre officiers et recruté des agents intelligents les 7, 8 et 9 mai, j'ai placé, d'après vos instructions, dans chaque arrondissement, un poste de surveillance chargé de créer des ramifications dans la population, de grouper les adhérents, de signaler les faits et gestes de la Commune, du Comité central particulièrement, et les mouvements des troupes.

Des relations ont été entreprises auprès de l'Hôtel-de-Ville, des ministères (notamment de la guerre), des Comités de Salut public et de Sûreté, du *Journal officiel* et des principaux services, afin non-seulement d'être au courant des événements qui se préparaient, mais encore d'y entretenir des agents utiles.

Il a fallu également étudier les ressources de la Commune à tous les points de vue, parvenir à les réduire, etc., etc. : tel était le but à poursuivre.

. . . .

Vous connaissez, mon colonel, l'esprit pusillanime de la population honnête de la capitale, etc., nous ne pouvions compter que très-faiblement sur son concours...

..... Nous dûmes agir pour ainsi dire seuls. La tâche devenait ingrate, téméraire même...

Nous avons pourtant réussi à détacher de la Commune quelques auxiliaires, en provoquant des défections parmi les différents corps de troupes, entre autres les *Vengeurs de Paris*.

Cette légion, composée au Champ-de-Mars, était alors commandée par *de Saint-Hilaire*. Elle fut plus tard envoyée à la porte de Vaugirard, sous le commandement de *Francfort*, colonel, et *Roberjot*, chef de bataillon.

Deux cent soixante hommes de cette troupe ont été payés par mes soins, trois journées, et mis à notre disposition les 12, 13 et 14 du courant. Ils étaient prêts à marcher sur un ordre préparé par nous au ministère de la guerre avec la coopération du capitaine *Moreau*.

D'après les conventions arrêtées et stipulées le 12 au matin, à l'École militaire, ces hommes armés de fusils chassepot et à tabatière, ont attendu vos instructions pendant six heures, de 7 heures du soir à une heure du matin (journée du 13), lors de l'attaque préméditée sur les portes d'Auteuil, de Passy et de Neuilly...

Nos relations avec le chef de bataillon *Suire*, à l'École militaire, directeur des mouvements militaires et attaché à l'état-major du colonel Henri, nous permettaient d'avoir des renseignements journaliers et contrôlés au IXe arrondissement, près du colonel *Berthot* (bureau).

Les opérations et mouvements de l'artillerie du Champ-de-Mars et ceux de la même arme de l'École militaire, sous les ordres directs de *Clarr*, nous étaient régulièrement communiqués et nous ont été d'un immense secours.

Les mots d'ordre et de ralliement, fournis avec ponctualité et certitude réelle par Suire, étaient vérifiés par *Calestroupat*, chef d'état-major au IXe arrondissement.

Le colonel *Vinot*, commandant au Champ-de-Mars, m'a donné, les 12 et 13 du courant, au soir, des détails précieux sur les portes du Point-du-Jour jusqu'à celle de la Chapelle (en personne). Le lieutenant-colonel Calestroupat, ancien capitaine aux *Éclaireurs de la garde nationale* de la Seine, à Neuilly, alors sous les ordres de M. de Joinville, me fournissait chaque soir, rue Montmartre, 9, les plus longs et minutieux détails sur toutes les opérations militaires. Il puisait, chaque matin, ces renseignements au rapport général, réunion habituelle des chefs de légion qui sont bien la cause du départ de Rossel...

Le commissaire de police *Chauvet*, ex capitaine d'habillement à Neuilly, m'a fourni des pièces de la Sûreté générale et m'a prévenu, le 18 au matin, à la gare de Lyon, que le colonel de Beaufond était recherché avec la plus active persistance par les agents de Rigault...

Mes officiers, tout en surveillant par des rondes fréquentes les arrondissements, étaient détachés avec des missions spécialement désignées :

MM. *Roux de Villebois* : guerre :
Brille : sûreté générale ;
De C. : *Journal officiel* (presse) ;
Flobert : discipline.

X... chargé, sous ma surveillance directe, du personnel, a commencé par rendre des services réels lors de la distribution des brassards, 12, 13 et 14 mai.

. . . .

K..., ami de J.-B. Clément, membre très-influent de la Commune, m'a prêté son concours en cette occurence. Bien des pièces en blanc, avec renseignements certains, nous servaient de laissez-passer aux avant-postes (fortifications, prisons et préfecture de police). Ces feuilles, avec cachet, étaient remplies par Flobert suivant le cas et les besoins, et notamment dans la journée du 13. Elles étaient fournies par le commandant Suire et le sieur *André*, inspecteur des prisons. D'autres pièces nous étaient transmises par le Xe arrondissement.

A la guerre, Moreau et les frères *May*, ces derniers assez liés avec M. de Villebois, nous ont mis en relation avec Mme Eudes qui nous a fourni de précieux renseignements.

. . . .

M. Roux de Villebois, très-adroit et parfaitement dévoué, officier de la garde nationale mobile, avait été, ainsi que de C..., chargé de surveiller l'ancien état-major de Cluseret. Par leurs relations, nous avons pu donner, faire transmettre et contremander des ordres (journée du 13).

Nous n'étions pas sans connaître les forces massées au Champ-de-Mars le 13 ; nous avons opéré une adroite diversion : aussi, bon nombre de bataillons ne se sont-ils pas rendus à l'appel qui leur a été fait...

Les colonels Vinot et Henri ne donnaient aucun ordre sans que nous en fussions instruits par Suire et autres. *Bosquet*, capitaine attaché au personnel nous a servi quelquefois.

. . . .

A la place, le docteur Weil nous a rendu, d'une façon inconsciente, quelques services.

Nollet, autre docteur, très-rusé, très-fin, nous a donné de tels renseignements sur Dombrowski, que ce dernier a failli être arrêté, le 16, aux environs du Luxembourg, par nos hommes.

Nollet nous a facilité, le 18, le passage de la porte de Neuilly...

Trèves, un de mes anciens sous-officiers à la 4e compagnie des *Francs-tireurs de la Presse*, et nommé, sous la Commune,

gnalé depuis longtemps, notamment par le procès de Blois et par ses écrits, comme l'un des chefs du parti socialiste, ayant à répondre de la prise de possession de la mairie du 6e arrondissement, au 18 mars, redoutant une justice par trop sommaire et les fureurs des premiers moments, il avait cherché et trouvé un asile

---

directeur du télégraphe, était devenu notre serviteur depuis le 17 au soir.

La rupture des fils télégraphiques et la transmission de faux ordres nous étaient assurées par ses soins.

. . . .

Jacta, un de nos agents, a obtenu des renseignements précieux de son ami Paschal-Grousset, délégué aux affaires étrangères et membre influent de la Commune.

De Saint-Hilaire, frère du colonel, aurait secondé nos efforts au Corps législatif pour l'arrestation de l'état-major.

Bergeret était surveillé ainsi que d'autres chefs très-influents.

. . . .

Nos entrées libres à la Caserne de cavalerie de Belle-Chasse nous étaient facilitées par le capitaine *Orrière*, et au quartier Bonaparte, quai d'Orsay (quartier de cavalerie) par *Villain*, commandant dans le corps non fédéré dite *Garde nationale à cheval*, commandé par le lieutenant-colonel Malidux.

Par l'intermédiaire de K... et de Calestroupat, J.-B. Clément, membre de la Commune (XVIIIe arrondissement), d'une incontestable influence au Comité central, était prêt à nous couvrir d'une protection qui n'était pas à dédaigner.

. . . .

Je recommande à votre bienveillance la conduite énergique et digne de MM. Roux de Villebois, Brille, de C... et Flobert. Ces messieurs m'ont prêté leur concours avec un dévouement d'autant plus grand que les circonstances étaient difficiles et dangereuses pour nous tous.

. . . .

Je suis avec le plus profond respect, mon colonel, votre très-humble et très-dévoué serviteur,

E. Laroque.

Paris, le 30 mai 1871.

Monsieur le ministre (de l'intérieur),

La nature de ma mission consistait.... à favoriser *par tous les moyens possibles* l'entrée des troupes, en neutralisant la résistance

J'ai l'honneur de vous soumettre un détail rapide des opérations faites en ce sens :

Il a été créé, dans chaque arrondissement de Paris, un centre destiné à grouper les adhérents *à la cause de l'ordre*, à surveiller les mouvements des troupes, ainsi que les faits et gestes de la Commune; en outre, à avoir des ramifications avec la population de tous les quartiers.

Des relations ont été entretenues (au moyen d'agents) à l'hôtel-de-ville, aux ministères, aux Comités central et de Salut-public, dans les différents services de la Commune, près des légions et de leurs chefs.

C'est ainsi qu'il m'a été possible de fournir des renseignements et des indications qui, puisés aux meilleures sources, étaient en outre contrôlés par nos agents et nous permettaient de pouvoir combiner un mouvement dans Paris.

A cet effet, des négociations furent entamées auprès du lieutenant-colonel Stawinski, commandant le 6e secteur, qui s'était engagé à laisser libre accès aux troupes, en livrant les portes d'Auteuil et Dauphine sous trois jours, c'est-à-dire la nuit du mardi au mercredi (16 au 17 mai). Mais à Versailles ce délai, qui parut trop long, ne fut pas accepté et réduit à 24 heures.

Les portes devaient donc être attaquées et enlevées de vive force dans la nuit du vendredi 12 au samedi 13 mai. En conséquence, les dispositions suivantes furent prises :

Un groupe d'artilleurs qui devaient enclouer les pièces, reçut l'ordre de se trouver à cinq heures du soir au pont de Grenelle. 300 hommes pris parmi les habitants de Passy, ainsi que 400 hommes du corps des *Vengeurs* devaient opérer le coup de main.

Malheureusement, dans la journée, Passy fut violemment canonné, les habitants durent se retirer, et, le soir, 35 hommes seulement répondirent à l'appel. Quant aux artilleurs, ils ne vinrent point. Le colonel que j'attendis ce jour-là jusqu'à sept heures, me déclara être dans l'impossibilité de livrer les portes, n'ayant pas pu préparer ses hommes ; en outre, il me fit voir, ainsi qu'à M *Lasnier* qui m'accompagnait, vingt-six bataillons de fédérés, formant ensemble un effectif d'environ 8,000 hommes qui venaient d'être massés sur ces positions pour opérer une sortie dans la nuit.

Je rentrai immédiatement à Paris avec M. Lasnier, et je fis connaître cette situation à M. *Dumersan*, qui convint avec moi que notre attaque contre des forces semblables ne devait pas avoir lieu, et que l'on attendrait le délai de trois jours fixé par le colonel. M. Dumersan, ainsi que deux autres personnes partirent aussitôt, afin de prévenir à Versailles de ce contre-temps, mais aucun d'eux ne put parvenir à sortir de Paris.

Le lendemain, M. Lasnier fut arrêté, 5, rue de Maubeuge, porteur d'une somme assez considérable, 25,000 ou 35,000 francs; la bonne de M. Dumersan fut également arrêtée comme elle se rendait chez M. Lasnier.

M. Dumersan, qui devait me remettre ce jour-là 3,000 francs pour le colonel des insurgés, ne me les remit pas, me renvoyant au lendemain lundi, jour depuis lequel il n'a pas donné signe de vie.

En présence de ces évènements, j'envoyai à trois reprises différentes, à Versailles, pour que l'on m'adressât, sans retard, la somme qui devait être remise au colonel du 6me secteur ; mais des lenteurs furent apportées ; ce colonel, suspecté, fut remplacé, et, désormais, des délégués de la Commune furent placés dans tous les secteurs auprès des commandants. Tels sont les empêchements qui ont causé l'insuccès de cette tentative.

Sur ces entrefaites, arrive l'affaire dite des *Brassards*.

Conformément aux instructions reçues de Versailles, relativement au signe de ralliement, Mme *Joséphine Legros* avait été chargée de la confection de 20,000 brassards ; ce travail que rien n'était venu troubler, touchait à sa fin, lorsqu'une délation, qu'on suppose être venue d'un garde national rallié à l'ordre, fit tout découvrir ; cette dame fut arrêtée et enfermée à St-Lazare, d'où elle n'a été délivrée que le 26 mai. Je dois rappeler ici que j'avais proposé un mouchoir au bras au lieu de brassards.

Le Comité de Salut public découvrant qu'une vaste conspiration se tramait contre la Commune, mit en campagne tous ses agents ; on fit des enquêtes, on opéra des arrestations, des perquisitions, et notamment chez moi, d'où l'on est parti emportant tous mes papiers, titres, brevets, pièces militaires, comptes de fermes, souvenirs, uniformes, armes, etc., etc. Un mandat d'arrêt fut lancé contre moi ; dès lors, je dûs me dérober à leurs recherches incessantes, sans toutefois abandonner la mission qui m'était confiée. Depuis, la situation se hérissa de difficultés, la plus grande surveillance fut exercée de toutes parts, et les mesures rigoureuses qui furent prises vinrent déjouer mes projets.

La Commune décréta la dissolution des bataillons qu'elle savait lui être hostiles et ordonna leur désarmement. Aussitôt, le commandant *Gadard*, qui dirigeait le mouvement dans le 2me arrondissement, avec MM. *Demay* et *Galloni*, dans le 6me arrondissement, vinrent me trouver et me demandèrent quelle devait être leur attitude en présence de cette mesure.

Je leur dis de prendre immédiatement les armes et d'occuper, dans le deuxième arrondissement, la bourse et la mairie en se reliant avec la banque ; dans le sixième, la mairie et le sénat, de s'attacher principalement, vu le manque de canons, à faire occuper les maisons et surtout celles des angles, et je fis en même temps les mêmes prescriptions dans les autres arrondissements.

Les officiers les plus élevés en grade devaient, en outre de leurs fonctions militaires, occuper les mairies, dans celles où un agent municipal n'avait pas été désigné au préalable pour cet emploi, en attendant que de Versailles l'on avise que le mouvement allait bientôt commencer.

Mais le commandant *Gadard* disparut, se réfugia à Versailles, et les bataillons se laissèrent désarmer, sans aucune résistance ni déploiement de forces, par les tambours de leurs compagnies.

La panique s'étant mise dans les rangs de la garde nationale, il fut impossible désormais de rien en obtenir.......

. . . .

Dès lors, je me suis appliqué à neutraliser la résistance, à l'aide des agents placés au ministère de la guerre et des blancs seings dont nous disposions. Connaissant les portes par lesquelles l'armée devait rentrer, les troupes destinées à les garder recevaient une autre destination ; il en résultait que les portes de Passy, d'Auteuil et Dauphine, enfin toute

chez des amis, et cela depuis le lundi matin jusqu'au samedi soir. Invité à nommer les personnes qui l'avaient reçu, il s'y refusa d'abord, pour ne point les compromettre; mais sur l'assurance qui lui fut donnée qu'en

---

la zone à l'ouest de Paris, se trouvait dépourvue de forces, de surveillance, ce qui assurait l'accès facile aux troupes le jour où elles tenteraient l'assaut.

Indépendamment de cela, il fallait provoquer des défections, dans les rangs de l'insurrection, détacher de la Commune le plus d'agents possibles, rallier à nous toutes les personnes qui, par leur influence personnelle ou leurs aboutissants, pouvaient nous être utiles. En un mot, entraver en tout et partout l'action de la Commune.

A l'arrivée des troupes dans Paris, je lançais des officiers de la garde nationale dans toutes les directions, afin de rallier les adhérents et de préparer les voies. Je mettais MM. *Corby*, *Warnier* et *Bex*, à la disposition des généraux, afin de les renseigner sur les obstacles et travaux de défense que l'armée allait rencontrer sur son passage; car tout Paris en moins de huit heures était hérissé de barricades élevées par des femmes, des vieillards, des enfants, ainsi que des passants que l'on contraignait à travailler.

MM. Corby, Bex et Warnier tombèrent au pouvoir des insurgés et ne purent s'acquitter de leurs missions. Ce n'est que le troisième jour qu'ils trouvèrent l'occasion de s'échapper.

Ne pouvant rallier assez de gardes nationaux place de la Bourse, le point le plus central et le plus favorable pour le ralliement des gens dévoués à l'ordre était la banque. D'abord à cause de la garnison, composée de ces employés, qu'elle renfermait, ensuite, vu sa proximité de la mairie de la bourse. En occupant les abords, et principalement les maisons formant l'angle des rues adjacentes, non-seulement on s'opposait à la défense des barricades de ce quartier, mais encore dans leur retraite, les fédérés se trouvaient pris entre deux feux.

Je fus donc, le lundi matin, à la banque, accompagné de MM. d'Anthoine et Piguiet, pour y rallier immédiatement tous nos groupes, mais cette latitude nous fut formellement refusée par MM. M..... et C...... qui, disaient-ils, désiraient conserver la neutralité.....

Ce refus venant contre-carrer mon plan bien arrêté et d'une exécution facile, a été fort préjudiciable à l'armée, la privant ainsi d'un concours efficace. Enfin, mercredi, à cinq heures et demie, M. Ernest Laroque arbora à la Bourse, au milieu des fédérés qui se défendaient encore, le drapeau français; quelques instants plus tard, une compagnie du 8me bataillon venait en prendre possession.

J'ai l'honneur de vous donner les noms des officiers de l'armée, de la garde nationale et ceux des habitants qui, par leur énergie, ont rendu de grands services au parti de l'ordre.

M. *Piguiet*, capitaine en 1er au 5me régiment d'artillerie, en mission, qui avait relevé les différentes batteries et barricades, organisait en ce moment des artilleurs pour enclouer les pièces et se rendre maitre de celles abandonnées par les fédérés.

M. *Ernest Laroque* trente-sept ans, ex-sous-officier de cavalerie, 14 ans de service, 18 campagnes, Crimée, Algérie, Sénégal, décoré de la médaille militaire, ex-capitaine de francs-tireurs de la Presse, employé à la banque de France, a rendu des services signalés à notre cause: proposé pour la légion d'honneur.

M. *Fernand de C.....*, journaliste, vingt-trois ans, bachelier ès-lettres, diplômé pour la langue arabe, élève de l'école des langues orientales, capitaine de francs-tireurs, a fait preuve d'intelligence dans les missions qui lui ont été confiées.

Désigné pour éclairer une des colonnes de l'armée, il a été fait prisonnier et a passé, le 21 mai, devant le conseil de guerre de la deuxieme légion; incorporé ensuite dans le 100me des fédérés, il est parvenu à s'échapper.

M. *Roux de Villebois* (Clément), trente-huit ans, lieutenant au 5me bataillon de la mobile de Seine-et-Oise, employé au chemin de fer de Lyon....... etc....

M. de Villebois, désigné pour éclairer une colonne de l'armée, a été arrêté par les insurgés qui l'ont gardé quelques heures en leur pouvoir

M. *Brille*, négociant, ex-sergent-major de l'armée, ex-capitaine des francs-tireurs et de la garde nationale, placé par moi au comité de sûreté générale, nous a donné des renseignements très-précieux, a fait preuve d'intelligence et d'énergie, s'est beaucoup employé et a obtenu l'élargissement de MM. Corby, peintre, et Chavan, capitaine d'état-major.

M. d'*Anthoine*, propriétaire, s'est mis à notre disposition et nous a rendu des services signalés.

M. *Lamon*, ex-lieutenant de la mobile, ancien sous-officier de l'armée, décoré de la médaille militaire, plusieurs campagnes, a été employé dans le cinquième arrondissement pour rallier les gardes nationaux du parti de l'ordre; serait très-heureux s'il avait un emploi de *surveillant civil* ou militaire.

M. de *Pina*, homme intelligent et énergique, a fourni d'excellents renseignements, s'est occupé à faire élargir M. Lasnier, a travaillé pour la bonne cause dans quatre ou cinq arrondissements.

M. *Galloni d'Istria*, ancien chef de bataillon, était placé à la tête du mouvement qui s'est opéré dans le sixième arrondissement.

M. *Warnier*, capitaine de la garde nationale du sixième arrondissement; chargé d'éclairer une colonne de troupes, il a été arrêté et est demeuré trois jours aux mains des insurgés. Cet officier pourrait être l'objet d'une récompense spéciale.

Bex, officier de la garde nationale, très-intelligent et très-énergique, a fait plusieurs voyages à Versailles, s'est employé à rallier les gardes notionaux, se trouvant sous le coup d'une arrestation, a dû abandonner son domicile. Chargé également d'éclairer une colonne a été fait prisonnier.

M. *Corby*, très-actif, très-énergique, a fait plusieurs voyages à Versailles, a rallié beaucoup d'insurgés à la cause de l'ordre; la Commune l'a fait arrêter, a fait opérer une perquisition et saisi ses papiers, ses armes, un fusil de chasse, un revolver appartenant à l'État. Relâché par les soins de Brille, puis chargé d'éclairer une colonne, il a été de nouveau arrêté durant trois jours.

M. *Prunier*, était entièrement dévoué au parti de l'ordre; il a bien voulu se charger *des fonds mis à notre disposition par M. le ministre de l'intérieur*.

M. *Hermet*, ancien lieutenant de la garde nationale mobile de la Seine, nous a été très-utile dans le mouvement. Il serait très-heureux d'obtenir un emploi dans l'administration civile ou militaire.

M. *Lasnier*, ancien lieutenant de la mobile de la Seine, directeur des factoreries du Congo (Afrique). Ce négociant nous a été très-utile dans l'organisation de nos forces militaires: son arrestation du 13 mai a jeté une grande désorganisation dans tous mes projets. Très-intelligent et très-énergique, je serais heureux de le voir comprendre parmi les chevaliers de la légion d'honneur.

Mme Joséphine *Legros* s'est chargée, plutôt par dévouement que par intérêt, de la confection des brassards, suivant les instructions reçues de Versailles à ce sujet. Arrêtée et conduite à Saint-Lazare, cette dame ne doit sa liberté qu'à l'arrivée des troupes qui l'ont délivrée le 26 mai. Il est du devoir du gouvernement d'accorder à Mme Joséphine Legros, qui n'est pas heureuse, une indemnité pour les dangers qu'elle a courus et les dommages qu'elle a subis.

Au milieu de tous ces actes de dévouement, il m'est pénible d'avoir à vous signaler la conduite peu énergique de M. Ch..... capitaine au corps d'état-major, chargé de nous donner des renseignements sur les portes d'Auteuil, de Passy et Dauphine. Arrêté par les gardes nationaux et enfermé dans la prison de Passy durant cinq jours, *mis en liberté par les soins de M. Brille*, QUE NOUS AVIONS PLACÉ A LA SURETÉ GÉNÉRALE, ce capitaine, complétement démoralisé, se refusa à poursuivre le cours de sa mission.

M. Ch..... était porteur d'un laissez-passer au nom de M. Merle, marchand de vin, et inscrit sur les registres de Richepense sous ce nom-là.

M....., chef de bataillon de la garde nationale, reçut l'ordre de faire prendre les armes aux bataillons de l'*ordre*, si la Commune les licenciait et les désarmait.

L'ordre promulgué, M. le commandant *** a eu la faiblesse d'abandonner ses hommes et d'aller se placer à Versailles sous les ordres du gouvernement. M..... aura à rendre compte des fonds qu'il a reçus et de l'emploi qu'il en a fait.

Tel est le résumé de ce qu'il m'a été donné de faire durant le cours de ma mission. Si l'on considère, d'une part, les obstacles et les difficultés a vaincre, l'incurie de la garde nationale de l'*ordre*, le peu d'appui rencontré dans la population et les ressources modiques avec lesquelles j'opérais; et que l'on envisage, d'autre part, le résultat, les efforts qui ont été faits pour l'obtenir ne peuvent manquer d'être pris en considération. . . . .

DE BEAUFOND,
chef de la mission militaire et politique
du parti de l'*ordre*.

les nommant il ne leur fait courir aucun danger, une personne qui l'assistait, celle qu'il épousa peu d'heures après, donna aux juges ce renseignement, qu'il a dépendu d'eux de vérifier.

« La cour apprit donc que T. Moilin avait trouvé un asile chez un ami intime, son compatriote, médecin comme lui, mais d'une opinion politique différente, conservateur et membre du conseil général de son département: que accueilli d'abord par cet ami à bras ouverts, même avec de vifs remerciments pour la confiance et la préférence qu'on lui accordait, ce dévouement, peu de jours après, avait fait place à la peur; que, le samedi soir 27 mai, cet ami avait prié son hôte de quitter sa retraite et de chercher ailleurs que chez lui un refuge (1) : ce que T. Moilin ne s'était point fait dire deux fois; qu'au sortir de cette maison peu hospitalière, découragé, ne cherchant plus à disputer sa liberté ni même sa vie, il était rentré chez lui, rue de Seine, où, sur la dénonciation de son portier et de ses voisins, il avait été presque aussitôt arrêté et conduit au Luxembourg devant la cour martiale.

« A ce récit se borna la défense de M. Moilin, qui fut immédiatement condamné à mort. La cour voulut bien lui dire que *le fait de la mairie, le seul qu'on put lui reprocher, avait en lui même peu de gravité et ne méritait point la mort;* MAIS QU'IL ÉTAIT UN DES CHEFS DU PARTI SOCIALISTE, DANGEREUX PAR SES TALENTS, SON CARACTÈRE ET SON INFLUENCE SUR LES MASSES, UN DE CES HOMMES ENFIN DONT UN GOUVERNEMENT PRUDENT ET SAGE DOIT SE DÉBARRASSER, lorsqu'il en trouve l'occasion légitime. T. Moilin convint volontiers de tout cela; il reçut d'ailleurs de grands compliments sur la façon convenable et digne dont il s'était exprimé, sur la fermeté exempte d'affectation et de forfanterie qu'il avait montrée; seulement l'un des officiers qui composaient la cour, à propos de cet ami qui l'avait mis à la porte à l'heure du plus grand danger, lui fit observer qu'il avait là un singulier ami.

« Tony Moilin n'eût qu'à se louer de l'urbanité des membres de la cour. On lui accorda sans difficulté un répit de douze heures pour qu'il puisse faire son testament, écrire quelques mots d'adieu à son père, enfin donner son nom à une personne qui lui avait, dans le procès de Blois et depuis, montré les plus rare dévouement. Après ces devoirs remplis, et le 28 mai au matin, Tony Moilin fut conduit à quelques pas du palais, dans le jardin, et *fusillé!*

« Son corps, que sa veuve avait réclamé et que l'on avait d'abord promis de rendre, lui fut refusé. L'on dit, pour raison de ce refus, que l'autorité ne voulait point que Tony Moilin, de qui le parti socialiste ferait sans doute un martyr, devînt l'occasion et le théâtre de rassemblements tumultueux. Sur l'insistance de la famille, M. le général de Cissey a fini par répondre qu'il regrettait qu'on ne pût lui délivrer ces tristes restes, mais qu'ils avaient été confondus avec ceux d'un grand nombre de condamnés et qu'il était impossible de les reconnaître.....

. . . .

Périgueux, 17 juin 1871.
(*Echo de la Dordogne*, communication de la famille Tony Moilin).

(1) Nous ne sommes pas tenus à autant de discrétion et nous croyons remplir un devoir en nommant cet ami d'un genre tout particulier. Il s'appelle *Mauriac* et demeure — ou demeurait rue de Grammont.

Le citoyen MILLIÈRE (2) *recherché à son domicile*, a

(2) Millière, Jean-Baptiste, né à Lamarche (Côte-d'Or), le 13 décembre 1817.

Reçut l'instruction primaire à l'école de son village. A treize ans, il était apprenti dans l'atelier où travaillait son père, ouvrier tonnelier.

Une particularité de la jeunesse de Millière explique tout le reste de sa vie.

Profondément affecté des iniquités sociales dont le prolétariat est victime, il prit la résolution, d'abord timide et vague, mais qui s'est affirmée de plus en plus, de se faire le champion de la classe à laquelle il n'a jamais voulu cesser d'appartenir.

Pour cela il fallait acquérir l'instruction qui est le monopole de la bourgeoisie. A vingt ans, Millière commença seul ses études classiques; avant la fin de la même année, après un travail qui mit sa vie en danger, il était reçu bachelier ès lettres, et quatre années plus tard il obtint le diplôme de docteur en droit, à la faculté de Dijon.

La profession d'avocat, dans l'exercice de laquelle il eut un succès rapide, ouvrait à Millière une brillante carrière; mais il n'y voyait qu'un moyen de se procurer le pain quotidien, et les intérêts particuliers s'effaçaient devant lui dès qu'il trouvait l'occasion de défendre la cause générale.

La révolution de février lui permit de s'y consacrer exclusivement.

Depuis lors il n'a cessé de professer et de propager, par la parole et par la presse, les principes les plus radicaux de la démocratie socialiste. En 1848, il écrivait dans le *Courrier français*, et il fut le collaborateur de Lamennais au *Peuple constituant*. En 1849, il fut appelé à Clermont-Ferrand pour rédiger l'*Eclaireur républicain*, et plus tard il y fonda le *Prolétaire*. Il faisait imprimer à Paris un volume d'*Etudes révolutionnaires*, lorsqu'éclata le coup d'Etat du deux décembre. Condamné en son absence, par la commission mixte du Puy-de-Dôme, à la transportation en Algérie, il n'a jamais voulu publier le récit des tortures que le gouvernement impérial lui a fait subir pendant sa captivité, parce que, disait-il, on ne croirait pas que tant de barbarie soit possible en ce temps-ci, et l'on suspecterait sa véracité.

Après son retour à Paris, Millière entra, comme chef du contentieux, dans une compagnie d'assurances contre l'incendie. En 1869, à propos des discussions électorales, il fut invité par le directeur de cette compagnie à opter entre ses fonctions et la lutte politique. Les journaux du temps publièrent la lettre par laquelle, en réponse à des imputations calomnieuses, il expliqua de quelle façon il sacrifiait sa position aux devoirs que lui prescrivait sa conscience.

Après l'élection partielle du mois de novembre, il concourut avec M. Rochefort à la fondation de la *Marseillaise*, où il traita spécialement la question sociale. On sait quelle fut la carrière orageuse de ce journal, on se souvient de l'assassinat de Victor Noir, du procès de Tours, où Millière, prisonnier (impliqué dans le prétendu complot, dont il fut plus tard relaxé par un arrêt de non-lieu), vint, conduit et gardé par deux gendarmes, déposer contre Pierre Bonaparte ce témoignage qui a produit une si vive impression.

Après le 4 septembre, Millière fut élu chef d'un bataillon de la garde nationale de Paris. Acclamé par le peuple dans la journée du 31 octobre comme membre du nouveau gouvernement provisoire qui devait faire procéder aux élections de la Commune de Paris, il fut révoqué de son grade de commandant et poursuivi avec une extrême rigueur par les hommes du 4 septembre qui avaient repris possession de la dictature, mais la police ne put le faire incarcérer. Taudis qu'il se cachait pour éviter la prison, le 20e arrondissement le nomma son premier adjoint, et en lui conférant l'inviolabilité parlementaire, le peuple de Paris lui rendit la liberté par l'élection du 8 février.

Démissionnaire dans les premiers jours d'avril, Millière ne prit aucune part à la Commune. — Il avait, dans le *Vengeur* du 8 février, sous le titre *Le faussaire*, publié les pièces suivantes constatant les nombreux FAUX commis par M. Jules Favre:

Premier fascicule.

Monsieur Jules Favre,

Des affiches que vous avez fait placarder sur les murs de Paris, et des articles que vous avez insérés dans le *Journal officiel*, après la journée du 31 octobre, il résultait évidemment, pour tout le monde, que l'un des accusés de cet attentat était un faussaire, que vous le connaissiez, et que

fait feu sur le sergent et le caporal chargés de l'arrêter. *Il a été passé par les armes.*

(*Moniteur universel*, 28 mai).

---

l'instruction démontrerait sa culpabilité; puis, quand cette manœuvre plébiscitaire eut produit ses effets, vous avez cru vous en débarrasser au moyen d'une ordonnance de non-lieu.

Je vous l'ai dit, Monsieur, cela ne peut pas se terminer ainsi.

Vous avez indignement violé les promesses solennelles que vous aviez faites au peuple, lorsqu'il est allé vous signifier la révocation d'un mandat dont vous aviez abusé d'une façon si désastreuse pour la République, et c'est nous que vous osez accuser d'attentat à la République, et à qui vous interdisez l'exercice des fonctions que nous ont conférées les libres suffrages de nos concitoyens.

Vous allez plus loin; afin de dissimuler votre félonie, vous avez cherché à donner le change à l'opinion en nous flétrissant par d'odieuses calomnies; vous avez essayé de soulever contre nous l'indignation publique, en nous dénonçant officiellement comme des faussaires et des voleurs.

Si vous avez l'audace de nous traduire devant vos tribunaux, nous verrons quels sont ceux qui ont commis un attentat contre la République; quels sont ceux qui ont provoqué la guerre civile, qui ont fait des arrestations arbitraires, et nous démontrerons que vous et vos complices, vous vous êtes seuls rendus coupables de ces crimes.

En attendant, je vais prouver que le faussaire, c'est vous, Monsieur Jules Favre.

De même que vous avez fabriqué le démenti frauduleux, si insolent et si provocateur, adressé au citoyen Félix Pyat, à propos de la trahison du « glorieux » Bazaine, de même, c'est vous qui êtes l'auteur de la fausse nouvelle d'une victoire dans les Vosges.

C'est vous, car c'est vous qu'aviez intérêt à inventer cette fausse nouvelle, ainsi que le prouve la perfidie avec laquelle vous vous êtes empressé de l'exploiter.

C'est vous enfin, parce qu'à l'œuvre on reconnaît l'artisan, et que j'ai là, sous mes yeux, une liasse de pièces qui montrent que tous les actes de votre vie sont marqués au coin du mensonge et de la fourberie, et que jamais, pour satisfaire votre intérêt ou vos passions, vous n'avez reculé devant le faux et tous les genres de manœuvres frauduleuses.

Ces documents, je les possède depuis longtemps. Bien que dès l'année dernière, j'eusse eu un intérêt personnel à vous les jeter à la face, afin de repousser les calomnies et les outrages dont vous et vos amis m'avez abreuvé, à propos de la réunion privée du boulevard de Clichy, je n'avais pas voulu en faire usage, parce que le rôle d'accusateur public m'a toujours inspiré la plus vive répugnance, et, encore aujourd'hui, je laisserais au temps le soin de vous démasquer, si vous ne m'aviez mis dans la nécessité de le faire.

Poursuivis par vos agents pour les crimes dont vous-même êtes l'auteur, les accusés du 31 octobre sont dans le cas de légitime défense.

Le salut de la patrie m'en fait d'ailleurs un impérieux devoir.

Il importe, en effet, de vous arracher le masque d'hypocrisie, à l'aide duquel vous avez capté une confiance dont vous faites un usage si fatal à la France.

Nous verrons si, après ces révélations, il se trouvera des hommes assez peu soucieux de leur honneur et de leur dignité pour vous admettre dans leurs conseils, et si Paris laissera plus longtemps le sort de la nation en des mains pareilles aux vôtres.

Le plus difficile n'est pas de montrer votre indignité, mais de mettre de l'ordre dans le classement des actes si nombreux qui la constituent. Je suivrai la méthode que vous avez adoptée pour la publication des pièces trouvées aux Tuileries.

Ce premier fascicule se bornera à prouver que vous êtes bien et dûment convaincu d'être un faussaire en écriture publique et authentique.

PREMIÈRE PIÈCE

Département de la Seine. — Extrait des registres des actes de naissance du 1er arrondissement.

« Du 6 novembre 1855, acte de naissance de Marie-Thé-
» rèse-Geneviève, née à Paris, rue Saint-Honoré, 420 bis,
» hier à 5 heures 40 minutes du matin; *fille* de Claude-
» Gabriel-Jules Favre, *propriétaire*, âgé de 46 ans, et de
» Jeanne Charmont, *son épouse*, propriétaire, âgée de 44

......Millière gravit les marches du Panthéon, et, arrivé sous le péristyle, comme il se tenait debout fai-

---

» ans, domiciliés tous deux au domicile susdit, *mariés à*
» *Dijon* (Côte d'Or).
» Déclaration faite devant nous, maire, officier de l'État
» civil du 1er arrondissement de Paris, par le père de l'en-
» fant, assisté de Louis-Alphonse Odiot, propriétaire, et
» de Franck Sain.., lesquels et le père ont signé avec nous,
» après lecture faite. »

Signé: F. Sain, Jules Favre, A. Odiot et Frottin. »

Or, les énonciations de cet acte, en ce qui concerne les pères et mères sont trois fois fausses, et si vous avez produit votre acte de mariage, cet autre acte est aussi faux. En voici la preuve :

DEUXIÈME PIÈCE

Mairie de Dijon (Côte-d'Or).

Dijon, le 14 août 1869.

« Monsieur, j'ai l'honneur de vous faire connaître, en
» réponse à votre lettre du 7 de ce mois, que de 1839 à
» 1855, inclusivement, il n'existe sur les registres de l'État
» civil de Dijon aucun acte de mariage qui soit applicable à
» M. Favre (Claude-Gabriel-Jules) et Mme Charmont (Jeanne).
» Ci-joint l'acte de naissance que vous m'avez communiqué.
» Recevez, monsieur, etc.

Le maire de Dijon, Signé: Joliet. »

Et n'espérez pas, Monsieur, profiter de la circonstance que toute vérification serait aujourd'hui impossible avec Dijon pour dire que cette lettre est une *manœuvre compliquée de faux*, qu'elle a été fabriquée *avec du papier volé à l'Hôtel de Ville par les auteurs de l'attentat du 31 octobre*, car elle porte la preuve de son authenticité.

D'ailleurs, si vous étiez marié avec madame Jeanne Charmont, vous seriez bigame, car cette dame était déjà mariée à un sieur Vernier, qui est encore aujourd'hui vivant, et pour contracter ce second mariage, il vous eût fallu fabriquer un faux acte de décès dudit sieur Vernier. Voici un document qui ne laisse aucun doute à cet égard.

TROISIÈME PIÈCE

Département de la Seine, extrait des registres des actes de naissance du neuvième arrondissement.

« L'an 1839, le 6 mai, devant nous, est comparu
» Louis-Adolphe Vernier, marchand de drap, âgé de 31
» ans, demeurant à Paris, rue Saint-Antoine, n° 184, le-
» quel nous a déclaré qu'il, à dix heures du soir, est né à
» son domicile, et issue de lui et de dame Jeanne Char-
» mont, son épouse, même profession, âgée de 27 ans,
» demeurant avec lui, une fille qu'il nous a présentée à
» l'instant, et à laquelle il a donné les prénoms de Pier-
» rette-Marie-Berthe. En présence de... »

Berthe Vernier s'est mariée le 24 mars 1860. Voici comment, dans son acte de mariage, dressé à la mairie du 2e arrondissement, est formulée la partie relative au consentement des père et mère :

QUATRIÈME PIÈCE

« Par devant nous, etc. Sont comparus Antoine-Marie-
» François Sain, etc., et Pierrette-Marie-Berthe Vernier,
» née à Paris, sur le 9e arrondissement, le 5 mars 1839,
» sans profession, demeurant avec sa mère, à Paris, rue
» d'Antin, 19, majeure, fille de Louis-Adolphe Vernier,
» courtier impérial, demeurant à Alger, rue de la marine,
» n° 8, consentant par acte passé devant Me Auger, notaire
» audit lieu, le 16 janvier dernier, et de Jeanne Charmont,
» son épouse, présente et consentant.
» Lesquels nous ont requis de procéder à la célébration
» de leur mariage, etc. »

Et vous ne pourrez pas prétendre, M. J. Favre, que vous ignoriez soit le mariage de Jeanne Charmont, soit l'existence de son mari, car nous verrons plus tard que vous saviez tout cela, et que, suivant que vous y aviez intérêt, vous faisiez passer le sieur Vernier pour mort, ou vous faisiez procéder contre lui à un domicile imaginaire, que votre fantaisie lui supposait à Paris, afin de lui cacher des actes qu'il avait le plus grand intérêt à connaître.

Ainsi, M. J. Favre, c'est bien vous qui êtes un faussaire; et, comme vous l'avouez dans une lettre, *cette mortelle faute, ajoutée à tant d'autres, a bien souvent troublé votre*

sant face aux soldats, un officier l'obligea à se retourner le visage vers la porte de l'église en tournant le dos à la troupe; mais, par ordre sans doute d'un officier supérieur, on lui fit reprendre sa position première en le forçant à se mettre à genoux.

Millière découvrit sa poitrine et levant en l'air le bras droit cria à haute voix : Vive la République!....... Vive le peuple!... : Vive l'humanité!.... Vive.....

Une décharge de chassepots lui coupa la parole : il tomba inclinant sur le côté gauche.

Sa chemise était percée de balles à l'endroit du cœur, ou apparaissait une large tâche de sang. Une seule balle l'avait frappé à l'œil droit. Un officier s'approcha, s'abaissa sur le cadavre et lui appliquant son revolver dans l'oreille, fit feu. Un sergent franchit à son tour les degrés et lui lâcha le coup de grâce dans

---

repos; car en votre qualité d'avocat, vous le saviez, le code pénal y attache la peine de cinq ans à vingt ans de travaux forcés, et, même en cas d'impunité, vous sentiez, vous l'aviez écrit, que si vos crimes étaient divulgués, vous seriez condamné au suicide ou à mener *une existence justement méprisée*.

Ajoutons un dernier trait non moins caractéristique.

Vous êtes dévot, M. J. Favre; vous pratiquez, vous suivez la procession, vous allez à confesse, chacun le sait; on pourrait donc croire que le crime consommé devant l'officier de l'état-civil, vous ne l'avez pas osé au pied des autels. Et bien, il faut que vos amis renoncent encore à cette illusion; le faux que vous avez commis devant le magistrat civil, dans un acte authentique, vous l'avez répété dans un acte de sacrement, devant votre Sainte Mère l'Eglise.

Ce n'est pas sans peine que j'ai pu me renseigner sur ce point, car, grâce à votre affiliation à la Société de Jésus, vous êtes protégé par *Monseigneur* l'archevêque, et à la sacristie de la Trinité, votre paroisse, on refuse, par ordre, toutes communications d'actes faits par vous. Mais voici ce que j'ai trouvé dans une commune voisine :

CINQUIÈME PIÈCE

Eglise paroissiale de Saint-Pierre et Saint-Paul de Rueil.
Extrait des registres des actes de baptêmes.

« Le 27 du mois d'avril 1856 a été baptisé par nous,
» curé soussigné, Emile-Thérèse-Geneviève, née le 5 no-
» vembre dernier, de M. Gabriel-Jules Favre, avocat à la
» Cour Impériale, et de dame Jeanne Charmont, *son épouse.*
» *Le parrain a été M. Alphonse-François ODIOT*, pro-
» priétaire, etc. Signature : Odiot, E. Favre, Jules Favre,
» Charmont, etc. »

Il serait beau, sans doute, de voir plaider les circonstances atténuantes avec cette rhétorique larmoyante dont vous avez tant abusé pour trahir la République; mais, je vous en avertis, ne venez pas ici évoquer vos grands sentiments, ne parlez pas de *votre cœur*, car on le verra bientôt, vos crimes de faux, de bigamie, de suppression d'état, et ceux qu'il me reste encore à dévoiler, ont eu pour résultat de vous enrichir, et ce n'est que depuis leur succès que vous vivez dans l'opulence, que vous avez eu un hôtel, des chevaux, de nombreux domestiques. C'est ce que démontreront les fascicules ultérieures.

MILLIÈRE.

Deuxième Fascicule

Monsieur Jules Favre,

Dans ma dernière lettre, j'ai produit les documents authentiques qui prouvent que vous êtes un faussaire en écriture publique, et que, par conséquent, vous avez encouru la peine des travaux forcés à temps, d'où il résulte que le sort de la France est actuellement entre les mains d'un galérien, ou, ce qui est pire encore, d'un criminel qui n'a pas expié ses forfaits, et qui n'a pas même le mérite d'un forçat libéré.

Il me reste à vous démontrer que vous avez eu recours à des moyens plus infamants encore pour vous assurer le bénéfice de vos crimes, et que l'opulence dont vous jouissez en est le résultat.

Ce second fascicule contient la suite des actes par lesquels vous l'avez préparé.

Ces actes peuvent être envisagés à un triple point de vue.

Il va sans dire que je n'ai nullement l'intention de m'ingérer dans votre vie privée.

Même sous le rapport moral, vos actions publiques échapperaient à toute critique si, accomplies loyalement, selon les inspirations de la conscience, elles ne se trouvaient pas en contradiction flagrante avec vos hypocrites démonstrations de respect pour les préjugés sociaux et les superstitions religieuses.

Mais chacun à le droit d'examiner au point de vue juridique les actes qui vous caractérisent, et mes intérêts de citoyen et d'accusé m'en font un devoir.

Le sieur Vernier plaidait en séparation de corps contre Jeanne Charmont, sa femme, lorsque celle-ci s'adressa à vous pour défendre sa cause.

Peu de temps après, vous vous présentiez à la mairie et vous y faisiez dresser l'acte que voici :

SIXIÈME PIÈCE

« Département de la Seine, extrait du registre des actes
» de naissance du premier arrondissement, du 25 novembre
» 1845, à une heure du soir.

» Acte de naissance de Jeanne-Gabrielle-Marie-Cécile, pré-
» sentée et reconnue être du sexe féminin, née à Paris, rue
» de Ponthieu, n° 3 le 22 du courant, à quatre heures du
» soir, *fille de père non dénommé* et de Jeanne Charmont,
» rentière, âgée de trente-deux ans.

» Déclaration faite par devant nous, maire officier de
» l'état-civil du premier arrondissement, par C. Daramont...,
» assisté de Jules Favre, avocat, âgé de 36 ans, demeurant
» rue der Choiseul, n° 9. »

Pourquoi ce père non dénommé? Vous êtes avocat, maître Favre. Vous ne pouvez pas ignorer l'article 312 du Code civil : « L'enfant conçu pendant le mariage a pour père le mari. »

C'est là l'état de l'enfant, et vous saviez que tout acte qui tend à le lui enlever est un crime que les lois punissent de peines infamantes. C'est l'une des formes du faux.

Et c'est vous, vous qu'on ne peut plus qualifier justement sans outrage, c'est vous, faussaire, qui avez l'impudence de nous accuser, de nous diffamer officiellement, d'user, pour nous calomnier avec impunité, de la position que nous vous avons nous-mêmes confiée! Mais ce n'est pas tout :

SEPTIÈME PIÈCE

« L'an 1849, le mardi 28 août, à 9 heures du matin, de-
» vant nous Etienne Rampal, adjoint au maire de la com-
» mune de Sceaux, officier public de l'état civil, a comparu
» Gabriel-Jules Favre, âgé de quarante ans, avocat à la Cour
» d'appel, domicilié à Paris, rue Choiseul, n° 9.

» Lequel nous a présenté un enfant du sexe masculin, né
» le 25 de ce mois, à 11 heures et demie du soir, à la maison
» de campagne par lui habitée dans catte commune, rue
» Houdan, n° 6, *de lui déclarant et de Mademoiselle Jeanne*
» *Charmont*, âgée de 37 ans, résidant dans la maison sus-
» désignée, non mariés.

» Auquel enfant M. Jules Favre déclare donner les
» prénoms de Marie-Jean-Baptiste-Louis-Jules, etc. »

Ainsi, vous ne vous bornez plus, comme dans l'acte précédent, à supprimer l'état d'un enfant légitime, vous donnez à celui-ci l'état d'enfant adultérin. Il ne vous suffit plus de dire que l'enfant de la femme Vernier n'a point de père; vous lui attribuez un père autre que le mari de la mère.

On le voit, nous marchons sur une route qui semble, à chaque étape, ornée d'une nouvelle *manœuvre compliquée de faux*; et n'était la différence résultant de votre élévation politique, qui vous permet d'employer les colonnes de l'*Officiel*, les murailles de Paris, et la servilité de votre commis à la préfecture de police, il n'apparait pas que vous ayez fait de nouveaux progrès dans cet art où vous vous étiez déjà montré si habile, longtemps avant la fameuse nouvelle que vous avez imaginée pour les besoins de votre plébiscite et de vos rancunes.

Mais nous sommes encore loin du but. Jusqu'ici nous n'avons trouvé que des manœuvres compliquées de faux, nous allons les voir compliquées d'escroqueries.

Dans l'acte du 24 novembre 1845 (pièce n° 6) vous aviez dépouillé Jeanne-Gabrielle-Marie-Cécile Vernier, de toute paternité : vous n'aviez alors aucun intérêt à lui en donner une. Mais treize ans après, vous savez que cette jeune fille

la tête. Le crâne éclata en plusieurs morceaux et Millière fut complétement défiguré (*Gaulois*, 30 mai).

va être appelée à recueillir une part dans l'opulente succession d'un célibataire, dont la santé déclinait à vue d'œil; c'est alors qu'avec cet élan de cœur, qui ne vous abandonne jamais, vous prenez la résolution de vous attacher à elle par les liens de la paternité :

HUITIÈME PIÈCE

« Par acte passé devant Mᵉ Aumont-Tiéville, notaire, à » Paris, en présence de témoins, le 19 mai 1858, enregis- » tré, Claude-Gabriel-Jules Favre, a reconnu pour sa fille » l'enfant inscrit ci-contre.

» La présente mention, faite sur avis, par nous, greffier » soussigné, ce 20 juin 1867.

Signé : Penaud. »

Peut-être devrais-je, après la preuve de la reconnaissance effectuée par vous, des deux enfants nés pendant le mariage des époux Vernier, indiquer de suite l'usage que vous en avez fait pour vous approprier une fortune considérable, car c'est là une de vos plus savantes manœuvres compliquées de faux et d'escroquerie; mais je ne veux pas interrompre l'exposition de l'interminable série des actes frauduleux dont vous avez rempli les greffes et les sacristies.

Voici d'abord l'acte de mariage de la jeune Gabrielle Vernier, reconnue par vous la veille du jour où vous saviez qu'une succession allait lui échoir:

NEUVIÈME PIÈCE

Préfecture de la Seine. — Extrait du registre des actes de mariage du 8ᵉ arrondissement.

« Le 17 juillet 1867, à 10 heures du soir, acte de maria- » ge, de P... M... Delrio... et de Gabrielle Marie-Cécile » Favre, sans profession, née à Paris, le 22 novembre 1845, » y demeurant avec son père, rue d'Amsterdam, nº 87, fille » majeure de Claude-Gabriel-Jules Favre, avocat, membre » du Corps législatif et de l'Académie française, âgé de 57 » ans, présent et consentant, et de Jeanne Charmont *dont* » *l'existence est ignorée*. »

Cet acte, entaché de faux comme tous les autres, a cependant un caractère plus décidé; on y voit que l'habitude vous a tout à fait familiarisé avec la fraude; vous dédaignez les timidités auxquelles vous avez quelquefois cédé dans les actes antérieurs, et vous êtes désormais parfaitement préparé aux audaces des manœuvres frauduleuses et compliquées de faux que vous pratiquerez contre la République et ses défenseurs.

Ainsi, dans l'acte du 17 juillet 1867, vous ne déguisez plus vos qualités sous le titre banal de *propriétaire*, vous les étalez, au contraire, avec complaisance. Ensuite, on ne parle plus de l'acte par lequel vous vous êtes attribué la paternité de cette jeune fille, vous en êtes carrément le père. LE PÈRE qui marie SA FILLE, c'est M. Jules Favre, avocat, membre du Corps législatif et de l'Académie française.

La mère y est désignée aussi peu que possible; toutefois, c'est toujours Jeanne Charmont, mais l'officier de l'état civil, s'étonnant de ne pas la voir pour donner son consentement, s'informe de la cause de cette absence, et vous lui répondez avec votre assurance imperturbable : on ne sait ce qu'elle est devenue; en conséquence, on écrit dans l'acte « Son existence est ignorée, et l'on passe outre!

Je ne méconnais pas l'habileté de cette *manœuvre compliquée de faux*. Jeanne Charmont n'était, à l'égard de son mari, qu'en rupture de ban, et l'on a pu remarquer que cette femme, qui affectait une très-grande dévotion, s'est constamment tenue à l'écart de tous les faux que vous avez commis. Or, si elle eût été présente à l'acte de mariage de sa fille, on aurait pu, de question en question, arriver jusqu'au sieur Vernier, et dévoiler les mystères de la succession O... Vous avez senti le danger; pour l'éviter, vous avez du même coup supprimé la femme et son mari, le père et la mère!

Cet acte n'est pas seulement une *manœuvre compliquée de faux* destinée à vous enrichir, c'est encore un mariage nul, puisque le père légal n'y a pas consenti. Et qu'arriverait-il, je vous le demande, maître Favre, si l'un de vos émules s'avisait de reconnaître par devant le notaire, les enfants qui peuvent naître de cette union.

DIXIÈME PIÈCE

Mairie de la ville d'Alger.

Alger, le 10 Septembre 1869.

» M..., je m'empresse de vous faire connaître que le » nommé Vernier, Louis-Adolphe, courtier maritime, dont » vous me demandez l'acte de décès, est parfaitement » vivant et qu'il n'est même pas dans un état de santé qui » puisse faire présumer sa fin prochaine.

» Si vous prétendez que cette lettre a été fabriquée *avec* » *du papier volé à l'Hôtel de Ville*, au moins ne pourrez- » vous pas dire que c'est par *les auteurs de l'attentat du* » *31 Octobre*. Néanmoins, comme il pourrait vous arriver » de risquer un démenti indigné, ainsi que vous savez si » bien les donner, j'ajoute deux documents. »

ONZIÈME PIÈCE

(Extrait d'une lettre écrite d'Alger en juin 1870.)

» L'époux de Mᵐᵉ Jules Favre est ici, et ses habitudes le » portent à marcher en zig-zag dès le matin. Quand il a » soif, il écrit à Paris qu'il arrivera, et on lui envoie de quoi » se rafraîchir. Quand le grand homme est ici, il voit cons- » tamment son associé. »

DOUZIÈME PIÈCE

(Ville de Rueil. Etat civil.)

Du 11 juin 1870, à 9 heures du matin.

« Acte de décès de Jeanne Charmont, sans profession, âgée » de 58 ans, née à Verisey (Saône-et-Loire), décédée à Rueil » en son domicile, boulevard de St-Cloud, nº 8, hier, à quatre » heures du soir, *épouse de M. A. Vernier, domicilié en* » *Algérie*.

» Les témoins ont été, etc. — Le maire : Adrien Carmail. »

Donc, plus de dénégations possibles, monsieur Jules Favre, et vous devez désormais renoncer à vos démentis. Il résulte de ce qui précède : que le sieur Vernier est bien vivant, et que sa femme, Jeanne Charmont, cette mère que dans l'acte de mariage de Gabrielle Vernier, vous déclariez être inconnue, vivait avec vous, dans votre hôtel de la rue d'Amsterdam et dans votre maison de campagne de Rueil, où elle est morte subitement le 10 Juin 1870.

Le hasard a voulu que vous fussiez absent lors de cet événement, voilà pourquoi, par exception, l'acte de décès est exempt de toutes *manœuvre compliquée de faux*; mais vous vous êtes rattrapé à l'Eglise. Voici le billet que vous avez fait distribuer dans le monde que vous connaissez, et que vous trompiez jusque sur le bord de la fosse qui allait se refermer

TREIZIÈME PIÈCE

« M., vous êtes prié d'assister au convoi, service et enter- » rement de madame Jules Favre, décédée à Rueil, le 10 » Juin 1870, dans sa cinquante-huitième année, qui auront » lieu le mercredi 15 courant, à dix heures très-précises, en » l'église de Rueil. On se réunira à la maison mortuaire. — » *De profundis*.

« De la part de M. Jules Favre, M. et Mᵐᵉ Allard, M. et » Mᵐᵉ Martinez, Mˡˡᵉ Geneviève Favre, M. Jules Favre, Mᵐᵉ » veuve Pasquier, M. Pierre Charmont, M. Paul Martinez, » etc., etc.

Suivant l'usage, ce document n'est pas signé, et, à la rigueur, pour lui, comme pour les journaux qui en ont reproduit la substance, comme pour la fausse nouvelle envoyée par vous au journal le *Temps*, le 2 novembre, vous pourriez la renier et l'imputer à vos adversaires politiques. Eh bien! osez faire cela, monsieur Favre, je vous en défie.

En attendant, je vous *dénonce à l'indignation publique*, comme ayant, dans cette circonstance encore, exercé une *manœuvre impliquée de faux*, destinée à dépister les recherches sur vos pratiques frauduleuses.

En parcourant cette longue série d'actes frauduleux, laissés impunis par la magistrature, le cœur se soulève de dégoût devant le spectacle de tant de turpitudes, et j'entends le jury de l'opinion publique s'écrier : assez, assez.... sur mon honneur et ma conscience, oui, l'accusé est un misérable.

Que sera-ce donc lorsqu'il verra remuer le cloaque des manœuvres pratiquées par vous, monsieur Jules Favre, pour vous emparer de l'opulente succession de M. Alphonse O., de complicité avec certains juges de l'empire, sans le concours desquels vous n'eussiez pu atteindre votre but.

Ce sera l'objet d'un troisième fascicule.

MILLIÈRE.

Troisième fascicule

Monsieur Jules Favre,

En 1858, un ancien négociant M. Alphonse O..., riche célibataire, vivait dans un appartement somptueux de la rue du Faubourg Poissonnière. Rien ne semblait mystérieux dans la vie de cet honnête citoyen, seulement on remarquait qu'il ne fréquentait plus les membres de sa famille. C'est que, ancien ami de Jeanne Charmont, il était devenu votre client, et pendant de longues années il plaida contre ses parents devant toutes les juridictions.

Dans la conduite de ses affaires, vous vous êtes montré, maître Favre, égal à vous-même. Vous souvient-il de cette scène si bien jouée d'une plaidoirie avec un bras en écharpe devant l'*intègre* président Delangle ? Mais on ne vous reconnaîtrait pas tout entier si vous n'aviez trouvé le moyen d'accuser vos contradicteurs d'un faux ou d'une manœuvre frauduleuse. Les adversaires de M. Alphonse O..., votre bien *cher ami*, invoquaient l'une des clauses d'un contrat de mariage. Vous avez soutenu que les énonciations de ce contrat étaient *fausses*; or, vérification faite, on reconnut que l'acte portoit votre propre signature. C'était en effet le contrat de mariage de l'un de vos amis, contre qui vous plaidiez, en attendant que vous puissiez le dépouiller à votre profit de la part qui devait légitimement lui revenir de la succession de M. O...

Ces proces durèrent longtemps. Un premier jugement rendu le 30 Décembre 1854, fut infirmé par un arrêt de la Cour de Paris du 27 août 1855. A son tour cet arrêt fut cassé par la Cour de cassation, et ce n'est que le 5 Juillet 1858 que l'affaire reçut une solution définitive devant la Cour d'Orléans.

Sous l'empire des sentiments que ces luttes durent lui inspirer contre sa famille, M. Alphonse O. fit un testament olographe ainsi conçu :

QUATORZIÈME PIÈCE

« ..... Je donne et lègue tout le surplus de ma succes-
» sion à Jules, Berthe, Gabrielle et Geneviève, enfants de
» madame dite par nous Mme Julie, demeurant à Paris, rue
» d'Antin, nº 19, lesquels enfants j'institue mes légataires
» universels en toute propriété. »

Comment ce testament fut-il obtenu ? Nul ne sait ce qui s'est passé dans vos entretiens secrets avec votre client, mais on ne peut se dispenser de remarquer que le voyage que vous avez fait à Orléans avec M. Alphonse O... pour plaider son procès contre sa famille, coïncide avec le fameux acte du 19 mai 1858 (pièce nº 8), par lequel vous avez prétendu être le père non dénommé dans l'acte de naissance de Gabrielle, alors âgée de treize ans, et que cet enfant est l'un des légataires universels institués par le testament de votre client.

M. Alphonse O., est mort le 14 juillet 1869, de la maladie qui le minait depuis longtemps.

A l'ouverture de son testament, ses héritiers naturels se demandèrent : Quelle est donc cette femme qualifiée : Madame, dite par nous Mme Julie, dont les enfants vont nous dépouiller? Au domicile indiqué, rue d'Antin, 19, on ne connaissait aucune dame, *dite Mme Julie*, et ils entrevoyaient la caducité du legs, lorsque M. O, aîné reçut votre visite, maître Favre. Vous veniez, de votre ton le plus larmoyant, lui faire vos compliments de condoléance sur la mort de son frère, et lui exprimer les regrets que vos ENFANTS fussent appelés à recueillir en entier une si opulente succession. Mais ..... ils étaient mineurs, vous n'y pouviez rien ! C'était, dit-on, véritablement touchant.

M. O. ne fut, lui, touché que d'une chose ; l'étrangeté de votre démarche. On raconte que son esprit, aiguillonné par le dépit de se voir frustrer, se donna large carrière aux dépens de votre dignité, qu'il s'égaya sur votre plaisante prétention de lui faire croire que son frère, dans l'intimité, vous appelait *Mme Julie*.

Si je voulais amuser le public, il y aurait là le sujet d'une scène très-comique ; mais je ne veux rire ni avec vous, ni de vous, monsieur, mon seul but est de vous montrer à la France tel que vous êtes sous votre masque, afin qu'elle puisse prononcer sur les accusations que vous nous avez adressées et que nous vous renvoyons. C'est pourquoi je viens vous rappeler les manœuvres compliquées de faux auxquelles vous avez eu recours pour éluder les difficultés qu'allait vous susciter la résistance des héritiers O.

Ces difficultés étaient graves. Pour vous emparer de la succession il fallait établir : 1º qu'il existait une femme *dite par nous Mme Julie*; 2º que cette dame était mère d'enfants portant les noms exprimés au testament ; 3º que ces enfants étaient vivants ; 4º qu'ils étaient les vôtres, et que vous aviez le droit d'administrer leurs biens.

En supposant que vous parvinssiez à faire admettre que *Mme Julie* était cette Jeanne Charmont, qui demeurait chez vous, rue d'Antin, nº 19, l'état des enfant ne pouvait se prouver que par la production de leur acte de naissance ; or ces actes n'avaient pas tous été rédigés sur vos déclarations, par conséquent, ils n'étaient pas tous faux ; l'un d'eux, celui de la mineure, Berthe, avait été fait loyalement pour l'époux, de sa mère, dont il révélait le mariage ; les actes de naissance des trois autres enfants ne pouvaient concorder avec l'existence de son mariage ; ils allaient donc dévoiler le faux acte de décès du sieur Vernier, si vous l'aviez produit à Dijon pour épouser Jeanne Charmont, sa femme, ou si réellement vous n'aviez pas contracté ce mariage, on allait découvrir et les suppressions d'état et vos nombreux faux, c'est-à-dire une série de crimes à rendre jaloux les plus pervers des pensionnaires de Toulon.

Ah ! M. Jules Favre, vous eûtes alors, comme vous l'avez écrit de votre main, *bien peur d'être à la veille d'une terrible catastrophe....* (Textuel).

En tout cas, ces actes, aussi bien que le testament — qui ne vous reconnaissait en aucune façon la qualité de père des légataires universels — excluaient toute possibilité pour vous d'exercer les droits de ces enfants. La règle du père nuptial : *Pater is est quem nuptiæ demonstrant*, et l'interdiction de reconnaître les enfants adultérins, vous opposaient un obstacle légalement invincible.

Mais votre genre familier, le génie du faux et des manœuvres frauduleuses, un instant abattu en vous, se releva bien vite, et comme dans l'instruction relative à la fausse nouvelle adressée au journal le *Temps*, on vit la magistrature impériale venir à votre aide pour vous tirer d'embarras:

QUINZIÈME PIÈCE

Du 26 novembre 1859.

« Ordonnance de référé, annexée au procès-verbal de le-
» vée des scellés apposés le 14 juillet 1859, après le décès
» de M. Alphonse O.

» Attendu que les quatre mineurs désignés par le testa-
» ment n'ont pas pour représentant légal la dame leur
» mère, *mais le père naturel qui les a reconnus* pour trois
» d'entre eux, et le père indiqué par l'acte de naissance
» pour l'aîné desdits enfants ; que ce sont les représentants
» légaux qui doivent être sommés...

» Disons que dans l'état il n'y a pas lieu de passer outre
» à la levée des scellés, et qu'il ne pourra être procédé
» qu'après que le père de l'aîné des mineurs et le père na-
» turel des trois autres mineurs auront été sommés en leurs
» dites qualités. »

Ainsi, selon le président du tribunal civil de la Seine, comme selon vous, maître Favre, avocat et député, les enfants nés pendant l'existence du mariage de leur mère et non désavoués peuvent avoir pour père les uns le mari, les autres l'amant de la mère, et si ces enfants sont institués légataires universels, la *justice* pourra distribuer, à son gré, leur paternité a ses favoris !

On pourrait croire que cette œuvre monstrueuse du président du tribunal de Paris, a été le résultat d'une erreur, que vous l'avez surprise à la bonne foi du magistrat, et que plus tard elle a été réformée par la justice mieux éclairée. Non, non, cette manœuvre frauduleuse était parfaitement combinée avec les magistrats, car elle a été confirmée et complétée par le tribunal lui-même, première chambre, en présence et sur les conclusions du procureur impérial, préposé, comme on sait, pour veiller aux intérêts des mineurs et au respect de la loi.

Cependant vous étiez loin du but. En vous faisant déclarer, par des magistrats complaisants, représentant légal des trois plus jeunes enfants de la femme Vernier, vous n'aviez parcouru que la moitié du chemin. N'ayant pu ni détruire, ni falsifier l'acte de naissance de Berthe Vernier, le père devait nécessairement figurer, pour la représenter, dans

et le fit mettre en joue. Ce ne fut qu'à la troisième fois qu'il se décida à faire cesser son supplice.

(*Droits de l'homme*, 15 juin. Lettre particulière d'un membre de la *Ligue d'union républicaine* des Droits de Paris, 11 juin).

M. Protot (1) ministre de la justice de la Commune, a été arrêté hier à Paris et *fusillé séance tenante*, après constatation de son identité.....

Quelques-uns de ces scélérats meurent avec un courage digne d'une meilleure cause.

(*Paris-Journal*, 28 mai).

Jules Vallès (2) a été fusillé hier par les pompiers de Rouen qui l'avaient arrêté dans une cave.

(*Gazette de France*, 28 mai).

Charles Martin et Vidal, délégués de la Commune, ont été *fusillés*.

(*Idem*, 28 mai).

......Vidal, membre du comité central, fut transporté blessé à l'ambulance du Luxembourg; on allait lui faire subir l'opération de la désarticulation de l'épaule. Des officiers et des soldats entrent à l'ambulance.

— Remettez-nous cet homme!

Les médecins protestent,

— Il ne s'agit point de tout cela! Soldats, enlevez-le!

On le porte dans la cour, on l'y jette et on le *fusille*.

(*Droits de l'homme*, 15 juin, corresp. part. du 11).

Un soldat nous a raconté qu'avant-hier il faisait partie d'un peloton qui a fusillé au Champ-de-Mars un général fédéré. Cet individu se cachait sous des vêtements bourgeois et a été dénoncé par un de ses gardes qui venait de le reconnaître, au moment où lui-même était arrêté. Ce misérable a eu l'audace d'offrir mille francs à ses exécuteurs s'ils voulaient lui laisser la vie sauve.

(*Soir*, 29 mai).

Le nombre des insurgés tués (killed) ne sera probablement jamais connu. *Dans les casernes, près de l'Hôtel-de-Ville, toute l'après-midi d'hier, on a fusillé*

---

l'instance relative à la succession O., si Vernier s'était présenté, non-seulement il aurait pris le quart revenant à sa fille aînée, mais encore il n'aurait pas manqué de vous expulser complètement, en vertu des articles 312 et 335 du code civil, et de s'emparer de la totalité de la succession léguée aux quatre enfants. Il eût bien fallu lui restituer les droits dont l'ordonnance du président et le jugement du tribunal l'ont frustré, l'immense fortune dont vous jouissez actuellement lui eût été attribuée en entier, et vous eussiez perdu le fruit de toutes les manœuvres frauduleuses par lesquelles vous aviez si laborieusement préparé la spoliation. C'eût été échouer au port.

Vous avez su, maître Favre, trouver le moyen de parer à un tel danger, et voici la manœuvre compliquée de faux à laquelle vous vous êtes livré. Elle couronne admirablement l'édifice de vos crimes, c'est un trait de génie, simple comme les grandes idées, et vous n'avez pas eu pour cela besoin de voler du papier à l'Hôtel de Ville.

Le sieur Vernier habitait déjà depuis longues années, comme il habite encore, à Alger, rue de la Marine, n° 8, où il exerçait la profession de courtier impérial. Vous le saviez parfaitement, puisque vous étiez en correspondance suivie avec celui que la pièce énoncée sous le n° 11 appelle si pittoresquement votre associé; et vous ne pouvez pas le nier, car ceci se passait au mois de février 1860, l'époque où Vernier vous envoyait son consentement au mariage de sa fille aînée (pièce n° 4), consentement donné par un acte notarié du 16 janvier précédent, qui indique nettement son domicile.

C'est à ce domicile, rue de la Marne, n° 8, à Alger, que devaient être signifiés au sieur Vernier tous les actes relatifs à la liquidation de la succession O..., or,

SEIZIÈME PIÈCE

« Par exploit de Porcher, huissier à Paris, en date du 26
» novembre 1859, annexé au procès-verbal de levée des
» scellés, sommation est signifiée, au sieur Vernier, *à Pa-*
» *ris, rue des Mauvaises-Paroles, n° 2*, ou ne trouvant
» personne qui puisse indiquer l'adresse, la signification
» est faite au parquet du procureur impérial. »

De cette façon, vous étiez bien sûr, maître Favre, que Vernier ne connaîtrait pas la procédure, qu'il ne se présenterait ni devant le tribunal ni à aucune des opérations de la succession. C'est, en effet, ce qui eut lieu.

DIX-SEPTIÈME PIÈCE

Tribunal civil de première instance de la Seine. Première chambre. Du 14 février 1860.

« Jugement définitif, par défaut, contre Vernier, après
» réassignation au même domicile, proclamant les droits
» de Jules Favre, comme représentant légal de ses enfants
» naturels reconnus, encore en minorité, et déclarant le
» jugement commun avec le sieur Vernier, défaillant,
» comme administrateur de Berthe Vernier, sa fille mi-
» neure : tous les dits mineurs habiles à se dire légataires
» universels de feu M. Alphonse O. »

Le tour était joué. Vernier, ignorant la procédure faite contre lui, en son absence, était écarté, et vous restiez seul détenteur de l'opulente succession O... à laquelle vous n'aviez aucune espèce de droit.

Voilà, monsieur, tout ce que je peux vous dire aujourd'hui. Non que je manque de matière, l'histoire de vos *méfaits* est une mine inépuisable, et j'ai là, sur ma table de travail, un mémoire imprimé où je pourrais prendre une preuve nouvelle d'accusation de faux lancée par vous avec autant d'impudence que de perfidie contre un homme devant lequel, souvenez-vous en, vous n'avez pas le droit de porter le front haut.

Je pourrais aussi raconter l'histoire de cette propriété vendue par Jeanne Charmont; je pourrais encore vous rappeler vos agissements à la mort de l'homme que M. de Morny appela un jour votre gendre... Mais ce serait vous faire la part trop belle aux yeux de ceux qui veulent que, sous prétexte de mur de la vie privée, on puisse être impunément un misérable. Je n'ai, au surplus, pas besoin de cela pour tenir la promesse que je vous ai faite.

J'ai dit qu'à défaut de votre juge d'instruction, je découvrirais l'auteur de la *manœuvre compliquée de vol et de faux*, que vous nous avez imputée. J'ai tenu parole.

Il est incontestable que vous et vos complices aviez seuls intérêt à cette manœuvre plébiscitaire, et j'ai démontré, par tous vos antécédents, que vous seul êtes capable de l'avoir pratiquée.

Que l'*indignation publique*, à laquelle vous nous avez dénoncés avec tant de perfidie, retombe de tout son poids sur votre tête, et que la population parisienne, mieux éclairée, vous ôte enfin le pouvoir de consommer la trahison si manifestement révélée par tous les actes de votre dictature.

Millière.

(*Vengeur*, 8 février).

Ceci rappelé, au risque de troubler le sommeil de M. Jules Favre, nous annoncerons aux lecteurs que Millière, *Millière le fusillé*, n'est pas mort. Il a survécu à son exécution, accomplie cependant dans les règles : ramassé par un passant qui a découvert dans ce cadavre quelque signe de vie, il vit et est depuis quelques jours à l'abri des balles de l'ancien ministre des affaires étrangères. C'est pourquoi nous osons parler de sa résurrection.

(*Note de l'éditeur*).

. . . .

(1) Encore un fusillé, par erreur : Protot blessé à la défense des barricades, est parvenu à gagner l'étranger. Versailles s'en apercevra un jour ou l'autre.

(2) Le Vallès ainsi executé n'était pas plus Vallès que le pauvre diable déjà fusillé sous ce nom le 25.

des défenseurs de la Commune (1). Après chaque décharge de chassepots, les voitures d'ambulance fermées approchaient et on y jetait les cadavres.

(*Agence télégraphique Reuter*, Versailles, 28 mai).

Les exécutions ont été épouvantables; on évalue à plus de DEUX MILLE le nombre des personnes qui ont déjà été fusillées sur la rive gauche de la Seine seulement. Ce n'est évidemment qu'une petite partie du chiffre total. Partout où l'on voit sur les parapets des quais des femmes et des enfants se pencher les yeux fixés sur la berge, on peut être sûr que cette curiosité est motivée par un tas de cadavres hideusement mutilés de fédérés, entraînés et fusillés contre le mur. Sur les pentes qui mènent des quais à la Seine, on peut aussi constater des inégalités de terrain..... Ce sont des tombes!

(*Times*, correspondance part. du 27 mai).

Qui ne se rappelle, s'il l'a vu, ne fut-ce que pendant quelques minutes, le square, *non, le charnier* (1) de la tour St-Jacques! Là on avait enseveli, sous une mince couche de terre, dans des tranchées, des cadavres ramassés au hasard, et quand on en avait le temps, on reprenait ces cadavres qu'on empilait dans des fourgons. Des bras, des têtes, des jambes sortaient du sol, çà et là.

Où il y avait eu des fleurs, il y avait des morts, et quelle hécatombe!

Des cavaliers, le pistolet au poing, passent conduisant des prisonniers, on en fait par centaines. Des femmes sont avec eux, leurs complices. Elles ont eu toutes les violences.

Et des enfants les imitaient. Ils avaient sucé le lait de leurs mamelles. Et la perversité leur était venue avant l'âge (?).

(*Temps*, 28 mai).

Versailles, 28 mai.

A la tête de l'un des convois de prisonniers arrivés hier à Versailles, marchait le colonel Okolowitz, dont l'attitude fière et digne, il faut le reconnaître, contrastait étrangement avec celle de ses compagnons. C'est un homme de trente-cinq ans, petit, maigre et brun. Il était en bourgeois. Une femme, jeune encore, assez belle, vêtue de noir, marchait à ses côtés, appuyée à son bras. Quoique ayant les larmes dans les yeux et une pâleur mortelle sur le visage, la malheureuse s'avançait d'un pas ferme, et, sous le voile qui couvrait ses traits, son regard défiait la foule.

(1) Pendant qu'une partie de Paris se tordait dans les flammes, que des gens réfugiés dans les caves étaient ensevelis vivants sous les décombres des maisons qui s'écroulaient, savez-vous à quoi passaient leur temps quelques petits crevés légitimistes qui hantent le club de l'*Hôtel des Réservoirs?* Ils s'étaient échappés de Versailles pour aller faire bombance au *Pavillon Henri IV*, le restaurant aristocratique de Saint-Germain, dont Mmes de Pourtalès, de Galiffet et tant d'autres héroïnes du second empire connaissent les moindres détours.

Anna Délion et Blanche d'Antigny avaient été conviées à la fête. De la magnifique terrasse de Saint-Germain, à l'extrémité de laquelle se trouve le restaurant en question, les convives avaient tout le panorama de Paris incendié, ... Les fenêtres étaient ouvertes. De la rue on entendait les refrains de quelque gaudriole d'Offenbach, alternant avec les chocs des verres. On chantait, on riait, on buvait alternativement à la santé de Blanche d'Antigny et de Henri V, d'Anne Délion et du duc d'Audiffret-Pasquier. *Paris brûlait et le souper continuait.....*

(*Suisse radicale*. Versailles, corresp. part. du 1er juin)

Le citoyen LESCURE, l'un des discoureurs les plus violents des réunions publiques, avait été arrêté et compris dans un convoi de prisonniers arrivés avant-hier à Versailles.

Il avait été renfermé avec ses compagnons de voyage, dans les caves de la caserne de la place d'Armes.

Hier matin, un des officiers lui ayant donné un ordre auquel il refusa d'obéir, il s'engagea entre eux un colloque à la suite duquel il donna un soufflet à l'officier.

Immédiatement Lescure fut emmené *et fusillé dans une des cours du bâtiment.*

Une demi heure après, son corps, placé dans un fourgon, se dirigeait du côté de Satory.

(*Siècle*).

28 mai

Le maréchal Mac-Mahon a exécuté sa menace contre Belleville. Toute la nuit on a tiré à BOULETS ROUGES sur le quartier. UN GRAND NOMBRE DE MAISONS SONT EN FLAMMES.

(*Siècle*, Versailles, 28 mai).

Le ministre de l'intérieur au préfet du Rhône.

L'insurrection est définitivement vaincue.

Les buttes Chaumont et les hauteurs de Belleville ont été enlevées. ERNEST PICARD.

(*Versailles, 28 mai, 9 h. 11 matin*).

REPUBLIQUE FRANÇAISE

Liberté, Egalité, Fraternité

Le chef du pouvoir exécutif à toutes les autorités civiles et militaires.

Nos corps d'armée, chargés d'opérer sur la rive droite, étaient dès hier au soir rangés en cercle au pied des buttes Chaumont et des hauteurs de Belleville. Cette nuit, ils ont surmonté tous les obstacles. Le général Ladmirault a franchi le bassin de La Villette, l'abattoir, le parc aux bestiaux et gravi les buttes Chaumont et les hauteurs de Belleville.

Le jeune Davoust, *si digne du nom qu'il porte*, a enlevé les barricades, et, au jour, le corps Ladmirault couronnait les hauteurs. De son côté, le corps de Douai partait du boulevard Richard-Lenoir pour aborder par le centre les mêmes positions de Belleville. Pendant le même temps, le général Vinoy a gravi le cimetière du Père-Lachaise, enlevé la mairie du XXe arrondissement et la prison de la Roquette. *Les marins ont partout déployé leur entrain accoutumé.*

Maintenant, rejetés à l'extrémité de l'enceinte, entre l'armée française et les Prussiens qui leur ont refusé passage, ils vont expier leurs crimes et n'ont plus qu'à mourir ou à se rendre.

Le trop coupable Delescluze a été ramassé mort (2) par les troupes du général Clinchant ; Millière, non moins fameux, a été passé par les armes. Ces expiations ne consolent pas de tant de malheurs, de tant de crimes surtout, mais elles doivent apprendre à ces insensés qu'on ne provoque pas, qu'on ne défie pas en vain la civilisation et que *bientôt la justice répond pour elle.*

(2) Si mort qu'il fût, Delescluze inspirait encore une telle terreur à ses assassins que, sur l'avis donné au général commandant les XIe, XIIe, Xe, IXe et XXe arrondissements, qu'un anneau en plomb lui avait été attaché à la jambe pour qu'il put être reconnu plus tard, *ils faisaient quelques jours après procéder à l'inhumation de tous les cadavres relevés à la barricade du boulevard du prince Eugène* et transporter on ne sait où, après l'avoir dépouillé, ce corps ramené de Cayenne.

(*Voir le Gaulois de l'Epoque*.)

L'insurrection, parquée dans un espace de quelques centaines de mètres, est vaincue, définitivement vaincue. La paix va renaître. THIERS.

(*Versailles, 28 mai, 2 h. 15 m. soir*).

Général Ladmirault vient de s'emparer des buttes Chaumont et des hauteurs de Belleville.

Les troupes exaspérées n'ont pas fait de prisonniers.

MASSACRE ÉPOUVANTABLE ! DIX MILLE insurgés tués aux buttes Chaumont et au Père-Lachaise.

(*Siècle*, Informations particulières).

Les victimes du carnage qui a eu lieu à Belleville et aux buttes Chaumont, après l'assaut de ces positions, ont été déposées provisoirement au cimetière de Charenton ; *on n'ose citer le chiffre*, de peur d'être accusé d'exagération. La plupart des cadavres portent les traces de blessures horribles, *beaucoup sont mutilés* ; l'enterrement rapide des corps est une des questions dont la mairie centrale de Paris, dirigée par M. Ferry, s'occupe le plus. On parle d'employer à cette besogne, qui répugne trop aux soldats eux-mêmes, une partie des insurgés faits prisonniers les derniers.

(*Idem*, Correspondance de Charenton).

Le Père-Lachaise est remué comme si des charges de cavalerie y avaient passé toute une journée, les tombes sont brisées. Des amas de pierres funéraires, d'urnes, de croix, de marbres, obstruent les principales avenues. C'est ce matin seulement que le cimetière a été occupé militairement.

Plus de 1000 fédérés, tués en cet endroit ou aux environs, y ont déjà reçu la sépulture. Des corps sont encore empilés dans des chapelles de famille. Maîtres de ces hauteurs, par un mouvement tournant semblable à celui qui nous avait livré Montmartre, les insurgés avaient été contraints de se replier en grand nombre vers le quartier Popincourt. A cet instant ils occupaient encore les rues comprises entre le boulevard Richard-Lenoir et Belleville, où déjà des colonnes d'infanterie, venues par les boulevards intérieurs de Montmartre, resserraient encore l'espace occupé par eux.

L'artillerie envoyait sur Belleville ses derniers boulets. Enfin, le moment venu, les troupes coupèrent en deux la langue de terre occupée par les fédérés, s'emparant des hauteurs de Belleville, et rejetant d'un côté, vers Paris, six à huit mille hommes, de l'autre, trois ou quatre mille fuyards vers les carrières, sur le flanc nord des hauteurs.

Pressés dans cinq ou six rues, effrayés de ne plus entendre leur canon de Belleville, terrifiés un instant après de se voir cernés, les insurgés se rendirent en masse sur quelques points. Sur d'autres, ils essayèrent de s'échapper par la fuite en se frayant un passage.

On leur laissa jouer ce jeu pour les prendre plus sûrement un peu plus loin.

Tous ceux qui furent pris dans les maisons, tirant des fenêtres, furent fusillés.

Dans la soirée, des coups de feu isolés ont été tirés sur des officiers. *Prompte justice a été faite.*

(*Temps*, 29 mars).

On estime à plusieurs milliers d'hommes le nombre des prisonniers faits dans le combat du Père-Lachaise. *On a fusillé tous ceux qui résistaient quand même.* Dans le quartier Mouffetard seulement, on en a pris cinq mille, six mille au village d'Ivry, ce qui fait comprendre l'énorme chiffre de trente mille, qui est à cette heure le chiffre total des prisonniers faits sur les Fédérés depuis le commencement des opérations militaires.

(*Soir*).

Depuis le matin (dimanche 28 mars), un cordon épais se forme devant le théâtre (Châtelet) où siège en permanence une Cour martiale (1). De temps à autre on en voit sortir une bande de quinze à vingt individus, composée de gardes nationaux, de civils, *de femmes, d'enfants de quinze à seize ans*, pris les armes à la main, ou dont la participation active à l'insurrection armée est clairement établie par des témoignages non équivoques.

Ces individus sont des condamnés à mort. Ils marchent deux par deux, escortés par un peloton de chasseurs à pied. Une escouade de chasseurs ouvre et ferme la marche. Ce cortège suit le quai de Gesvres et pénètre dans la caserne républicaine, place Lobau. Une minute après, on entend retentir du dedans des feux de peloton et des décharges successives de mousqueterie ; c'est la sentence de la Cour martiale qui vient de recevoir son exécution.

Le détachement de chasseurs revient au Châtelet chercher d'autres condamnés. La foule paraît vivement impressionnée en entendant le bruit de ces fusillades.

(*Journal des Débats*, 31 mai).

Au théâtre du Châtelet, un conseil de guerre est établi sur la scène. On amène les fédérés, vingt par

(1) On se rappelle que les anciens, par une certaine pudeur instinctive, ne disaient pas : il est mort, mais il a vécu : *Vixit*.

Les commissions militaires ont la même coquetterie avec leurs fusillades ; à la grande chambre prévôtale du Châtelet qui envoyait les condamnés à la caserne Lobau, où ils étaient fusillés en masse, le président, un lieutenant-colonel, formulait ainsi ses arrêts. Quand, après avoir entendu les quelques mots de défense, il disait : *Fait* ! l'homme était condamné à mort. Si, au contraire, il disait : *Voir* ! l'homme était gardé pour un examen ultérieur.

J'ai sous les yeux un registre des tribunaux militaires. Au nom de tous ceux qui ont été passés par les armes se trouve cette simple mention : *Classé* ! C'est pur et simple et moins pénible à écrire.

(*Avenir du Luxembourg*).

C'est au Châtelet que faisait merveille un certain commandant *Vabre* dont nous reproduisons les exploits d'après un journal anglais :

« ... Donc, ce M. Vabre (c'est le journal qui parle) s'était installé au Châtelet ; c'est là qu'il opérait lui-même, dans les massacres rapides dont il avait fait une spécialité. Sous ses yeux, en effet, on fusillait, on assommait, on éventrait nuit et jour.

» Et la moyenne du *rendement*, c'était de neuf cents à onze cents morts par 24 heures.....

» C'est lui qui obligea les prisonniers à creuser eux-mêmes la fosse immense devant laquelle on les rangeait... et que comblaient ensuite leurs cadavres convulsés.....

. . . .

» Mais le travail de ces fosses, malgré le grand nombre de travailleurs peu enclins à cette besogne, fut jugé trop long par Vabre ; il y avait, en outre, un plus grave inconvénient, celui des exhalaisons malsaines que produiraient les cadavres. Ce système fut donc remplacé par un autre plus ingénieux :

» On jeta les prisonniers et les suppliciés dans les casemates des bastions 54, 55, 56, 57 et 58, on arrosa ces monceaux humains de pétrole et de goudron et on y mit le feu.

» Le hasard nous fit assister, effrayé, à cette opération : c'était près de la porte Dauphine.

» Aux premières lueurs, aux premières flammes qui s'échappaient des deux ouvertures laissées au courant d'air, nous entendîmes des plaintes...., les cris de ceux qui n'étaient pas encore morts !... »

vingt ; on les condamne ; conduits sur la place, les mains liées derrière le dos, on leur dit : « Tournez-vous. » A cent pas, *il y a une mitrailleuse* ; ils tombent vingt par vingt. Méthode expéditive. Dans une cour, rue Saint-Denis, il y a une écurie remplie de cadavres ; *j'ai vu cela de mes propres yeux.*

(*Les 73 journées de la Commune*, par Catulle-Mendez, page 323).

Je n'avais osé le croire, mais un officier de l'armée me l'a confirmé hier soir : c'était *à l'aide de mitrailleuses* que l'on exécutait à l'Ecole-Militaire.

Voici comment on procédait :

On amenait 40 prisonniers. On les rangeait sur deux rangs, liés les uns aux autres, puis on démasquait deux mitrailleuses. Après leur décharge, les soldats s'approchaient des victimes et les achevaient à coups de baïonnette !

(*Droits de l'homme*, 9 juin, corresp. part. du 6).

Voici, pour notre compte, ce que nous avons vu :

Le dimanche matin 28, à la barricade de la place Voltaire, une cinquantaine de gardes faits prisonniers furent aussitôt fusillés. Poussés, non par une curiosité indigne, mais par l'âpre besoin de savoir la vérité, nous allâmes, au risque d'être reconnu, jusqu'auprès des cadavres étendus sur les trottoirs de la mairie. Les soldats, pour déshonorer leurs victimes, avaient placé sur leur poitrine des écritaux où on lisait : *Assassin, Voleur*. Une femme gisait là, presque nue. De son ventre, ouvert par une affreuse blessure, les boyaux sortaient et se répandaient sur le trottoir. Un fusilier marin s'amusait à dévider ces entrailles du bout de sa baïonnette, et il vida ainsi, aux rires de ses camarades, le ventre de cette malheureuse. Dans la bouche de quelques cadavres, les vauriens de Paris avaient enfoncé des goulots de bouteille et sur la poitrine ils avaient écrit : *Ivrogne !*

Près de *trois mille fédérés*, pris la nuit précédente au Père-Lachaise, avaient été amenés dans la prison de la Roquette. *Aucun n'en sortit*. Depuis le matin jusqu'à quatre heures du soir, on entendit au dehors des explosions continuelles. Pendant plus d'une heure, mêlés à la foule, nous écoutâmes devant la porte. Ce n'était pas toujours le bruit de la fusillade ; on distinguait très-nettement *le grincement des* MITRAILLEUSES. *Des artilleurs qui sortirent nous confirmèrent l'affreuse vérité*. On expédiait les prisonniers par troupeaux de cinquante et de cent hommes. Les pelotons d'exécution étant harrassés de fatigue et ajustant mal, les officiers, par humanité disaient-ils, avaient fait avancer des mitrailleuses. L'interrogatoire n'était qu'un défilé devant *la cour* ; car tous les prisonniers faits au cimetière étaient marqués pour la mort et parqués à part comme des moutons. Les artilleurs qui parlèrent devant nous secouaient sur le trottoir leurs souliers dégouttant de sang ; plusieurs femmes défaillirent. Le sang coulait à gros bouillon dans les ruisseaux intérieurs de la prison. Un officier sortit les yeux égarés, vacillant : cette tuerie lui avait donné le vertige. De ces tas humains il sortait des râles, car tous n'étaient pas tués du coup ; on n'avait pas le temps de leur donner le coup de grâce. On jeta bien encore quelques paquets de balles à travers ces monceaux sanglants, mais, malgré tout, les soldats entendirent pendant la nuit des agonies désespérées.

(*Les huit journées de mai*, par Lissagaray, témoin occulaire).

Un *reporter* du *Gaulois* a été enfermé, par méprise, à la caserne Napoléon. Voici ce qu'il a vu :

On amenait « les insurgés » par fournés de *quarante*. Dans la cour, il y avait *vingt* chasseurs de Vincennes. On jetait les *quarante* insurgés dans la cour. Les *vingt* chasseurs de Vincennes étaient chargés de les fusiller. Si chaque coup portait, il y avait à chaque fournée vingt malheureux obligés d'attendre la seconde décharge. Tous les coups ne portaient pas, tous les coups ne tuaient pas !...

Je n'ai pas besoin d'achever : vous voyez cette cour, ces hommes, ces bandes à demi tuées, ces agonies, ceux-là qui doivent les achever, ces blessés qui se relèvent, ceux-là qui les tuent ! . . . Il y avait, à la sortie de l'égoût, un grand filet de sang rouge dans la Seine.

(*Droits de l'homme*, 16 juin, corresp. part. du 12).

Au champ des Navets, à Ivry, 800 prisonniers, condamnés par la cour qui siégeait au fort de Bicêtre, furent exécutés *à coups de mitrailleuse*.

(*Les huit journées de mai*, par Lissagaray, p. 165).

Dans le jardin du Luxembourg, dans le parc Monceaux, à la tour Saint-Jacques, on avait creusé d'immenses fosses où l'on avait mis de la chaux vive ; les insurgés, hommes et femmes, furent conduits-là, *un feu de peloton part*, un nuage de fumée s'élève....... la fosse et la chaux s'entrouvent et se renferment sous leur proie.

(*Indépendance Belge*, corresp. part. du 27 mai)

Aux citoyens fusillés il faut ajouter VARLIN (1), délégué aux finances.

(*Gaulois*, 31 mai).

Varlin, arrêté rue Lafayette, avait été conduit à Montmartre.

(1) Varlin avait 31 ans. Il faisait partie de l'Association Internationale des travailleurs depuis 1865. Créateur des *Chambres fédérales* des sociétés ouvrières de Paris et de Lyon, ce fut lui qui, en 1867 lut la défense des internationaux parisiens devant la justice impériale. Impliqué dans le 2e procès de l'*Internationale*, en 1870 il se réfugia à Bruxelles qu'il ne quitta qu'après le 4 Septembre pour rentrer à Paris. Chef d'un bataillon de la garde nationale sous le gouvernement dit de la défense nationale, cassé à la suite du 31 Octobre (auquel il ne prit cependant aucune part), il faisait partie du comité central et fut envoyé à la Commune par plusieurs arrondissements. Délégué successivement aux finances, à l'intendance générale, etc.; il resta sur la brèche jusqu'à la dernière minute. Le 28 au matin, il défendait, encore avec Gambon, Ferré etc., la barricade de la rue Fontaine-au-Roi.

L'Association Internationale des travailleurs a perdu en lui un de ses membres les plus capables et les plus dévoués. Fédéraliste en politique et collectiviste en socialisme, Varlin, comme Malon, s'était fait tout seul. Ceux qui fréquentaient les Cours du soir en 1866 ne peuvent pas avoir oublié cette mâle et loyale figure. Peu brillant dans la discussion, très-sobre d'ailleurs de parole, c'était avant tout un esprit pratique, un cerveau organisateur.

Quant aux calomnies dont les organes de la réaction tricolore ont essayé de salir sa mémoire, il nous suffira pour en faire justice de céder la parole à *l'Avenir National* :

Quelques personnes ont annoncé que Varlin, membre de la Commune, arrêté et passé par les armes le 28 mai, était porteur de *plusieurs centaines de mille francs*. Ce fait est inexact. Nous trouvons dans l'*Ariégeois* le texte même du rapport adressé au colonel du 67me de ligne, par M. le lieutenant *Sicre*, originaire de l'Ariége qui a procédé à l'arrestation de Varlin et qui a commandé le peloton d'exécution. Nous en extrayons le passage suivant :

« Parmi les objets trouvés sur lui se trouvaient un porte-» feuille portant son nom, un porte-monnaie contenant » 284 fr. 15 cent., un canif, un montre en argent et la » carte de visite du nommé Tridon. »

La foule grossissait de plus en plus, et l'on arriva avec beaucoup de peine au bas des Buttes-Montmartre, où le prisonnier fut conduit devant un général dont nous n'avons pu retenir le nom; alors l'officier de service, chargé de cette triste mission, s'avança et causa quelques instants avec le général, qui lui répondit d'une voix basse et grave : « *Là, derrière ce mur.* »

Nous n'avions entendu que ces quatre mots, et quoique nous doutant de leur signification, nous avons voulu voir jusqu'au bout la fin d'un des acteurs de cet affreux drame qne nous avons vu se dérouler devant nos yeux depuis plus de deux mois; mais la vindicte publique en avait décidé autrement. Arrivé à l'endroit désigné, une voix dont nous n'avons pu reconnaître l'auteur et qui fut immédiatement suivie de beaucoup d'autres, se mit à crier : *Il faut le promener encore, il est trop tôt* ; une voix seule alors ajouta : *Il faut que justice soit faite rue des Rosiers, où ces misérables ont assassiné les généraux Clément Thomas et Lecomte* (1).

Le triste cortége alors se remit en marche, suivi par près de deux mille personnes, dont la moitié appartenant à la population de Montmartre.

Arrivé rue des Rosiers, l'état-major, ayant son quartier général dans cette rue, s'opposa à l'exécution.

Il fallut donc, toujours suivi de cette foule augmentant à chaque pas, reprendre le chemin des Buttes-Montmartre. C'était de plus en plus funèbre, car, malgré tous les crimes que cet homme avait pu commettre (?) *il marchait avec tant de fermeté, sachant le sort qui l'attendait depuis plus d'une heure, que l'on arrivait à souffrir d'une si longue agonie.*

Enfin, le voilà arrivé; on l'adosse au mur, et, pendant que l'officier faisait ranger ses hommes, se préparant à commander le feu, le fusil d'un soldat, qui était sans doute mal épaulé, partit, mais le coup rata; immédiatement les autres soldats firent feu, et Varlin n'existait plus.

Aussitôt après, les soldats, craignant sans doute qu'il ne fut pas mort, se jetèrent sur lui pour l'achever à coups de crosse; mais l'officier leur dit : « Vous voyez bien qu'il est mort, laissez-le.

(*Tricolore*).

Près du mur de droite de la prison de la Roquette, dans un champ, gisent les corps de *vingt-deux fédérés fusillés dans la matinée.*

(*Temps*, 29 mai).

Les citoyens AVOINE FILS et BARTOUD, membres du Comité central, *ont été fusillés après avoir défendu les barricades du vingtième arrondissement.*

(*National*).

Chez un marchand de vin de la place Voltaire, nous vîmes le dimanche matin entrer de tout jeunes soldats;

---

(1) L'opinion publique bourgeoise, égarée à dessein par les organes de la réaction; rendait donc le Comité central (y compris Varlin) responsable de la double exécution du 18 mars. La lecture des pièces qui suivent achèvera, nous l'espérons, de faire la lumière dans l'esprit du lecteur le plus prévenu sur un point que je qualifierai de capital:

« GARDE NATIONALE

» *Comité du 18me arrondissement.*

» Les récits les plus contradictoires se répètent sur l'exécution des généraux: Clément Thomas et Lecomte. D'après ces bruits, le Comité se serait constitué en cour martiale et aurait prononcé la condamnation des deux généraux.

» Le Comité du 18me arrondissement proteste énergiquement contre ces allégations.

» La foule seule, excitée par les provocations de la matinée, a procédé à l'exécution sans aucun jugement.

» Les membres du Comité siégeaient à la mairie au moment où l'on vint les avertir du danger que couraient les prisonniers.

» Ils se rendirent immédiatement sur les lieux pour empêcher un accident; leur énergie se brisa contre la fureur populaire, leur protestation n'eut pour effet, que d'irriter cette fureur, et ils ne purent que rester spectateurs passifs de cette exécution.

» Le procès-verbal suivant, signé de cinq personnes retenues prisonnières pendant ces événements, qui ont assisté forcément à toutes les péripéties de ce drame, justifiera complètement le Comité.

» *Procès-verbal attestant que les membres du Comité ne sont pour rien dans le fait qui vient de s'accomplir dans le jardin des Rosiers, 6 :*

» Les deux personnes désignées ont été fusillées à quatre heures et demie contre l'assentiment de tous les membres présents, qui ont fait ce qu'ils ont pu pour empêcher ces accidents, car les victimes de ce fait sont le général Lecomte et un individu en bourgeois désigné par la foule comme étant Clément Thomas.

» Les personnes qui attestent ce qui est ci-dessus désigné ont été amenées par cas d'arrestation.

» Le fait a été accompli généralement par des soldats appartenant à la ligne, puis quelques mobiles et quelques gardes nationaux.

» Les victimes étaient au Château-Rouge et c'est en ramenant ces individus que la foule, en s'en emparant, a commis un acte que nous répudions.

» Montmartre, le 18 mars 1871.

» Signé : LANNES DE MONTEBELLO (Napoléon-Camille) officier de marine démissionnaire, rue de Beaume, 21.

DOUVILLE DE MAILLEFER (Gaston), officier de marine, démissionnaire, 32, rue Blanche.

LEDUC (serrurier), 17, rue Foudan.

DARAINE (Henri), employé, 6, rue de Charonne.

Léon MARIN, 92, rue Richelieu. »

« *Déposition du citoyen Dufil.*

» Le citoyen *Dufil*, Alexandre, ayant exercé les fonctions de sous-lieutenant en second (deuxième escadron) dans le corps franc des *cavaliers de la République* a assisté à l'exécution des deux accusés Clément Thomas et Lecomte, affirme que le Comité de Légion du 18me arrondissement a fait tout son possible pour que l'exécution n'ait pas lieu; mais, malgré nos efforts, il nous a été impossible d'y remédier, même aux dépens de notre vie.

» Signé: DUFIL (Alexandre).
» 19 mars 1871.

» *Ont également signé les membres du Comité du dix-huitième arrondissement.* »

(*Cri du Peuple*, 22 mars 1871).

Et qu'on ne prétende pas que ce double procès-verbal avait été arraché à la peur et doive être considéré, comme tel, pour nul et non avenu.

Ci-joint l'interrogatoire d'un des signataires, M. Douville de Maillefer, conseiller général de la Somme devant le 6me conseil de guerre dans son audience du 13 novembre :

D. Rue des Rosiers, vous avez signé une pièce par force?

R. *Nullement par force, mais volontairement.* La personne qui était là nous a demandé de signer un procès-verbal ; nous l'avons fait *parce que c'était la vérité*

Me Laborde. — Je recommande au Conseil la déposition du témoin, qui dit que le Comité a fait tous ses efforts pour empêcher que les généraux fussent fusillés.

R. C'est parfaitement exact. Il a fait tout ce qui était en son pouvoir.

Me Laborde. — J'ajoute également que le témoin a signé volontairement le procès-verbal qui constatait l'innocence du Comité.

R. C'est la vérité, et ses membres nous ont également défendu avec une très-grande énergie. Ils disaient : *Il faut que nous sauvions les officiers prisonniers.*

M. Rustan. — On n'a fait que des efforts en parole.

Le témoin. — Je répète qu'ils étaient désolés de ce qui était arrivé.

(*Gazette des Tribunaux*).

c'étaient des fusilliers marins. Ils étaient, nous dirent-ils, de la classe de 1871. Leur teint était pâle, leurs gestes lourds, leurs yeux voilés. — « Et il y a beaucoup de morts? » dîmes-nous. — « Ah! » répondit l'un d'eux d'un ton lassé, *nous avons ordre de ne pas faire de prisonniers* ; c'est le général qui l'a dit. (Ils ne purent même pas nous nommer leur général!) S'ils n'avaient pas mis le feu, on ne leur aurait pas fait ça... mais comme ils ont mis le feu, *il faut tuer* (textuel). » Il continua, comme parlant à son camarade : — « Ce matin, là (il montrait la barricade de la mairie), il en est venu un sans uniforme et sans fusil. Nous l'avons emmené. — « Vous n'allez pas me fusiller, peut-être, » a-t-il dit. — « Oh! non. » *Nous l'avons fait passer devant nous et puis... pan... pan.., même qu'il gigottait drôlement.*

(*Les huit journées de mai*, par Lissagaray, p. 169).

On assure qu'un certain nombre de fédérés ont, après leur défaite, tenté de passer à travers les lignes prussiennes.

Accueillis à coups de fusil, ils ont été rejetés dans Paris ou désarmés. Ceux qui, pour échapper au châtiment, se sont déclarés allemands ou alsaciens, *ont été*, dit-on, *fusillés par les prussiens; les autres ont été livrés à l'autorité militaire française.*

(*Avenir national*, 1er juin).

Cette nuit, à deux heures du matin, les habitants de Versailles ont été réveillés par une détonation partant du centre de la ville.

Voici ce qui s'était passé :

Un convoi venait d'arriver et était conduit à la caserne de la place d'armes.

Au moment où les prisonniers allaient entrer dans les caves, l'un d'eux, s'adressant à l'officier conduisant le convoi, lui dit :

— Monsieur, je ne dois pas être confondu avec ces gens-là; j'ai droit à une cellule, je suis M. Dereure (1), membre de la Commune.

— Vous êtes M. Dereure?

— Parfaitement. Vous pouvez vous informer auprès des prisonniers.

— Dans ce cas-là, *je vais vous loger ailleurs*...... aux Réservoirs. Mettez-vous, en attendant, dans ce coin-là, et ne bougez pas.

Sur un signe, cinq hommes se mirent en face du citoyen Dereure et *lui donnèrent immédiatement un logement séparé.*

Pendant quelques secondes Dereure a pu faire de courtes et tristes reflexions sur le danger des grandeurs.

Son cadavre est resté étendu jusqu'à huit heures du matin dans la cour de la caserne.

(*Paris-Journal*, 29 mai).

On les larde (les prisonniers) de coups de baïonnette pour les faire avancer ; ils restent insensibles à moins qu'ils ne geignent comme des femmelettes.

(*Gaulois*, 28 mai).

Versailles, 28 mai.

Vers quatre heures du matin, il s'est produit un nouveau soulèvement parmi les prisonniers de Satory, qu'on évalue à huit mille. *Il y a eu plusieurs décharges de mitrailleuses*, et vous pensez bien que le nombre des morts et des blessés a dû être assez considérable. Néanmoins, une soixantaine de détenus seraient parvenus à s'évader. Aussitôt la gendarmerie s'est mise à leur poursuite à travers les bois environnants; à midi, de nouvelles escouades de gendarmes à cheval sont parties au galop dans différentes directions.

On m'assure que parmi les détenus de Satory il en meurt un assez grand nombre, chaque jour, de congestions cérébrales, et aussi de froid. Cela s'explique; vous n'ignorez pas qu'ils sont entassés dans un vaste enclos découvert, sans abri, exposés à toutes les intempéries de la saison. Seules, les femmes sont logées dans des baraquements, avec les enfants. Il en meurt également de surexcitation nerveuse et de fièvre chaude. Il est vrai que l'on met la plus grande diligence possible à les expédier dans les ports de mer; mais, vu le nombre considérable de prisonniers, les trains sont insuffisants.

(*Siècle*).

Nous apprenons que plusieurs députés, qui ont visité le camp de Satory, se sont émus du pitoyable état des prisonniers qui s'y trouvent enfermés. Par suite de l'accroissement incessant du nombre de ces malheureux et de l'insuffisance des abris mis à leur disposition, il y en a plusieurs milliers qui se trouvent à découvert, exposés jour et nuit au vent, au soleil, à la pluie, n'ayant pour se coucher que la terre humide et boueuse. La nourriture qu'on leur distribue se compose uniquement de pain. Elle est insuffisante. Ils n'ont pas la quantité d'eau nécessaire pour étancher leur soif. La plupart d'entre eux sont vêtus de haillons. Enfin il y a dans leurs rangs des enfants et des femmes.

(*Soir*).

Le gouvernement a reçu hier du maréchal Mac-Mahon une demande pressée de bras pour enterrer promptement les morts, ou bien l'autorisation de procéder à une crémation générale.

Il y a huit mille cadavres dans les rues de Paris, et les journées d'aujourd'hui et de demain doubleront peut-être ce chiffre.

Il y a, dit-il, urgence d'aviser dans le plus bref délai pour éviter une effroyable peste qui achèverait l'œuvre de destruction à laquelle nous assistons depuis huit jours.

(*Paris-Journal*).

29 mai

Dans les quartiers pris d'assaut par la troupe, *beaucoup de femmes et d'enfants ont été, malgré leurs supplications, impitoyablement égorgés.*

(*Suisse radicale*, dép. télégr. du 30 mai.)

Les fusillades sont nombreuses, *tout individu pris les armes à la main est mis à mort.* Cela a *peut-être* son inconvénient au point de vue de la vérité à connaître. Car, à tout prix, il faut savoir quels sont les terribles meneurs de cette catastrophe organisée.

Dans les maisons, les exécutions sont également sommaires, tout individu pris avec un habit de garde national et dont le fusil n'a pas la fraicheur voulue, est certain de son affaire.

Son voyage n'est guère plus loin que de sa chambre à la cour de sa maison.

Au coin de la rue Saint-Dominique et de la rue Bellechasse, vis-à-vis le marchand de vin, on en a

(1) Le plus étonné de cette exécution sera certainement Dereure, actuellement en Amérique, et dont le nom aura dû être pris comme prétexte pour se débarasser d'un homme qui gênait quelque gouvernant de Versailles.

fusillé quatre, dont le père et le fils, qui ne voulaient pas se rendre.

(*Union nationale*, 30 mai).

C'est aujourd'hui lundi seulement que tout est terminé : le fort de Vincennes, qui tenait encore pour la Commune, vient de se rendre ; c'est l'épilogue de l'insurrection.

Le château était gardé par deux bataillons de la garde nationale, dont l'un voulait ouvrir les portes à l'armée de Versailles ; tandis qu'une partie de l'autre, ainsi que plusieurs personnages importants de la Commune, qui se trouvaient dans la place, voulaient résister.

Dès hier, pour empêcher toute tentative d'évasion, les abords de la forteresse étaient gardés à vue par des gendarmes, par la garde forestière à cheval et plusieurs surveillants plus ou moins reconnaissables ; nous y avons vu le chef de la sûreté, M. Claude, qui probablement n'était pas seul. A trois heures, un lieutenant-colonel de l'armée arrive suivi d'un gendarme et somme le château de se rendre ; on ne lui répond pas.

Vers cinq heures, le drapeau parlementaire ayant été hissé sur la tour du Nord, on fait venir de Paris un bataillon de chasseurs à pied, quelques compagnies du 90e de ligne, et l'on entre en pourparlers ; mais on ne peut s'entendre : les chefs de la garnison demandaient, dit-on, douze passeports en blanc, qu'on ne voulut pas leur accorder. Aussitôt, le drapeau rouge remplace le pavillon blanc et il flottait encore à dix heures du soir.

Désireux de suivre jusqu'au bout toutes les phases de cette négociation, nous nous rendons le lendemain, de bonne heure, à notre poste d'observation, et en voyant le drapeau tricolore flotter sur la principale entrée du château, nous nous imaginions que tout était fini ; mais point. Des soldats du 49e, dont le bataillon tout entier était sorti du fort, nous apprennent que *deux des chefs les plus compromis s'étaient brûlé la cervelle pendant la nuit* (1), et que les autres cédant à la pluralité des suffrages, avaient consenti à se rendre à discrétion, mais que la troupe n'entrerait en possession qu'à trois heures : il faut nous résigner à attendre jusque-là.

Vers midi, un corps de troupes composé d'un détachement du génie, d'un bataillon du 90e, et commandé par un général sort de Paris par la porte de Vincennes et arrive jusqu'à un kilomètre du fort. Là on fait halte ; le général, escorté par le capitaine de la gendarmerie de la ville, se détache, vient s'entendre avec le commandant du 9e bataillon, l'on se rend à la mairie en attendant l'heure fixée pour la prise de possession.

Enfin, à deux heures et demie la troupe arrive, le pont-levis se baisse, les soldats entrent, et bientôt les sentinelles de la garde nationale sont remplacées par des factionnaires de la ligne.

En arrivant dans la grande cour, où le reste de la garnison était rangé en bataille, ayant à sa tête les représentants de la Commune, *le général déclara qu'il n'y aurait aucune exécution sommaire, comme on le craignait pour quelques-uns* . . . .

(*Petit-Journal*).

Le capitaine REVOL, de la garde nationale, qui a présidé à l'arrestation de l'archevêque de Paris, a été *fusillé* dans le fort de Vincennes le jour de la prise de ce fort.

Avec lui ont été exécutés :

Le PRINCE DE BAGRATION, un ancien commandant communeux de la gare du Nord.

CHARLES OKOLOWITCH un des aides de camp de Dombrowski.

Le colonel DELORME (2).

VIERLET, commissaire central de la Commune à Vincennes.

LEPERCHEUX, commissaire délégué de la Commune.

VONDERBUCH, un belge, commissaire délégué à la porte de Vincennes.

VAILLANT, un autre commissaire de la Commune.

BOURDIEU, un sergent des chasseurs à pied, chargé avec un nommé Merlet, qui s'est brûlé la cervelle au moment de son arrestation, de faire sauter le fort.

(*Figaro*, 30 mai).

Les exécutions ont été aussi effrayantes que les incendies. Depuis hier seulement, elles sont un peu moins terribles.

Une dénonciation du doigt, un *oui*, un *non*, et deux soldats vous placaient contre un mur et vous fusillaient.

-- Voilà Vallès ! crie une voix en désignant un monsieur qui passait dans la rue Saint Germain-l'Auxerrois.

Et un officier lui tranche le cou d'un coup de sabre, deux soldats l'achèvent à coups de fusil.

Deux de mes amis, médecins, s'approchent, se font montrer la tête : — *Ce n'était pas Vallès !*

Un concierge dans ma rue a failli être fusillé dans de semblables circonstances. Vous déplaisiez à un caporal : — Feu ! C'était fini.

Il y a des coins de rue, au coin de la rue Quincampoix, par exemple, où, malgré la pluie, il y a encore des mares de sang !

Chaque gradin de l'escalier du passage de l'Elysée des Beaux-Arts, à Montmartre, était un cadavre.

On fusillait, on fusille encore en sept ou huit endroits : gare du Nord, parc Monceaux, École-Militaire, Luxembourg, Châtelet, caserne Napoléon.

L'exécution n'est pas isolée. On fusille par demi-douzaine.

. . . .

Combien y a-t-il eu de fusillés ? Je n'ose le dire ! On parle de dix-huit cents dans un endroit dans un seul jour ! Mais rien de certain. Seulement on voit passer des cadavres par charretées, remplissant des tapissières ; on creuse de grandes fosses. Chaque square est devenu un charnier. Après la guerre la peste. C'est dans l'ordre.

Il y a, paraît-il, une certaine relâche cependant dans la fureur de la répression. Hier matin, au Luxembourg, on se donnait, avant de vous fusiller, la

(1) Le lundi à huit heures du matin, le commandant du 48e de la garde nationale, bataillon réfractaire à la Commune, passait devant le fort, quand il entendit un coup de feu. Peu après, il rencontra le capitaine adjudant-major B..., du 99me qui lui dit : « Merlet vient de se tuer. » Merlet garde général du génie et de l'artillerie, ancien employé du génie à Metz, était un républicain sincère, capable, énergique et bien résolu à faire sauter le fort plutôt que de le rendre. — Est-ce vous qui l'avez tué, dit le commandant ? — « Non, répondit B.., venez le voir » et il conduisit son interlocuteur dans la Chambre où Merlet gisait à terre. La balle était entrée par la joue et ressorti par la tempe. B.... avoua seulement avoir dispersé les éléments de la pile électrique au moyen de laquelle Merlet se disposait à faire sauter le fort.

(2) C'est à trois heures, dans les fossés à cent mètres de l'endroit où tomba le duc d'Enghien qu'eut lieu l'exécution. L'une des victimes — lit-on dans les *huit journées de mai* de Lissagaray — le colonel Delorme arrivé au bas de l'escalier conduisant aux fossés se tourna vers le Versaillais qui commandait et lui dit : tâtez mon pouls, voyez si j'ai peur. » La fierté de sa contenance frappe vivement les soldats. L'officier se détourna devant un courage aussi calme.

peine de constater votre identité. Vous subissiez un interrogatoire. L'instruction et le jugement duraient bien dix minutes! C'était un progrès.

Hier soir, le progrès s'était accentué, on ne fusillait plus que quelques notabilités, désignées d'avance; car les cours martiales ont des listes de condamnés d'avance.

Le menu fretin, on l'envoye par fournées à Versailles. De là on les transportera.

Et les femmes? et les enfants? Ceci m'est certifié par un témoin oculaire. *Des femmes et des enfants ont suivi leurs maris et leurs pères sur le lieu de l'exécution : — Fusillez-nous avec eux! — Eh bien! soit! et on les a fusillés avec eux. C'est un professeur célèbre, homme très-froid, qui m'a affirmé après avoir vu le fait.*

(*Droits de l'homme*, 5 juin, lettre part. d'un des membres de l'*Union républicaine des droits de Paris*, en date du 30 mai).

Avant-hier on vient encore de *fusiller 150 femmes à Belleville.*

De ce côté les exécutions en masse se poursuivent encore.

(*Idem*, correspondance du 31 mai).

Les exécutions militaires sommaires continuent sur une large échelle. Un grand nombre de prisonniers ont été exécutés hier dans le cimetière du Père-Lachaise et dans la cour de la prison de la Roquette. *Tous les soldats qui avaient servi la Commune ont été fusillés.*

(*Agence télégraphique Reuter*, 30 mai, soir).

Une jeune fille de seize ans a été fusillée ce matin pour avoir tiré un coup de revolver sur un officier.

(*Daily-Telegraph*, dépêche du 29 mai).

Le général CLUSERET (1) a été *fusillé* dans la caserne du Prince-Eugène.....

(*Gaulois*, 31 mai).

Un individu, revêtu d'un costume de chef supérieur de la garde nationale fédérée et portant un képi orné de trois étoiles, comme les généraux de division, a été passé par les armes hier matin. Deux reçus trouvés dans sa poche et signés Parent ont fait connaître son identité Ce chef n'est autre que le *général* DU BISSON. Son aide de camp, le *capitaine* JUDAS, *a eu le même sort.*

(*Idem*, 30 mai)

. . . .

On a commencé hier les inhumations en masse au champ de Mars. On assure que dix mille cadavres y seront enterrés après y avoir subi une préparation spéciale, qui a pour objet de prévenir tout danger d'insanation pestilentielle. Cette préparation consiste en une crémation superficielle opérée à l'aide du pétrole.

(*Soir*, 30 mai).

Un nommé LÉVÊQUE, de la Commune, ancien ouvrier maçon, a été pris hier et *immédiatement fusillé.*

(*Idem*, 30 mai)

On parle aussi d'une exécution qui aurait eu lieu, hier matin, sur la personne d'une jeune femme connue dans le monde communeux sous le nom de *Mère Duchêne*. C'était, paraît-il, la compagnonne du nommé Vermesch, dit le Père Duchêne.

(*Idem*).

Monsieur le rédacteur,

Je recueille un fait entre mille dans l'histoire de ces jours abominables et je le dénonce à tous ceux qui conservent un sentiment d'homme. Le *Bund* d'hier, 30 mai, contenait le récit suivant :

Dans un transport de prisonniers, s'en trouvaient quelques-uns, faibles, épuisés, qui s'étaient assis sur un banc :

— Levez-vous, si vous ne voulez point être fusillés, leur cria un capitaine.

— Fusillez-nous, répond un des prisonniers.

— Je vous prends au mot, réplique le capitaine, et tous ceux qui ne se lèveront pas immédiatement, je les considère comme partageant le même sentiment.

Personne ne bougea, et, tout de suite, *le commandement feu! fut donné, et quatre cadavres tombèrent.*

Il faut, Monsieur le rédacteur, que ce récit fasse le tour de la presse de l'Europe et du monde entier, il faut que l'on sache de quel côté ont été les assassins et de quel côté les victimes du droit.

Agréez, etc.

Émile ACCOLAS,
professeur de droit.

(*Helvétie*).

Parmi les méprises innombrables qu'on commence à signaler dans l'exécution de prisonniers faits par les Versaillais, et fusillés après leur triomphe, ou nous en cite une qui frappe directement une famille de notre ville.

M. VIDAL avait marié sa fille, il y a vingt-deux mois seulement, à un jeune homme de Paris, capitaine dans la garde nationale.

Pendant l'insurrection il s'abstint de tout service militaire et il était parvenu à échapper aux perquisitions de la Commune, lorsque huit jours avant l'entrée des Versaillais, il reçut l'ordre de se mettre à la tête de sa compagnie. . . . .

. . . .

Il quitta alors son domicile et se cacha jusqu'à l'entrée des troupes gouvernementales.

Se croyant libre enfin, il retourna chez lui, mais ce ne fut que pour tomber entre les mains des Versaillais, sous l'inculpation d'avoir défendu une barricade. Il protesta contre la dénonciation qui le frappait Malheureusement les justifications n'étaient guère écoutées en ce moment, et il fut entraîné à la caserne avec d'autres prisonniers, coupables et innocents pêle-mêle.

En vain le maire de son arrondissement, prévenu, s'empressa-t-il de signer une déclaration d'innocence et de la faire signer par tous les voisins; en vain courut il lui-même porter aux autorités militaires ce témoignage irrécusable : le malheur voulut qu'on l'envoyât d'abord, par erreur, à la caserne de la Villette, et lorsque, mieux renseigné, il courut à l'endroit où les exécutions avaient commencé, il était trop tard, le massacre était accompli. . . . .

(*Journal des Débats*, 15 juin, d'après le *Précurseur d'Anvers*).

DEUXIÈME CORPS D'ARMÉE

Etat-major général.

NOTE

Ce matin vers sept heures, deux coups de feu diri-

(1) Cluseret n'a jamais été fusillé, par l'excellente raison qu'il n'a jamais été pris. Il est à l'étranger aujourd'hui et met la dernière main à des *Mémoires* destinées à faire grand bruit dans le Landernau Versaillais.

gés sur un groupe d'officiers qui stationnaient devant le Luxembourg furent tirés de la maison n° 16, rue de Tournon.

Une perquisition immédiatement opérée dans cette maison amena la découverte de deux polonais (1), agents de Dombrowski ; on constata non-seulement l'attentat criminel dont *l'un d'eux* venait de se rendre coupable, mais encore la présence de moyens incendiaires, d'autant plus dangereux que la maison contient une librairie.

Les deux polonais qui, sous le régime de la Commune, avaient semé la terreur dans le quartier voisin du Luxembourg, furent, en raison des charges accablantes qui pesaient sur eux, *passés sommairement par les armes.*

Au quartier-général du Luxembourg,
le 29 mai 1871.
Le général commandant en chef
le 2e corps.

Du côté de Saint-Denis, de Vincennes et de Charenton, *les insurgés qui ont essayé de s'enfuir ont été arrêtés par les Prussiens, au nombre de plus de 3,000, et ont été remis à l'autorité française*, ainsi qu'un grand nombre de chevaux.

(*Gaulois*, 31 mai).

Belleville offrait un spectacle particulièrement affreux, horrible. Le local d'un café chantant était converti en ambulance. A mesure que les blessés mouraient on les portait sur le théâtre où on les rangeait attachés et debout. A notre arrivée on commençait seulement à les transporter à dos comme des bêtes de boucherie pour les jeter dans un tombereau.

Quelques-uns, déjà en décomposition, infectent l'air....

Une preuve pénible du sentiment hostile des troupes contre le peuple de Belleville se manifestait dans l'avertissement qu'on nous donnait de ne pas rester dans l'ambulance. *Les soldats regardaient quiconque donnait ses soins aux blessés comme sympathisant avec eux et méritant le même sort. Le fait est que*, d'après ce qu'on nous dit à Belleville, *tout blessé étendu à terre ne pouvait rester en vie La seule circonstance qu'il était blessé prouvait qu'il méritait la mort.*

En arrivant au boulevard des Italiens, j'entendis un grand bruit et je vis un grand rassemblement de peuple. C'était le cortége des prisonniers des Buttes-de-Chaumont marchant en une colonne de 500 hommes en route pour Versailles. Dans le nombre se trouvaient quelques-unes des amazones de Belleville. C'étaient de belles grandes femmes habillées en homme. Leur apparition fut le signal d'un hurlement universel. Elles auraient passé fort mal leur temps aux mains des spectateurs si elles n'avaient été protégées par la cavalerie qui les escortait.

Un homme au teint basané, aux cheveux noirs, de forte corpulence, s'assit au coin de la rue de la Paix et refusa d'aller plus loin. Après plusieurs essais pour le contraindre, un soldat, perdant toute patience, *le perça à deux reprises de deux coups de baïonnette*, en lui ordonnant de se relever et de reprendre sa marche avec les autres. Comme on devait s'y attendre la semonce fut sans effet. Alors on le saisit, on le mit sur un cheval. Il sauta aussitôt à bas. *On l'attacha à la queue de l'animal qui le traîna*, comme on fit de la reine Brunehaut. Il s'évanouit à force de perdre du sang. Réduit enfin à l'impuissance il fut lié sur un wagon d'ambulance et emmené au milieu des cris et des malédictions de la populace.

(*Times*, correspondance du 31 mai).

Hier soir, on a conduit à Versailles une centaine de prisonniers portant le costume de soldats de la ligne. Était-ce des vrais soldats, ou des gardes nationaux déguisés? Personne n'a pu me le dire. La foule témoigne son indignation par des murmures et des cris.

Il faut dire que la foule ici est très-nerveuse à l'endroit des prisonniers quels qu'ils soient : ainsi l'on voit des femmes, non pas des filles publiques, mais des femmes du monde, les insulter sur leur passage, et même les frapper avec leurs ombrelles. Si pendant le siége les Versaillais traitaient de la sorte les Prussiens, ceux-ci ne devaient pas être satisfaits. Reste à savoir si les choses se passaient ainsi.

Des plaintes s'élèvent de tous côtés sur la manière dont les prisonniers de Satory sont logés. Il souffrent beaucoup, campés en plein air, au milieu d'une immense mare de boue, exposés à toutes les intempéries de la saison. Plusieurs députés en ont fait l'observation à M. Barthélemy-Saint-Hilaire, lequel a promis que des mesures seraient prises pour faire cesser cet horrible état de choses.

D'un autre côté, les prisonniers de la caserne d'artillerie sont parqués au fond d'une cave humide, infecte, malsaine, ne pourrait-on pas les envoyer immédiatement dans les ports de mer? Il faut avoir vu ce sombre souterrain pour s'en faire une idée. *Cela rappelle les cachots du XVIIe siècle, tels qu'on en voit encore à l'entrée du port de Brest* (*Siècle*, 30 mai)

. . . .

(1) « Dans la nuit du 25 au 26 mai, les troupes occupaient les environs de la barrière du Trône ; tout était sombre, pas une fenêtre éclairée. Tout à coup les soldats aperçoivent une lumière au cinquième étage de la maison portant le n° 52, boulevard de Picpus. On croit y voir un signal donné aux insurgés. On entre dans la maison et on trouve dans une chambre, au cinquième, deux vieillards qui faisaient du thé. On les saisit et on les fait descendre. Le concierge implore pour eux l'officier, atteste que ce sont des hommes tout à fait tranquilles, respectables, qu'ils n'ont aucun rapport avec les insurgés ; « d'ailleurs, ajoute-t-il, croyant les sauver ainsi, ce sont des étrangers, des polonais ! » — « Des polonais ! répond l'officier ; cela suffit ! » — et ils sont fusillés. C'étaient MM. Rozwadowski et Zchweitzer, deux débris de notre émigration de 1831, vieillards tout à fait estimables, paisibles, pieux, et d'une sévérité de mœurs presque ascétique, L'un d'eux avait un neveu lieutenant dans l'armée de Versailles.

» Un autre veillard, M. Lewicky, graveur, décoré, a péri dans des conditions analogues, victime de son nom polonais.

« Deux jours après la compression de la révolte, un avis de l'autorité militaire, affiché dans Paris, annonçait que, de la maison n° 16 de la rue de Tournon, on avait tiré sur les troupes, que la maison avait été fouillée, et qu'on y avait découvert comme coupables deux polonais, qu'on y avait trouvé en outre des matières incendiaires d'autant plus dangereuses qu'il y a dans la maison une librairie ; enfin que les deux polonais avaient été immédiatement fusillés. Rien n'a contribué autant que cette affiche à provoquer dans le public un vif ressentiment contre les polonais.

« Or, *il est aujourd'hui parfaitement avéré que personne n'a tiré de cette maison* sur les troupes ; tous les voisins l'attestent ; ç'a été une fausse dénonciation. Quant aux matières incendiaires, c'étaient quelques litres de pétrole, qui servaient à l'éclairage de la librairie et qui étaient là depuis le siége. L'un des polonais fusillés, Wernicki, a servi dans la garde nationale sous la Commune ; mais l'autre Dalewski, était un jeune homme tranquille, doux, modeste, instruit, qui abhorrait la Commune et blâmait ceux de ses compatriotes qui se sont engagés à son service. Il logeait dans la maison et dirigeait la librairie. Par bonté de cœur, il avait donné chez lui l'hospitalité à l'autre qui, à l'entrée de l'armée dans Paris, venait de quitter les rangs de l'insurrection.

. . . .

Adresse du comte Czartoryski et du Comité de l'émigration polonaise à l'Assemblée nationale

Onze wagons chargés de cadavres — les cadavres des insurgés faits prisonniers lorsqu'ils essayaient de se sauver sous la protection du fort de Montrouge et *fusillés* ont été enterrés dans la fosse commune du cimetière d'Issy.

(*Swiss Times*).

On procède à l'inhumation des insurgés morts aux barricades *ou fusillés après avoir été faits prisonniers.* Au cimetière Montparnasse on a creusé d'immenses fosses larges de 10 mètres carrés et de la même profondeur. Ensuite on *place les cadavres vingt par vingt* et on les recouvre d'une couche de chaux.

Rien n'est navrant comme ce spectacle. Quelques cadavres qu'on a pu reconnaître ont été rendus aux familles ou aux amis qui sont venus les réclamer. Des prêtres appartenant aux paroisses voisines sont en permanence dans la chapelle du cimetière et récitent l'office des morts.

Nous avons vu passer *des masses de charrettes remplies de cadavres. Quelques voitures de la compagnie générale des omnibus ont même été requises à cet effet.*

C'est du Luxembourg que partent presque tous ces horribles convois.

(*Temps*).

Le bruit courait à Saint-Germain, que des tranchées profondes avaient été creusées hier, au milieu du champ de-Mars, et que tous les cadavres des insurgés y avaient été apportés des différents quartiers de Paris. On aurait ensuite répandu sur cet amas de cadavres toutes les barriques de pétrole qui se trouvaient encore dans les entrepôts.

C'est de ce brasier, disait-on, que s'élevait l'immense colonne de fumée qui regnait sur Paris jusqu'au soir, et qui, d'après l'angle donné par la configuration topographique, semblait venir de l'entrepôt des Marais.

Il y a 27 kilomètres de Saint-Germain-en-Laye au Champ-de-Mars, et à cette distance, on apercevait *l'immense colonne de fumée* qui a regné sur Paris jusqu'au soir et qui provenait de la crémation des fédérés.

(*Liberté* de Paris), 30 mai).

Tout acte de révolte (à Satory), *toute tentative de fuite* est immédiatement suivi d'une exécution sommaire accomplie dans le coin opposé de la cour à celui qui sert de camp à ces bandits (?). La fosse est toujours creusée et des tonneaux de chaux sont aux bords.

(*Journal de Genève*, 3 juin, corresp. part. de Versailles, 30 mai).

.....Quant aux prisonniers, on compte qu'il doit en avoir été fait une quarantaine de mille. Un premier tirage de ces individus s'est opéré à Paris : une partie d'entre eux étaient fusillés, etc. *Dans cette catégorie se trouvent tous ceux qui appartenaient à l'armée, à la police et aux principales administrations de l'Etat.*

(*Idem*).

Comme je vous le disais hier, les prisonniers de ces derniers jours sont restés à Paris ; *il est vrai qu'il y en a fort peu. Nos soldats ont tué presque tous ceux qui leur étaient tombés entre les mains.* On dit que les buttes Chaumont et le Père-Lachaise sont jonchés de cadavres. Il faut s'attendre à une horrible peste, si l'on n'avise sur-le-champ aux moyens de la prévenir.

(*Siècle*, Versailles, 29 mai).

Les commissions militaires sont en permanence au camp de Satory et à la caserne d'artillerie. D'autres commissions fonctionnent également à Saint-Cyr, où sont détenus un grand nombre de prisonniers.

Il y a en outre des commissaires de police chargés spécialement d'interroger les personnes enlevées dans les *razzias* de Paris, et celles arrêtées pour des peccadilles, *comme pour avoir manifesté des sentiments sympathiques aux prisonniers sur leur passage.* Néanmoins, les commissaires de police n'ont pas le droit de mettre en liberté, même les personnes de cette catégorie. Il faut qu'ils obtiennent au préalable le visa de l'autorité militaire.

(*Idem*).

Le général de division, commandant les IXe, X^e^ et XVIIIe arrondissements, ordonne l'exécution des prescriptions suivantes :

. . . .

5° Les troupes feront des perquisitions dans toutes les maisons des arrondissements susdésignés, afin de procéder à l'enlèvement des armes de toute nature et *à l'arrestation des individus suspects.*

. . . .

Fait au quartier-général, gare du Nord,
à Paris, le 29 mai 1871.

Le général de division,
DE LAVEAUCOUPET.

Le personnel tout entier du journal la *Vérité* a été arrêté par un détachement de soldats de la ligne. Une perquisition a été faite au domicile de M. E. Portalis le rédacteur en chef.

(*Gaulois*).

Quentin, un des collaborateurs de M. Delescluze au *Réveil*, est arrivé, dit le *Gaulois*, à Versailles, conduit par des gendarmes.

(*Français*).

Un ordre d'arrestation a été lancé contre M. Rogeard, ancien professeur et auteur des *Propos de Labienus.* On sait que M. Rogeard, élu aux élections partielles de la Commune, VIIIe arrondissement, refusa de siéger...

(*Siècle*, 30 mai).

Le ministre d'Etat (Espagne) à M. le chargé d'affaires d'Espagne à Versailles :

Après une éloquente discussion, le congrès a approuvé par 233 voix contre 23 la proposition qui suit : « Le congrès a entendu avec satisfaction les énergiques protestations du gouvernement contre les horribles attentats commis par la Commune de Paris et il s'associe au sentiment d'indignation que soulève dans toutes les consciences la conduite de ces criminels qui ont violé les lois de l'humanité. » Les députés républicains se sont montrés divisés, votant 25 pour et 6 contre, divers autres s'abstenant. Portez ce télégramme à la connaissance de M. le ministre des affaires étrangères. »

Le ministre des affaires étrangères s'est empressé d'offrir au cabinet espagnol des remerciments bien sincères en se félicitant de recevoir un témoignage si précieux de sympathie de la part d'un peuple avec lequel la France a toujours eu à cœur d'entretenir d'amicales relations. Et s'adressant par télégramme particulier à l'honorable président du congrès, M. Olozaga, il l'a chargé d'être auprès de l'Assemblée l'interprète de ses sentiments de gratitude et de cordialité. Dans la séance des Cortès du 30, M. Olozaga a fait part de ce télégramme à ses collègues, et la chambre a décidé que des remerciments seraient adressés au Gouvernement français.

(*Journal officiel*).

30 mai

Le maréchal Mac-Mahon porte l'avis suivant à la connaissance des habitants :

AVIS

Jusqu'à nouvel ordre, la ville de Paris sera divisée en quatre grands commandements militaires (1), savoir :

1° Celui de l'Est, comprenant les 11e, 12e, 19e et 20e arrondissements, sous les ordres du général Vinoy, commandant l'armée de réserve ; quartier général au couvent de Picpus ;

2° Celui de N.-O., comprenant les 8e, 9e, 10e, 16e, 17e et 18e arrondissements, sous les ordres du général Ladmirault, commandant le 1er corps d'armée ; quartier général à l'Elysée ;

3° Celui du Sud, comprenant toute la rive gauche, c'est-à-dire les 5e, 6e, 7e, 13e, 14e et 15e arrondissements, sous les ordres du général Cissey, commandant le 2e corps d'armée ; quartier général au petit Luxembourg.

4° Celui du centre, comprenant les 1er, 2e, 3e et 4e arrondissements, sous les ordres du général Douai, commandant le 4e corps ; quartier général place Vendôme.

Conformément à l'article 7 de la loi de 1849 sur

---

(1) COLONELS ET OFFICIERS D'ÉTAT-MAJOR DE L'ARMÉE DE VERSAILLES :

Abzac, colonel-aide-de-camp (Mac-Mahon). — *Alexandre*, colonel au 71e régiment de marche (1er corps, 2e division, 1re brigade). — *Allau*, lieutenant-colonel d'état-major, (René). — *Amelier*, colonel au 67e régiment de marche (1er corps, 2e division, 1re brigade). — *Armaillé* (le comte d'), capitaine des mobiles, officier d'ordonnance (Vinoy). — *Azan*, lieutenant colonel au 2e régiment d'infanterie de marine (2e division, 2e brigade, armée de réserve). — *Bacharach*, capitaine d'état-major (Le Brettevillois). — *Billand*, colonel, chef d'état-major (du Barrail). — *Baroillet* (de), colonel au 65e régiment de ligne (1re division, 3e brigade, armée de réserve). — *Barchis*, commandant au 2e bataillon de marche de chasseurs (1er corps, 2e division, 2e brigade). — *Becker*, commandant du génie (1er corps, 3e division, 2e brigade). — *Berthier-Henrion*, colonel au 70e régiment de marche. — *Biadelli*, lieutenant colonel au 36e régiment de marche (2e corps 3e division, 2e brigade). — *Bocquenet*, commandant d'artillerie (1re division, armée de réserve). — *Bodin*, commandant d'artillerie (4e corps, 1re division, 2e brigade). — *Bourdenemelz*, colonel au 135e régiment de ligne (1er corps, 2e division, 2e brigade). — *Bonnet*, commandant au 4e bataillon de marche de chasseurs (2 corps, 1re division, 2e brigade). — *Boulangé*, colonel au 6e régiment de chasseurs (3e corps, 3e division, 1re brigade). — *Bouché*, lieutenant d'état-major général (armée de réserve). — *Boudet*, lieutenant-colonel chef d'état major (armée de réserve). — *Bouie*, capitaine d'état-major (Dupouet). — *Boulanger*, colonel au 114e régiment de ligne (2e corps, 1re division, 2e brigade). — *Bourcart*, chef d'escadron d'état-major général (armée de réserve). — *Bourrel*, lieutenant colonel au 40e régiment de marche (1er corps, 2e division, 1re brigade). — *Bousquet*, colonel au 45e régiment (de Bitche), 1er corps, 1re division, 1re brigade. — *Brem* (de), colonel au 90e régiment de marche (3e division, 2e brigade, armée de réserve). *Bressonet*, colonel d'état-major (Le Brettevillois). — *Bretteville* (de), chef de bataillon d'état-major (Le Brettevillois). — *Brongniart*, sous-lieutenant d'état-major (Princeteau). — *Broye* (de), lieutenant-colonel aide-de-camp (Mac-Mahon). — *Bussy* (de), commandant le génie (1re division, 3e brigade, armée de réserve). — *Caffirel*, capitaine d'état-major (Dupouet). — *Carrelet*, colonel au 2e régiment de hussards (3e corps, 1re division, 1re brigade). — *Cartier*, lieutenant-colonel, sous-chef d'état major (Clinchant). — *Castelnau*, lieutenant, officier d'ordonnance (Vinoy). — *Chauchar*, colonel au 37e régiment de marche (3e division, 1re brigade, armée de réserve). — *Chaveyron*, colonel au 9e régiment de chasseurs (1er corps, brigade de cavalerie). — *Cherfils*, lieutenant d'état-major général (armée de réserve). — *Cherpin*, capitaine d'état-major (Le Brettevillois) — *Chevalier*, chef d'escadron d'état-major général de l'armée. — *Chevardière* (de la), de La Granville, intendant (3e corps) — *Chevreuil*, lieutenant-colonel au 82e régiment de marche (2e corps, 1re division, 1re brigade) — *Cholleton*, colonel au 119e régiment de ligne (1er corps, 3e division, 2e brigade). — *Coatpont* (de), lieutenant colonel, commandant d'état-major (Dubost). — *Clappier*, colonel sous chef d'état-major (Douay). — *Clément*, capitaine d'état-major général (armée de réserve). — *Comte*, colonel au 42e régiment de ligne, 1re division, 1re brigade (armée de réserve). — *Curville* (de), colonel d'état-major (Le Brettevillois) — *Cornat*, colonel au 4e régiment de dragons (3e corps, 2e division, 1re brigade). — *Cranauzel de Kerhué*, colonel au 8e régiment de hussards (3e corps, 1re division, 1re brigade). — *Darrier*, capitaine aide-de-camp (du Barrail). — *Davout d'Auerstaedt*, colonel au 38e régiment de marche (1er corps, 3e division, 2e brigade). — *Dejean*, chef d'escadron d'état-major (Lafaille). — *Delpech*, lieutenant-colonel au 72e régiment de marche (1er corps, 1re division, 2e brigade). — *Desmol*, commandant d'artillerie (2e corps, 3e division, 2e brigade). — *Despetit de La Salle*, colonel au 3e régiment de cuirassiers (3e corps, 2e division, 1re brigade). — *Derrieu*, capitaine d'état-major général — *Dubrot*, colonel-capitaine de vaisseau (commandant au 1er régiment de fusiliers marins (2e division, 2e brigade, armée de réserve). — *Ducos*, capitaine d'état-major (Le Brettevillois). — *Ducrot*, colonel, chef d'état-major (Vergé), 3e division, armée de réserve. — *Duesnol*, colonel au 18e régiment provisoire, (5e corps, 2e division, 1re brigade). — *Duquesnay*, capitaine d'état-major général (armée de réserve. — *Duranche*, colonel au 79e régiment de marche, 3e division, 1re brigade (armée de réserve). — *Faugeron*, commandant le génie (2e corps, 3e division, 2e brigade). — *Fayet*, chef d'escadron (Aide-de-camp de Douay). — *Ferron*, commandant le génie (1er corps, division) — *Ferté-Senecterre*, (de La), capitaine d'état-major général. — *Filippi*, colonel, sous chef d'état major général (armée de réserve). — *Fischer*, lieutenant-colonel au 55e régiment de ligne (4e corps, 2e division, 1re brigade) — *Fouché*, capitaine d'état major général (armée de réserve). — *Franchet d'Espérez*, commandant des volontaires de Seine-et-Oise (1er corps, 1re division, 1re brigade. — *Frémy*, sous-lieutenant, officier d'ordonnance (Vinoy). — *Gutschy*, lieutenant-colonel au 46e régiment de marche (2e corps, 2e division, 1re brigade. — *Gathe-César*, commandant au 20e bataillon de chasseurs (1re division, 3e brigade (armée de réserve). — *Geoffre* (de), capitaine d'état major (René). — *Gestin* (de), colonel au 94e régiment de ligne (4e corps, 1re division, 2e brigade). — *Giovanelli*, commandant au 19e bataillon de marche, chasseurs (2e corps, 3e division, 1re brigade). — *Gouzy*, commandant d'artillerie. — *Gros*, capitaine d'état-major (Princeteau). — *Grellois*, médecin en chef (armée de réserve). *Grémelin*, colonel de gendarmerie (1er corps). — *Grévy*, colonel d'état-major général (Princeteau). — *Grésset* (de), colonel au 7e régiment de dragons (3e corps, 3e division, 1re brigade). — *Gueytat*, lieutenant-colonel au 81e régiment de marche (1er corps, 3e division, 2e brigade). — *Guerry*, commandant le génie, 3e division, 2e brigade (Armée de réserve).

Lespiraud, colonel au 109e régiment de ligne, 1re division, 2e bataillon (armée de réserve). — *Leau*, lieutenant-colonel au 89e régiment de marche (2e corps, 2e division et brigade). — *L'hotte*, colonel au 6e régiment de lanciers (2e corps, 3e division, 2e brigade). — *Lian*, colonel au 87e régiment de marche (1er corps, 1re div., 1re brigade. — *Louis*, commandant l'artillerie, 3e div., 2e brigade (armée de réserve). — *Loyre*, commandant du génie (1er corps, 2e division). — *Malaret*, colonel au régiment étranger (1er corps, 3e division, 1re brigade). — *Mariotte*, chef du bataillon, 17e régiment provisoire (5e corps, 2e division, 2e bataillon) — *Martin*, lieutenant d'état-major général. — *Masson*, chef d'escadron à l'état-major général (armée de réserve). — *Merquenest* (de), capitaine d'état-major (Princeteau). — *Mesny*, colonel au 39e régiment de ligne (1er corps, 3e division, 1re brigade) — *Michaud*, colonel capitaine de vaisseau, commandant le 2e régiment de fusiliers-marins, 2e division, 1re brigade (armée de réserve). — *Michon*, commandant du génie (2e corps, 3e division). — *Mieulet*, chef d'escadron, état-major général. — *Montel*, lieutenant-colonel, attaché à l'état major général (armée de réserve). — *Mortray* (du), lieutenant d'état-major général (armée de réserve). — *Moynier*, commandant du 17 bataillon de chasseurs (2e corps, 2e division, 2e bril'état de siége, tous les pouvoirs dont l'autorité civile était revêtue pour le maintien de l'ordre et la police passent tous entiers à l'autorité militaire.

Au quartier général, le 30 mai 1871.

Le maréchal de France commandant en chef.

DE MAC-MAHON, DUC DE MAGENTA.

Par ampliation :

Le général de division, chef de l'etat-major général,

Signé : BOREL.

Armée de Versailles

1er CORPS

Des coups de feu sont encore tirés de quelques maisons situées sur la rive droite de la Seine.

Le général commandant en chef le 1er corps prévient les habitants que *toute maison d'où partira un coup de feu sera immédiatement l'objet d'une exécution militaire. Tout agent de la force publique a plein pouvoir pour y procéder.*

L'autorité militaire ne reculera devant aucune mesure de rigueur pour rétablir la sécurité dans les rues de la capitale, l'ordre et la paix dans le pays. Elle est en droit de compter sur le concours de tous les bons citoyens.

Au quartier général de l'Elysée, le 30 mai 1871.

Le général commandant en chef le 1er corps,

DE LADMIRAULT.

C'est le long du mur de Charonne, à l'est, qu'ont eu lieu les exécutions dont nous avons parlé hier. *Nous manquons de courage pour dépeindre ce spectacle de 147 hommes fusillés sur place et entassés les uns sur les autres....*

Un 148e condamné avait rompu les rangs et s'était sauvé non loin dans une excavation ; là poursuivi il a trouvé la même mort que ses compagnons.

En sortant de ce cimetière, on se sent le cœur serré.....

(*La France*, 1er juin).

Les prisonniers sont nombreux ; quelques-uns veulent résister pendant qu'on les conduit au lieu d'où ils seront expédiés sur Versailles et dans l'intérieur de la France. Les officiers qui commandent les détachements ont plein pouvoir ; le moindre signe d'opposition des prisonniers entraîne pour eux la peine de mort immédiate : *ils sont fusillés sur le chemin, surtout à coups de revolver.*

(*Suisse radicale*).

L'odeur des corps en putréfaction est si forte dans ce qui constituait précédemment les quartiers fashionables de Paris, que l'on craint une épidémie.

(*Times*, télégramme de Paris, 30 mai).

31 mai

LA TUERIE A ÉTÉ ATROCE.....

(*Sémaphore*, corresp. partic. de Versailles).

On compte 45,000 prisonniers, 30,000 blessés et 40,000 morts dont 6,000 femmes ou enfants

(*Confédéré de Fribourg*).

Un fonctionnaire important, dont les renseignements sont incontestables, évaluait à plus de « cent mille » (100,000) le nombre des ouvriers qui tués, prisonniers ou en fuite, manquent aujourd'hui à Paris. Ce chiffre, *qui ne comprend pas les femmes*, suffit à éclairer la situation.

(*Enquête sur la situation industrielle et commerciale de Paris, par* Lockroy, Allain-Targè, Murat, Mottu, Jobbé-Duval, Cantagrel, Bonvallet, Vauthier, etc., *conseillers municipaux.*)

Une correspondance de Versailles dit que le général Frébault évalue les pertes des militaires à 150 tués et 800 blessés. « Du côté des insurgés, dit cette même correspondance, on n'ose même point évaluer les pertes. Je vous parlais hier de dix mille morts ; j'étais au-dessous de la vérité ; c'est peut-être quinze mille, vingt mille... On n'a point l'idée d'un pareil carnage. Un général affirmait qu'on avait tué plus d'hommes que dans la plus meurtrière bataille. »

Le rapprochement de ces chiffres suggère des réflexions que nous ne pouvons exprimer librement.

(*Progrès de Lyon*).

On ne saura jamais le nombre de ceux qui ont été

gade). — *Multzer*, chef d'escadron à l'état-major (armée de réserve). — *Namur*, capitaine d'état-major (Princeteau). — *Neuvier* (de), intendant, 2e corps. — *Niel*, lieutenant aide-de-camp (Ladmirault). — *O'Brien*, lieutenant-colonel du 11e régiment de chasseurs (3e corps, 1re division, 2e brigade). — *Obry*, commandant du 23e bataillon de marche, chasseurs (1er corps, 2e division, 1re brigade). — *Payès*, chef d'escadron d'état-major général (armée de réserve). — *Parisot*, capitaine d'état-major général. — *Péan*, colonel, 6e régiment provisoire (4e corps, 1re division, 2e brigade). — *Pereira*, colonel, 80e régiment de marche (2e corps, 3e division, 1re brigade). — *Perrin*, lieutenant-colonel d'état-major (Dupouet). — *Pesme*, chef d'escadron, aide-de-camp (Ladmirault). — *Pierre*, lieutenant-colonel, 3e régiment de lanciers (5e corps). — *Pioch*, commandant d'artillerie (1er corps, 3e division, 2e brigade). — *Pittié*, colonel, 68e régiment de marche (1er corps, 2e division, 1re brigade). — *Poynon*, capitaine d'état-major (Le Brettevillois). — *Ponsargues* (de), commandant, 18e bataillon de marche, chasseurs (2e corps, 2e division, 1re brigade). — *Pottier*, colonel, 113e régiment de ligne (2e corps, 1re division, 2e brigade). — *Pleuvier*, commandant du génie (2e corps, 1re division, 2e brigade). — *Prévost*, lieutenant-colonel, chef d'état-major (Blondeau). — *Prudhomme*, lieutenant-colonel, 45e régiment de marche (1er corps, 2e division, 2e brigade). — *Rabutel*, commandant d'artillerie, 2e division, 2e brigade (armée de réserve). — *Raffron de Val*, commandant, 1re batterie, artillerie à cheval (3e corps, 2e division, 2e brigade). *Reboul*, colonel, 9e régiment de dragons (3e corps, 2e division, 2e brigade). — *Régnault de Presménel*, capitaine aide-de-camp (Dupouet). — *Reynach* (de), colonel au 12e régiment de chasseurs (1er corps, brigade de cavalerie). — *Richard*, commandant du génie (1er corps, 1re division, 2e brigade). — *Boblastre*, colonel au 110e regiment de ligne, 1re division, 2e brigade (armée de réserve). — *Roger*, capitaine aide-de-camp (René). — *Rolland*, colonel au 15e regiment provisoire (5e corps, 2e division, 2e brigade). — *Rothé*, capitaine d'état-major (Le Brettevillois). — *Rondaire*, capitaine d'état-major général (armée de réserve). — *Roussel*, lieutenant-colonel au 76e régiment de marche (2e corps, 2e division, 2e brigade). — *Roux-Joffrenot de Montlébert*, chef d'escadron d'état-major (Princeteau). — *Roux*, lieutenant-colonel au 58e régiment de ligne (4e corps, 2e division, 1re brigade). — *Rumfort* (de), lieutenant, officier d'ordonnance (Vinoy). — *Sainte-Beuve*, commandant du génie, 2e division, 2e brigade (armée de réserve). *Sayet*, lieutenant-colonel sous-chef d'état-major (Ladmirault). — *Salanson*, commandant, chef d'état-major (Riviere). — *Sancery*, capitaine d'état-major (Dupouet). — *Santini*, intendant (1er corps). — *Sesmaisons* (de), chef d'escadron, aide-de-camp (Vinoy). — *Sevens*, colonel au 41e régiment de marche (2e corps, 3e division, 2e brigade). — *Seygland*, chef d'escadron, aide-de-camp (Douay). — *Schenck*, commandant au 10e bataillon de chasseurs (4e corps, 1re division, 1re brigade). — *Schmitz*, intendant (armée de réserve). — *Suchel*, colonel au 74e régiment de marche, 2e bataillon, 1re brigade (armée de réserve).

fusillés sommairement, sans parler de ceux qui ont été tués dans le combat. C'est par centaines à la fois que ces exécutions ont eu lieu, et cela dans un moment où l'insurrection était absolument vaincue.

Ni les femmes, ni les enfants n'ont été épargnés. Cinq jours après l'entrée des troupes, on voyait encore le bassin du château d'Eau rempli de caillots de sang et de débris de cervelles humaines, que les efforts des agents de voirie étaient impuissants à faire disparaître.

Cet égorgement a duré plusieurs jours et ce n'est que lorsque les troupes ont été lasses de massacrer qu'on s'est avisé d'instituer des Conseils de guerre.

(*Helvétie*, 15 juin, corresp. part. du 12).

On sait que pendant les sept jours que dura la lutte dans l'intérieur de Paris, de nombreuses exécutions eurent lieu sur les insurgés pris les armes à la main....

Tout fédéré convaincu, soit par le flagrant délit, soit par l'inspection de sa personne et de ses armes, d'avoir fait feu sur l'armée régulière, fut immédiatement fusillé.

Aussi le nombre des exécutions qui ont eu lieu sur place a-t-il été considérable. Les fusillades se faisaient sur la barricade même, devant une muraille, *un peu partout.*

(*Voleur.*)

A Belleville et à Ménilmontant, il ne reste plus que les femmes dans certaines maisons. *Tous les hommes sont morts,* blessés ou prisonniers.

(*Siècle*).

Il y avait des dénonciations dans l'air. Les suspicions, les méfiances, les arrestations arbitraires couraient les rues. Si en passant devant la maison de M. Thiers, vous aviez souri, parce que vous causiez avec un ami, votre sourire était un délit qui vous faisait mettre la main au collet. Si au café vous disiez un peu plus haut qu'à voix basse que l'éloquence de M. Dufaure lui vient du nez, et que ce n'est pas la faute de M. Le Flô si on tire le canon à Vincennes, ces assertions criminelles étaient justiciables de la cour martiale. Aviez-vous simplement la migraine, ce qui vous donnait l'air préoccupé, ou votre figure déplaisait-elle à un « retour de Versailles » qui avait pris Paris dans les fourgons de l'artillerie, vous alliez au poste. Quant à M. Cernuschi et à M. Théodore Duret, ils l'ont échappé belle. Nul plus que nous ne s'élève avec indignation contre l'assassinat de M. Chaudey; mais il n'a tenu qu'à un cheveu que ces deux messieurs, qui avaient été arrêtés au moment où ils venaient de pleurer sur le cadavre de leur ami, ne subissent le même sort que lui. C'est le *Siècle* qui le raconte. Ils ont été menés jusqu'au cul-de-sac où se tenait le peloton d'exécution, ils ont vu devant eux les corps de deux hommes qu'on venait de fusiller, et si M. Duret ne s'était réclamé avec énergie de M. Dufaure, qu'il connaît, s'il n'avait pu montrer sa nomination de maire au IXe arrondissement, il allait, avec M. Cernuschi, rejoindre M. Chaudey.

C'est que jamais l'horreur des exécutions sommaires ne s'était à ce point déployée. Nous ne pouvons, par les temps de liberté qui courent, exprimer notre pensée à cet égard; seul, Victor Hugo, dans une lettre que toute la France lira, et qui sera une des plus belles actions de sa vie, a eu le courage, dans ces jours d'affaissement des consciences, de qualifier comme il convient l'œuvre de sang. M. Thiers avait dit : « La poursuite aura lieu suivant les lois, avec les lois et par les lois. » La loi, c'était « le fusil tuant douze hommes par minute. » Quelque chose comme le jury à aiguille. Les cours martiales n'ont fonctionné qu'au bout de trois ou quatre jours. Jusque-là, exécutions sans jugement. Tout garde pris isolément était fusillé. A deux pas de notre porte, avenue de Clichy, un marchand de tabac a été exécuté à genoux, devant sa boutique, en présence de sa femme. C'est là un fait entre mille.

Dans la main des généraux bonapartistes l'armée était devenue comme un vaste peloton d'exécution.

(*Droits de l'homme*, 6 juin, correspondance particulière).

Chaque jour nous révèle de nouvelles atrocités. Les vengeances personnelles ont été sauvages. Il y a des femmes qui assiègent les cours martiales. Leur furie devient même si insupportable pour ceux dont le métier consiste à recueillir des dénonciations, qu'ils ont fait arrêter plusieurs de ces bonnes âmes, qui demandent qu'on fusille tout leur quartier.

Maintenant on a cette chance de n'être plus fusillé au pied levé. Mais à la première heure, quelles scènes ont dû se passer! que de basses rancunes, sous prétexte de punir des incendiaire se sont assouvies.

Il y a des faits inouïs. L'acteur Touzé, du Châtelet, jouait souvent des rôles militaires. On a trouvé chez lui une culotte rouge, — fusillé!

A Montmartre, on a encore fusillé avant-hier, sans donner de raison, une jeune fille de 16 ans.

Un chirurgien de l'armée me disait hier n'avoir pas vu un seul blessé fédéré. Tous ont été achevés. Ceux même qu'on amenait jusqu'à l'ambulance, étaient achevés à la porte.

A Passy seul qu'on ne comptait pas comme un des grands lieux d'exécution, il y a plus de 1,100 cadavres.

Un officier supérieur de l'armée évaluait devant moi, hier, à plus de *quinze mille*, le nombre des gardes nationaux fusillés.

M. Thiers dit que la loi sera appliquée pour les autres. Rendra-t-il la vie à ceux-là?

. . . .

Hier soir, sur les boulevards, les soldats entraînaient Frédéric Morin, qui est certes bien le plus paisible et le plus inoffensif des hommes. Il y avait sur le boulevard, à cette heure, toute la foule de petits crevés, de cette population lâche qui avait fui devant la Commune, cruelle maintenant par conséquent, et sans connaître Morin, uniquement parce qu'il était arrêté, criant en lui montrant le poing : Ah! canaille! fusillez-le vite!

(*Droits de l'homme*, 6 juin. Lettre particulière d'un membre de la *Ligue d'union républicaine* des Droits de Paris, 2 juin).

.....Je comprend que cent bourgeois de province ou d'ailleurs, qui de loin suivent les péripéties de la lutte, je comprends qu'ils appellent les insurgés incendiaires ou assassins; ils jugent de leur milieu tranquille à la mesure de leur passion. Il faut avoir respiré l'atmosphère brûlante de cette guerre civile, je ne dis pas pour excuser mais pour expliquer du moins les vengeances et les désespoirs de la dernière heure.

Et d'abord, je me hâte de le dire, il serait injuste de rendre le parti tout entier solidaire du crime de quelques-uns : bien des haines particulières se sont assouvies, et peut-être même découvrira-t-on tôt ou tard, comme aux journées de juin, la trace évidente des traîtres bonapartistes. Je le crois. Mais on ne peut nier qu'au moment de livrer une barricade les combattants ont souvent incendié les maisons avoisinantes. Un jeune garde de vingt ans, encore tout énivré de la lutte et qui portait dans une ambulance son camarade blessé à côté de lui dans la défense du Panthéon, s'écriait : « C'est moi qu'ai fait sauter la poudrière du Luxembourg, » et sa voix ne tremblait pas, sa conscience paraissait tranquille.

C'est que depuis tantôt huit mois, le gouvernement et les journaux, d'une voix unanime, les habituaient à l'idée de brûler Paris. N'avait-on pas élevé contre les Prussiens, une troisième, une quatrième enceinte? N'avait-on point parlé de torpilles, de pétrole et de feu grégeois?

M. Jules Simon ne s'était-il pas écrié : « Plutôt Moscou que Sedan? » Chacun enfin n'avait-il pas répondu à tant d'excitation : « Oui, mieux vaut sauter que se rendre. » Et le peuple avait pris son serment au sérieux. A la dernière heure, il trouva Vinoy, Ducrot et Trochu lâches de ne pas tenir leur promesse. Aussi ne nous étonnons pas qu'après deux mois de luttes incessantes, de fusillades, de bombardement, de massacres, brûlés par le soleil, ivres de poudre et de colère, les défenseurs des barricades aient considéré l'armée envahissante comme une armée d'ennemis, les Prussiens de Versailles. Ils se savaient sur le seuil de la mort, leur exécution était décrétée, ils ont voulu, prenant cette fois à la lettre les inutiles bravades de Trochu, ne livrer à l'ennemi que des ruines : ils allaient mourir.

Et certes, ils sont morts fièrement.

Quelque soit l'injuste anathème dont on enveloppe leur mémoire, nul ne leur refusera le courage, j'en appelle au témoignage de leurs ennemis politiques. Tous les récits ont été unanimes : Les uns ont été tués derrière la barricade, d'autres, fusillés, sont tombés au cri de *Vive la Commune!* « Rends-toi! » crient plusieurs soldats à un enfant de seize ans. « Non! non! » Et il se fait tuer sur les marches de la rue Hautefeuille.

Un convoi de prisonniers descend le boulevard Saint-Michel. « Hurlez donc : Vive la Commune! C'est le moment, » disent des bourgeois ironiques. « Vive la Commune! » répondent les gardes nationaux, qui savent prononcer leur arrêt de mort.

Plus loin, on amène cinq prisonniers. On en fusille quatre ; le cinquième paraît trop jeune; le capitaine veut le sauver, mais lui réclame. N'a-t-il pas droit à la mort? Il montre son livret, son uniforme.... On l'exécute.

Un enfant de quinze ans demande si c'est dans l'oreille droite ou dans la gauche que l'on va placer le canon du fusil. Il se plante gaiement devant le peloton et tombe foudroyé.

Un garde isolé passe dans une rue : « N'allez pas par là! les Versaillais y sont! » — « Raison de plus! » répond-il ; il arme son fusil et court se faire tuer.

Voilà quelques faits au hasard. Chacun a pu en observer autant, pour peu qu'il ait voulu regarder.

Mais aussi, que de lâchetés à côté de cet héroïsme! Que de petitesses et d'ignominies de la part des hommes tremblants, à genoux devant la force et le succès! J'ai revu ce triste spectacle, auquel nous avons tous si souvent assisté pendant l'invasion allemande. — Chacun voulait avoir son Prussien. — Chacun veut avoir son soldat. — Et les mêmes hommes, hier encore à plat-ventre devant la Commune, rampent aujourd'hui devant le pouvoir régulier Les drapeaux tricolores flottent au vent, et l'on salue les grosses épaulettes de l'armée victorieuse ; cela est simplement mesquin. Mais chose plus triste, on dénonce, on accuse, et, pour se faire pardonner ses propres complaisances envers la Commune, on divulgue celles des autres. C'est l'histoire de tous les siècles et de toutes les réactions : on a peur.

Et certes, je comprends leur terreur ; la tuerie est épouvantable. Il faudra bien du temps pour reconstruire cette lugubre histoire, car chaque rue a son martyrologue, et dans certains quartiers, chaque maison a son assassinat. Au n° 35 de la rue des Ecoles, 40 cadavres de fusillés, entassés contre le mur ; au Panthéon, plus de 300 ; au Luxembourg, au Jardin-des-Plantes et dans les vingt mairies de Paris, le nombre ne peut se chiffrer; mais on menait les insurgés par longs convois, et pendant quatre jours les feux de pelotons ont été continuels. Pas de jugements, c'est bien inutile; comme au massacre des Albigeois, Dieu saura reconnaître les siens. Sur un geste, sur un mot, on est placé contre un mur. Qui de nous ne l'a pas vu dans ces cruelles journées?

« Avez vous des blessés insurgés? » dit un commandant au directeur d'un de nos grands hôpitaux. « Il nous faut en fusiller 300 (trois cents) des plus légèrement atteints. » Et sur la réponse : « Nous n'avons pas ici d'insurgés, nous n'avons que des malades. » — « Prenez garde à vous! » reprend le commandant « Seriez-vous par hasard un des leurs? »

Un coup de feu part d'une fenêtre de la rue des Ecoles ; de quelle main? de quel étage? On l'ignore. Les soldats se précipitent à l'aventure, trouvent un jeune homme, un Suisse, et le clouent par terre d'un coup de baïonnette. « Vous tuez un honnête homme! » dit le malheureux en tombant.

Sur les toits un infirmier regarde le combat, un piquet entre, enlève au hasard un malade et l'entraîne sous les arbres voisins

Quatre infirmiers militaires, restés par ordre de Versailles dans les baraques du Jardin des Plantes, sont rencontrés par des soldats. On les fusille sans vouloir écouter leurs justes explications.

. . . .

. . . . C'est à ce point : Un homme passe. Voilà un « communeux! » dit quelqu'un ; on le fusille. Une femme traverse la rue, « elle était sans doute infirmière dans un bataillon, » prétend un survenant ; on la fusille.

Combien, en dehors de haines particulières ou de basses vengeances, combien, pour faire du zèle, ont dénoncé des inconnus!

Au poste de la Charité, les officiers et les soldats étaient honteux de leur infâme rôle L'horreur le disputait au dégoût. Mais, paraît-il, les ordres partaient de plus haut.

On a parlé des journées de décembre, des massacres du faubourg Montmartre et du cimetière Clamart. Je ne sais pas si l'histoire impartiale ne proclamera pas plus atroces les dernières journées du mois de mai 1871.

(*Idem*, 9 juin, correspondance de Paris du 7).

Ils sont gais, car ils sont braves. C'est cela qui désole, qui navre! *CES MISÉRABLES SONT HÉROIQUES!* Il y a eu, derrière des barricades, des traits de valeur forcenée Un homme, à la Porte-Saint-Martin, tenait un drapeau rouge ; il était debout sur un tas de pavés : audacieux défi! car les balles pleuvaient; il s'appuyait indolemment contre une tonne qui était derrière lui. « Fainéant! » lui cria un camarade. « Non, répondit-il, je m'appuie pour ne pas tomber quand je serai mort. » Ils sont ainsi....

(Les 73 Journées de la Commune,
par Catulle Mendès, page 325).

Ce que je n'ai pas encore vu signaler, c'est un des

phénomènes moraux qui s'est révélé depuis la défaite de l'insurrection. Je veux vous parler du fatalisme et de la résignation à la mort dont sont possédés les insurgés combattants. Sans doute il s'en est trouvé qui, au dernier moment, ont eu peur et ont fait tout ce qu'ils ont pu pour échapper à la mort; mais la majorité de ceux qui se sont battus avec acharnement et qui ont été pris les armes à la main savaient très-bien quel sort les attendait. Il semble qu'une logique inexorable les poussait..... La plupart ont été au-devant de la mort, comme les Arabes après la bataille, avec indifférence, avec mépris, sans haine, sans colère, sans injures pour leurs exécuteurs.

Tous les soldats qui ont pris part à ces exécutions et que j'ai questionnés ont été unanimes dans leurs récits.

L'un d'eux me disait : Nous avons fusillé, à Passy, une quarantaine de ces *canailles*. Ils sont tous morts en soldats. Les uns croisaient les bras et gardaient la tête haute. Les autres ouvraient leurs tuniques et nous criaient : « Faites feu ! nous n'avons pas peur de la mort. »

Un soldat de marine, très-brave.... me racontait la laborieuse et sanglante pérégrination qu'il avait faite à travers tout le faubourg de St-Germain, le Panthéon; le Pont d'Austerlitz et le quartier St-Antoine... « *Pas un de ceux que nous avons fusillé n'a sourcillé.* Je me souviens surtout d'un artilleur qui, à lui tout seul, nous a fait plus de mal qu'un bataillon. Il était seul pour servir une pièce de canon. Pendant trois quart d'heure, il nous a envoyé de la mitraille et il a tué et blessé pas mal de mes camarades. Enfin il a été forcé. Il était en nage du service qu'il avait fait pendant une demi-heure. — A votre tour, nous dit-il. J'ai mérité d'être fusillé, mais je mourrai en brave. »

Un autre soldat du corps du général Clinchant me racontait comment sa compagnie avait amené sur les remparts *quatre-vingt-quatre insurgés pris les armes à la main* : « Ils se sont tous mis en ligne, me disait-il, comme s'ils allaient à l'exercice. Pas un ne bronchait. L'un d'eux qui avait une belle figure, un pantalon de drap fin fourré dans ses bottines et une ceinture de zouave à la taille, nous dit tranquillement : — Tâchez de tirer à la poitrine, ménagez ma tête. — Nous avons tous tiré : mais le malheureux a eu la tête à moitié emportée. »

Un fonctionnaire de Versailles me fait le récit suivant :

« Dans la journée de dimanche, j'ai fait une excursion à Paris. Je me dirigeais près du théâtre du Châtelet, vers le gouffre fumant des ruines de l'Hôtel-de-Ville, lorsque je fus enveloppé et entraîné par le torrent d'une foule qui suivait un convoi de prisonniers. J'ai vu de près ces prisonniers. Je les ai comptés, ils étaient au nombre de vingt-huit. J'ai retrouvé en eux les mêmes hommes que j'avais vus dans les bataillons du siége de Paris. Presque tous m'ont paru être des ouvriers.

« Leurs visages ne trahissaient ni désespoir, ni abattement, ni émotion. Ils marchaient devant eux d'un pas ferme, résolu, et ils m'ont paru si indifférents à leur sort que j'ai pensé qu'ils avaient été pris dans une razzia et qu'ils s'attendaient à être relâchés. Je me trompais du tout au tout. Ces hommes avaient été pris le matin à Ménilmontant *et ils savaient où on les conduisait.* Arrivés à la caserne Lobau, les cavaliers qui précédaient l'escorte font faire le demi-cercle et empêchent les curieux d'avancer.

« Les portes de la caserne s'ouvrent toutes grandes pour laisser passer les prisonniers et se renferment aussitôt.

« *Une minute n'était pas écoulée et je n'avais pas fait quatre pas, qu'un feu de peloton terrible retentit à nos oreilles.* ON FUSILLAIT LES VINGT-HUIT INSURGÉS. Surpris par cette horrible détonation, je ressentis une commotion qui me donna le vertige. Mais ce qui augmenta mon horreur, ce fut après le feu de peloton, le retentissement successif des coups isolés qui devaient achever les victimes.

« Je m'enfuis épouvanté.... »

(*Etoile belge*, corresp part)

Des hommes qui sont de sangfroid, du jugement et de la parole de qui je ne saurais douter, m'ont parlé avec un étonnement mêlé d'épouvante, de scènes qu'ils avaient vues, de leur yeux vues, et qui m'ont fort donné à réfléchir.

De jeunes femmes, jolies de visage et vêtues de robes de soie, descendaient dans la rue, un revolver au poing, tiraient dans le tas, et disaient ensuite, la mine fière, le verbe haut, l'œil chargé de haine : « Fusillez-moi tout de suite ! » Une d'elles, qui avait été prise dans une maison, d'où l'on avait tiré par les fenêtres, allait être garottée pour être conduite et jugée à Versailles.

— Allons donc ! s'écria-t-elle, épargnez-moi l'ennui du voyage !

Et se campant contre un mur, les bras ouverts, la poitrine au vent, elle semblait solliciter, provoquer la mort.

Toutes celles qu'on a vu ainsi exécuter sommairement par des soldats furieux sont mortes l'injure à la bouche, avec un rire de dédain, comme des martyres qui accomplissent, en se sacrifiant, un grand devoir.

(*Gaulois*, 13 *juin*,

article signé : FRANCISQUE SARCEY).

Les cours martiales sont encore très-actives et on affirme que QUINZE CENTS personnes en moyenne sont exécutées journellement.

(*Swiss Times*, télégramme de Paris, 31 mai).

..... Le feu était éteint quand, au charnier de la tour Saint-Jacques, sans autre jugement qu'une constatation d'identité à la cour martiale du théâtre du Châtelet, et *même sans cela*, quatre hommes et un caporal cassaient les têtes par douzaine.

(*Progrès de Lyon*, 12 juin, corresp. du 6.)

Je me suis transporté hier au Père-Lachaise où 148 fédérés venaient d'être exécutés après avoir été extraits de la prison de la Roquette; mais on commence à être fatigué de tant de massacres et il est probable que nous n'aurons plus d'exécutions en masse.

(*Pall mall Gazette*, corresp. de Paris, 1er juin).

Un certain DURAND, se disant *professeur de barricades*, et qui était chef d'état-major de Rossel, le directeur du génie de la Commune, a été arrêté hier par les soldats de la brigade de Courcy et *fusillé* dans la cour de la caserne des pompiers de la rue Blanche.

(*Moniteur universel*, 3 juin).

J'ai à vous signaler aujourd'hui un complément d'arrestations.....

SAJINSKI, aide de camp de Dombrowski, saisi au moment où il s'évadait par la fenêtre d'une maison de la rue Mazarine On l'a fusillé aussitôt.

Auguste FONTAINE, délégué à la direction des Domaines, pris dans une maison de la rue Bonaparte, et après un interrogatoire sommaire au quartier général du 2e corps d'armée, *fusillé immédiatement.*

Le citoyen TOUPE, directeur des ateliers de la manutention.

Le capitaine BIDET qui commandait la place Montmartre ; *il a été fusillé* sur le théâtre même de ses exploits.

Le capitaine d'état-major des insurgés DUQUESNOY, *fusillé.*

(*Gaulois*).

.....Ce qui épouvantait le regard, c'était le spectacle que présentait le square de la Tour-Saint-Jacques. Les grilles en étaient closes. Des sentinelles s'y promenaient. Des rameaux déchirés pendaient aux arbres, et partout de grandes fosses ouvraient le gazon et creusaient les massifs.

Du milieu de ces trous humides fraîchement remués par la pioche, sortaient çà et là des têtes et des bras, des pieds et des mains ; des profils de cadavres s'apercevaient à fleur de terre, vêtus de l'uniforme de la garde nationale ; c'était hideux. On en avait jetés là précipitamment. Une odeur fade, écœurante, sortait de ce jardin. Par instant, à certaines places, elle devenait fétide. Des tapissières attendaient leur horrible chargement.

Il y avait de ces fosses aussi sur la place du Théâtre Français.

Les berges du fleuve encore avaient reçu leur contingent de morts.

(*Moniteur universel*, 1er juin).

On nous assure que les exécutions sommaires ont cessé depuis ce matin, *sauf* en ce qui concerne *les membres de la Commune*, les incendiaires et *les soldats pris dans les rangs des insurgés.*

Tous ceux qui sont reconnus pour avoir appartenu à l'armée sont passés par les armes comme déserteurs.

(*Moniteur universel*, 3 juin).

D'après l'ancien organe officiel de l'empire libéral, les fusillades sommaires — sauf deux ou trois mille citoyens destinés à l'avance aux balles de Versailles — étaient donc suspendues *onze jours* après l'entrée de l'armée de l'Ordre dans Paris.

Rien de moins vrai cependant.

Alors que paraissait l'avis ci-dessus — et qui n'était qu'un mensonge de plus ajouté à tous ceux dont on avait nourri l'Europe depuis deux mois — les pelotons d'exécution étaient en permanence au Luxembourg, au parc Monceaux, au Père-Lachaise, à Versailles, etc....... et les cadavres de mai étaient multipliés par les cadavres de juin, ainsi qu'il résulte des extraits suivants :

Les jugements et les exécutions continuent. Le *Times* dit que le nombre de ces dernières est énorme et ne sera probablement jamais connu. . . . . . .

. . . .

Les détails font frissonner. *On fusille toute la journée*, et l'on n'attend pas que les victimes soient mortes pour les jeter dans la fosse commune et les recouvrir de chaux vive. Ces exécutions ont lieu principalement au jardin du Luxembourg, au parc Monceau et près de la tour St-Jacques.

(*Helvétie*, 4 juin, Bulletin des nouvelles du jour).

Un grand nombre d'exécutions ont lieu à Versailles.

(*Idem*, 10 juin, Bulletin des nouvelles du jour).

Hier a eu lieu à Versailles l'exécution de 150 pompiers ou hommes portant l'uniforme des pompiers......

(*Paris-Journal*, 11 juin).

Nous lisons dans un journal que les *fusillades en masse ne paraissent pas avoir cessé ; le 20 courant, on a encore fusillé 140 insurgés au Père-Lachaise.* C'était un spectacle affreux ; plusieurs d'entre eux ne sont pas morts du coup et se roulaient sur le sol inondé de sang, avec des hurlements affreux.

(*Helvétie*, 24 juin).

Les dénonciations et arrestations continuent spécialement au faubourg Saint-Martin.

De nouvelles fusillades ont été exécutées.

(*Idem*, 27 juin).

Mais, dira-t-on peut-être — afin d'excuser la République sans républicains de M. Thiers — ce ne sont là que des faits isolés, des meurtres à froid dont les auteurs directs, les chefs militaires, doivent seuls supporter la responsabilité : le gouvernement n'y est pour rien, la bourgeoisie victorieuse encore moins.

Erreur ! nouvelle erreur !

Ces assassinats additionnels étaient tellement dans le programme des vainqueurs de mai que le 26, le ministre des Etats-Unis à Paris, M. Washburne, qui avait tenté à plusieurs reprises de s'entremettre entre les ruraux et la Commune et qui ne parlait qu'à bon escient, disait à un de ses compatriotes, M. Reeds :

« TOUS CEUX QUI APPARTIENNENT A LA COMMUNE
« OU QUI LUI SONT SYMPATHIQUES SERONT FU-
« SILLÉS. »

Qu'ajouter à cette confidence que les événements ont justifiée si pleinement et qui sonne aux oreilles impartiales de l'histoire comme une condamnation à mort préalable et systématique du prolétariat parisien tout entier ?

Les conseils de guerre cependant qui s'ouvraient à Versailles au mois d'août devaient nous fournir une nouvelle preuve du *caractère gouvernemental* de ces massacres sans jugements.

Il s'agit du grand procès des chefs de la Commune et du Comité central.

Urbain est sur la sellette ; et un sieur de Montaut qui ne l'a caché quelques jours que pour le livrer aux agents de Versailles avec sa femme et son enfant, prétend lui avoir sauvé la vie :

M. le président — Vous avez dit que vous aviez empêché Urbain d'être fusillé.

M. de Montaud. — *Il est évident* que, si on l'avait arrêté pendant la lutte comme membre de la Commune *il aurait été fusillé.*

M. le président. — C'EST EVIDENT.

Pas de commentaires, n'est-ce pas ?

ACHEVE D'IMPRIMER LE 15 DECEMBRE 1968 PAR LESCHIERA,
MAITRE IMPRIMEUR A MILAN POUR LE COMPTE DE

EDHIS

EDITIONS D'HISTOIRE SOCIALE
10, RUE VIVIENNE A PARIS

IL A ETE TIRE 1000 EXEMPLAIRES NUMEROTES SUR PAPIER
VERGE A LA MAIN, PLUS 30 EXEMPLAIRES HORS COMMERCE

EXEMPLAIRE N° 518

www.ingramcontent.com/pod-product-compliance
Ingram Content Group UK Ltd.
Pitfield, Milton Keynes, MK11 3LW, UK
UKHW031930260826
14628UKWH00004B/1528

9 782019 724641